FESTINA
UCI
F.F.C.

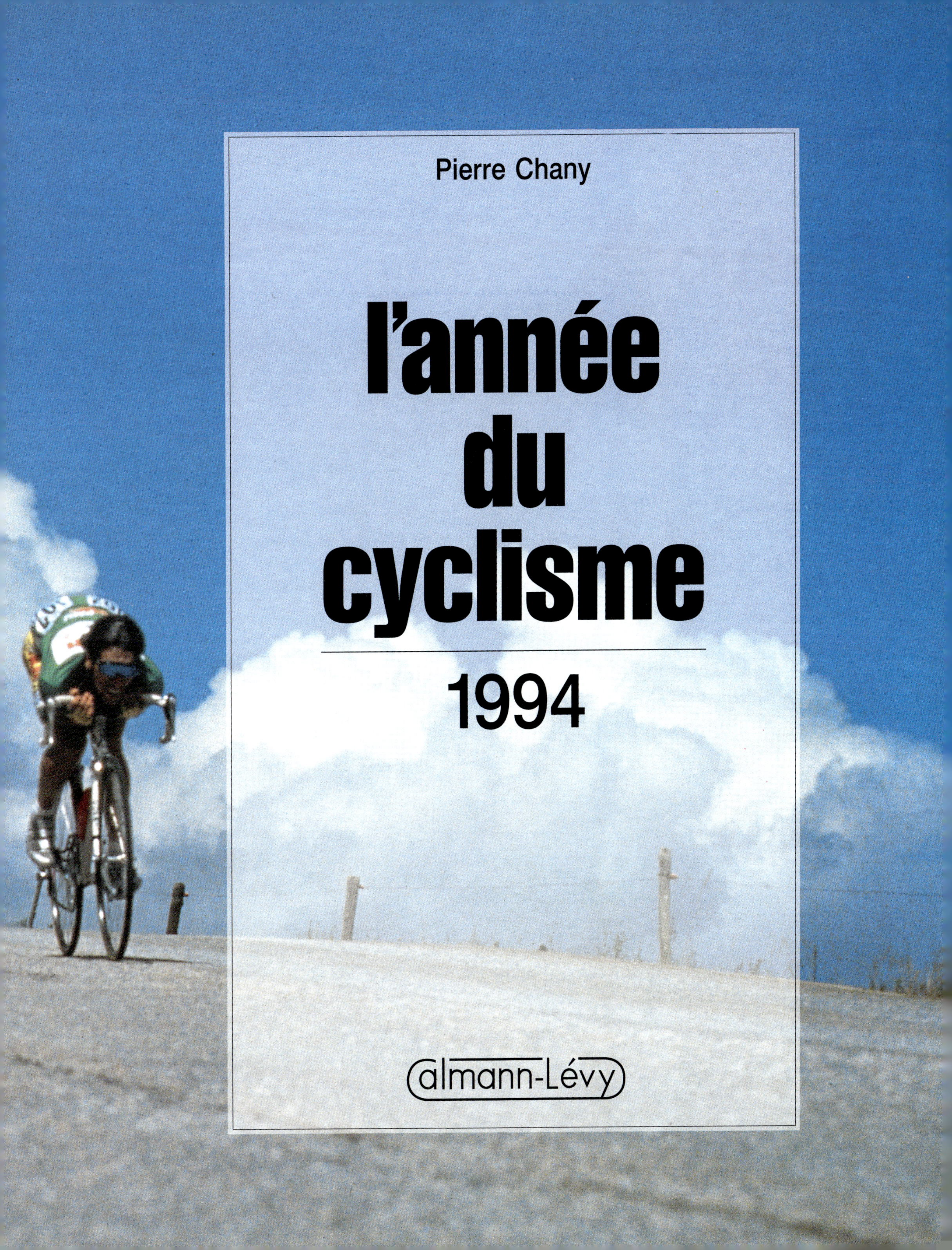

Pierre Chany

l'année du cyclisme

1994

Calmann-Lévy

Banesto
LIBRETA
UNICA
RUDY PROJECT
Castelli

Sommaire

De somptueuses richesses

Les anciens en resteront longtemps ébahis. Ils ont beau fouiller leur mémoire, compulser leurs archives, mettre en commun leurs connaissances, aucun d'eux n'a conservé le souvenir d'une supériorité collective comparable à celle que les Italiens ont exprimée au cours de la saison écoulée. Il fut un temps où les Belges cumulaient les triomphes dans les grandes classiques internationales, mais leurs adversaires parvenaient toujours à ramasser quelques miettes : une place d'honneur de-ci, de-là, et quelques succès d'ordre secondaire. Cette année, durant la période dite printanière, les formations de la péninsule n'ont même pas accordé ces minces satisfactions à leurs victimes accablées. Quand d'aventure un pur Italien ne s'imposait pas, la victoire allait automatiquement à l'un de ses assimilés, le Russe Evgeni Berzin à Liège-Bastogne-Liège, Johan Museeuw à l'Amstel Gold Race, ou bien encore Tony Rominger au Tour d'Espagne.

Avant les championnats du monde, ces Transalpins insatiables, et partout présents, avaient gagné six des huit « classiques » de la Coupe du monde déjà courues : Milan-San Remo (Giorgio Furlan), Tour des Flandres (Gianni Bugno), Liège-Bastogne-Liège (Evgueni Berzin), Amstel Gold Race (Johan Museeuw), Leeds International Classic et Championnat de Zurich (Gianluca Bortolami) ! Ils avaient également accumulé un nombre invraisemblable de places parmi les dix premiers ; et, si le Tour de France, royaume incontesté de Miguel Indurain, leur avait tout naturellement échappé, ils n'en n'avaient pas moins hissé deux des leurs sur le podium, en l'occurrence Piotr Ugrumov et Marco Pantani, la grande révélation de l'année. Sans compter l'inévitable Djamolidine Abdoujaparov, vainqueur de deux étapes et Maillot vert aux Champs-Élysées. Au reste, les équipes italiennes avaient remporté rien moins que quatorze étapes, quatorze sur vingt et une, grâce aux GBM dans l'épreuve contre la montre ; grâce au torrentueux Abdoujaparov sur la chaussée d'Armentières, où Laurent Jalabert et Wilfried Nelissen s'étaient brisés les os, et sur la rive du lac Saint-Point ; grâce, aussi, à Minali (Portsmouth), Bortolami (Rennes), Svorada (Futuroscope), Rijs (Albi), Sörensen (Montpellier), Poli (Carpentras), Conti (L'Alpe-d'Huez), Rodriguez (Val-Thorens), Ugrumov (Cluses et Avoriaz) ; Flavio Vanzella ayant pour sa part porté le maillot jaune de Brighton à Rennes et Museeuw de Futuroscope à Trélissac !

De sorte que si l'on retirait de ce bilan global les noms de Rominger, Berzin, Museeuw, Abdoujaparov, Ugrumov, Sörensen et Rijs, autant d'illustres « assimilés », la réussite des groupes italiens resterait encore considérable.

Un climat favorable

A l'origine de cette démonstration collective, la richesse financière du cyclisme de l'autre côté des Alpes et les recrutements judicieux effectués par Emmanuele Bombini, pour le compte de l'équipe Gerwis-Ballan, et par Gianfranco Ferreti, au titre de la GB-MG. Dans le contexte d'un cyclisme très volatile – et parfois très versatile – en ses structures commerciales, certaines équipes connaissant une vie éphémère, dans ce climat de relative instabilité donc, les Italiens, ancrés dans la tradition, ont su réaliser l'exacte synthèse du passé et de la modernité des temps : « Ils ont dix ans d'avance sur nous », remarque Laurent Fignon, lequel avait déjà pu constater, lors de son passage chez Gatorade, le sérieux de l'organisation interne des équipes italiennes, de même que l'atmosphère stimulante dans laquelle baignent les coureurs. A ces derniers, il est beaucoup demandé, mais rien ne leur est refusé quand il importe de les placer dans les meilleures conditions pour exprimer leurs talents.

Bien sûr, et cela a été dit, la pharmacopée a sans doute joué son petit rôle dans cette hégémonie péninsulaire hors du commun, mais est-on si sûr, après tout, que les « Italiens » aient conservé l'exclusivité de leur dernière trouvaille en matière de « préparation biologique », oui, en est-on si sûr ? Il reste que Gianni Bugno a écopé d'une suspension de deux ans pour avoir pris de la caféine (Coupe Agostoni) ; Miguel Indurain, lui, ayant bénéficié d'un non-lieu pour une prise de salbutamol, produit que ses médecins lui avaient légalement prescrit.

Le porteur d'eau, ça existe toujours !

Sous un ciel dégagé

Dans ce climat général, ceux qui ont réussi à franchir les mailles du filet vert-blanc-rouge pour trouver la route du succès nous apparaissent un peu comme les rescapés d'un séisme. Ainsi, Andreas Tchmil, héros d'un exaltant Paris-Roubaix, de même que De Las Cuevas, vainqueur à la classique de San Sébastian. Et, peut-être, plus encore, Luc Leblanc, ressourcé par le Tour et triomphateur en Sicile, aujourd'hui ceint d'arc-en-ciel. Avec lui et Richard Virenque, porteur du maillot à pois rouges dans le Tour, médaille de bronze à Agrigente et vainqueur au Trophée des grimpeurs, à Sannois-Argenteuil, avec ces deux fonceurs, hommes de tempérament, la France aura connu une divine surprise. Un phénomène d'autant plus apprécié que la précédente saison avait pris fin sur un constat de faillite assez lamentable. Dans l'éclatante renaissance de Luc Leblanc s'est inscrite une forme d'exemplarité : le Limousin transplanté en Provence a su vaincre l'adversité, qui l'avait parfois accablé ces dernières années ; et il symbolise assez bien le caractère cyclothymique du cyclisme français depuis la retraite de Bernard Hinault. Un cyclisme qui dispose aujourd'hui d'une belle réserve avec des sujets d'avenir tels Magnien, Seigneur, Roux, Davy, Desbiens, Thibout, Goubert, Hervé et quelques autres, sans oublier le deuxième Jalabert.

Ce n'est pas non plus un hasard si la France a récolté autant de médailles, aux Championnats du monde et sur la route, grâce à Luc Leblanc, Richard Virenque, Christophe Mengin ; grâce aussi à l'équipe des 100 kilomètres, et à Jeannie Longo dans le nouveau championnat contre la montre ; grâce à Florian Rousseau, le maître du kilomètre, sur la piste de Palerme ; à Francis Moreau, second de Boardman en poursuite ; aux tandemistes d'or Colas-Magné ; à la « poursuiteuse » Marion Clignet, championne du monde ; à Félicia Ballanger, privée in extremis d'une médaille d'or en vitesse par le fait d'une étourderie commise, face à la Russe Elioukina. Depuis l'époque de Morelon, jamais la piste française n'avait été aussi riche en valeurs présentes et à venir. La constatation serait encore plus réjouissante si Paris et quelques autres grandes villes françaises disposaient d'un vélodrome permanent pour les accueillir et remobiliser le grand public, à l'image de Grenoble et Bordeaux, mais là, on attend toujours !

C'est d'ailleurs à Bordeaux que le record du monde de l'heure a été battu trois fois en l'espace d'un an, par Chris Boardman, Graeme Obree et Miguel Indurain. Ce qui ne s'était plus produit depuis 1936-1937, quand Maurice Archambaud, Maurice Richard et Giuseppe Olmo occupaient en quasi-permanence la piste noire du Vigorelli de Milan et battaient les records en série.

Quant à Miguel Indurain, souverain du Tour pour la quatrième fois consécutivement, on se souviendra surtout qu'il a littéralement knock-outé Rominger dans les Pyrénées, avant que d'exprimer sa puissance et son immense énergie lors de sa tentative réussie sur l'heure, où il a franchi allégrement la barre des 53 kilomètres, mais ce n'est point encore un plafond.

Ce cyclisme-là, on en redemande.

Pierre Chany,
septembre 1994.

Le champion du monde de cyclo-cross, Paul Herijgers, menacé d'ensablement dans les dunes de Koksijde (Belgique).

saxon
otto®

Sanson

Pelle

Son style de « pistard » reste susceptible d'amélioration, mais quelle puissance et quelle volonté !

Page précédente : *cinq candidats au coude-à-coude pour la victoire à Cecina, terme de la troisième étape de Tirreno-Adriatico. De gauche à droite : Samuele Schiavina, 2ᵉ ; Adriano Baffi, 3ᵉ ; Massimo Strazzer, 4ᵉ ; Mario Manzoni, vainqueur ; et Sabian Fontanelli, 5ᵉ. Ce fut l'une des arrivées les plus spectaculaires de l'année.*

Banesto
Banesto
PINARELLO

L'euphorie d'Adriano Baffi

D'entrée de jeu, au début de la saison, Adriano Baffi s'était inséré dans la spirale victorieuse des transalpins. Ce routier-sprinter d'excellent calibre, mais jusqu'alors dominé par les « grosses pointures » de la spécialité, nous apparaissait totalement métamorphosé. Il s'imposait dans les rampes et se dégageait avec brio dans les cent derniers mètres. Ainsi à l'arrivée de la deuxième étape du Tour de Valence, où il devançait les Allemands Aldag et Wesemans. Au terme de Tirreno-Adriatico, il affichait déjà dix victoires, sur les trente-six assurées par le cyclisme italien. Les choses se gâtèrent par la suite et plus précisément au Tour d'Espagne, où il provoqua la chute grave de son compagnon d'équipe le super-rapide Mario Cipollini. Entre eux, ce fut le début d'une longue et profonde mésentente.

Nelissen, heurs et malheurs

Arrivée houleuse au circuit du Het Volk, le 26 février : Abdoujaparov qui lance le sprint trop loin de la ligne et change délibérément de trajectoire, gênant Wilfried Nelissen. Puis, Nelissen qui écarte l'Ouzbek, « pour éviter la chute », dira-t-il, et Abdou qui proteste parce que, selon lui, le Belge l'a tiré par le maillot et s'est catapulté !
Conclusion : Abdoujaparov sera déclassé de la deuxième place, celle-ci prise par Moncassin, lui aussi plutôt mécontent !
Dès le lendemain, dans le cours de Kuurne-Bruxelles-Kuurne, Wilfried Nelissen tombait dans le secteur des « Monts » et se brisait l'épaule.

bollé
MAPEI
MAPEI CLAS

ROMINGER VOUS SALUE BIEN

Quand Paris-Nice entre dans l'actualité, le printemps s'avance. Pour le coureur cycliste, c'est encore le temps des belles espérances, celui des illusions souvent. A cette époque de l'année, rien encore n'a été profondément ciselé et, si les multiples épreuves d'ouverture ont déjà distillé quelques précieux enseignements, les grandes virtualités se développent dans l'ombre. Le jour des retrouvailles 1994, le 6 mars à Fontenay-sous-Bois, les Français Gilles Delion et Laurent Brochard, par exemple, entretenaient de légitimes ambitions. Le Savoyard, sortant d'une longue période de convalescence, s'était illustré d'entrée de jeu à Bessèges, dans le Gard, et le Sarthois avait accroché à son tableau de chasse le très significatif Tour du Haut-Var.

Pour leur part, les « gens du Nord » avaient également marqué des points. Le Néerlandais Jean-Paul Van Poppel avait remporté l'Étoile de Bessèges, où s'était aussi distingué le routier-sprinter belge Wilfried Nelissen, adversaire habituel de Mario Cipollini et Djamolidine Abdoujaparov aux arrivées du Tour de France. Quelques jours plus tard, Nelissen avait confirmé sa forme précoce en battant Frédéric Moncassin et Andreas Kappès dans le Circuit du Het Volk, mais le malheureux allait se briser l'épaule en chutant dans Kuurne-Bruxelles-Kuurne, gagnée par Johan Museeuw. La blessure était grave, et l'équipe Novemail serait privée d'un de ses meilleurs éléments durant plusieurs mois.

Après avoir contrôlé la course, avec le concours épisodique de Bugno régénéré et du Banesto Jesus Montoya, Rominger condamna ce dernier sur les pentes du col d'Èze, gravi contre la montre.

Quant aux Italiens, ils apparaissaient comme extrêmement dangereux après leur totale domination sur le Tour méditerranéen, organisé par l'ancien vainqueur du Tour de France Lucien Aimar. Le petit Fabio Baldato – rapide et accrocheur – avait porté le maillot jaune plusieurs jours durant et son aîné, Davide Cassani, premier sur les hauteurs de Pierrefeu, dans le Var, premier encore au mont Faron, s'était hissé à la première place au classement général, cela à titre définitif.

L'admirable homogénéité de l'équipe péninsulaire GB-MG s'était exprimée à cette occasion d'une façon hautement spectaculaire. Dans la côte finale de Pierrefeu, Cassani, Baldato, Museeuw et Sciandri avaient monopolisé les quatre premières places ! Le très jeune Frank Vandenbroucke (dix-neuf ans), neveu de son directeur sportif Jean-Luc Vandenbroucke, avait ensuite triomphé au pied de Notre-Dame-de-la-Garde, à Marseille, s'affirmant comme un coureur de grand avenir. La veille, déjà, nous l'avions vu finir à vingt-trois secondes de Cassani au sommet du Faron, malgré le handicap d'une crevaison survenue à quinze cents mètres du but : un garçon à suivre assurément.

En accord avec les usages, les premières étapes de Paris-Nice, courues sous le soleil, se traduisirent par des affrontements de routiers-sprinters : Cipollini vainqueur à Orléans, Baldato à Nevers et à Saint-Étienne, Abdoujaparov à Clermont-Ferrand et, plus tard encore, Cipollini à Marseille. Les affaires sérieuses commencèrent seulement le cinquième jour, avec l'arrivée à la station de Vaujany, non loin de l'Alpe d'Huez, où la « course au soleil » faisait un détour. Dans la longue montée finale, Pascal Richard fut le meilleur, enfin le mieux inspiré. Ce Suisse trentenaire et séduisant, vainqueur cinq mois plus tôt du Tour de Lombardie, se porta au sommet vingt et une secondes avant un groupe de huit poursuivants où l'on reconnaissait Ekimov, Rominger, Zülle, Pensec, Roux, Bugno, Montoya et Totschnig. Miguel Indurain, qui avait perdu plus d'une demi-minute, avait fléchi très nettement à trois kilomètres de l'arrivée, dans les lacets les plus pentus, alors que Richard venait de distancer De Las Cuevas, jusque-là prometteur. Dès lors, on voyait mal le triple vainqueur du Tour de France regagnant le dernier jour, au col d'Èze, le temps perdu sur Rominger, Ekimov et Zülle. D'autant que ces derniers ne s'étaient pas livrés totalement derrière Richard échappé, chacun d'eux craignant de s'exposer au « contre » du voisin. Cette retenue collective avait, d'ailleurs, beaucoup servi les desseins de Richard. Le Vaudois s'était révélé fin tacticien en la circonstance. Il assumait la succession de Baldato au classement général, précédant deux de ses compatriotes, Rominger et Zülle, la deuxième place étant toutefois occupée par l'Autrichien Totschnig.

Deux jours plus tard, Paris-Nice partait à la rencontre de son second lieu stratégique, à savoir l'arrivée au sommet de la côte du Grand-Duc, à Mandelieu-La Napoule. La course allait se jouer durant les cinquante derniers kilomètres et plus particulièrement au Grand-Duc. L'effectif s'était fractionné sur les pentes du Tanneron et, après la descente, les attaques se multipliaient. Les membres de l'équipe Castorama, Robin et Brochard, harcelaient le « Maillot blanc » afin de placer leur camarade Laurent Roux dans les meilleures conditions. Le premier groupe, devenu squelettique, ne comptait plus que Rominger, Roux, Brochard, Ekimov, Mottet, Montoya, Cornillet, Bernard, Pensec et Richard.

Quand Mottet porta son attaque, à vingt kilomètres de l'arrivée, Rominger, Ekimov et Richard adoptèrent une attitude de défiance réciproque. Une aubaine pour le Français qui parvint, ainsi, à se projeter plus d'une minute devant les autres. Pris en chasse par l'Espagnol Montoya, il parvint à conserver une marge de treize secondes au sommet. En revanche, Richard avait lâché prise et il abandonnait à Montoya le maillot immaculé.

Miguel Indurain avait, quant à lui, perdu pied au Tanneron, et il allait se présenter au sommet du Grand-Duc plus de dix minutes après le vainqueur ! De même, Zülle et Totschnig étaient relégués très loin, tous deux victimes d'une chute à cinquante kilomètres de l'arrivée. Au classement général, Montoya précédait Rominger et Pensec de six secondes, Ekimov de douze secondes et Roux de dix-huit secondes. Bref, la victoire dans Paris-Nice se jouerait, une fois encore, dans la montée contre la montre du col d'Èze.

Où le suspense ne dura guère que dix minutes ! Le temps pour Rominger et Montoya de gravir, à quatre minutes d'intervalle, les dix premiers kilomètres. Dans ce secteur initial, l'Ibère donna un moment l'impression de pouvoir

Mario Cipollini facile vainqueur de la première étape de Paris-Nice, à Orléans, devant Baldato, Leoni et Jalabert, celui-ci vainqueur au classement des... non Italiens !

contenir la poussée du Suisse. Il comptait même une seconde d'avance sur celui-ci à mi-parcours. Mais la puissance disciplinée de Rominger, son talent de spécialiste et sa technique affirmée prirent rapidement le pas sur l'énergie désordonnée d'un adversaire moins doué pour ce type d'effort.
Pour Montoya, les huitième et neuvième kilomètres furent terribles, terribles et décisifs. A force de solliciter son organisme au-delà de ses possibilités, il se trouva soudain en dette d'oxygène et fut contraint de réduire immédiatement son régime de croisière. Dès lors, l'avance de Rominger alla croissant, pour atteindre quarante-deux secondes au sommet. Le Suisse remportait Paris-

L'attaque rageuse – et victorieuse – de Charly Mottet, après la côte du Grand-Duc, à Mandelieu-La Napoule.

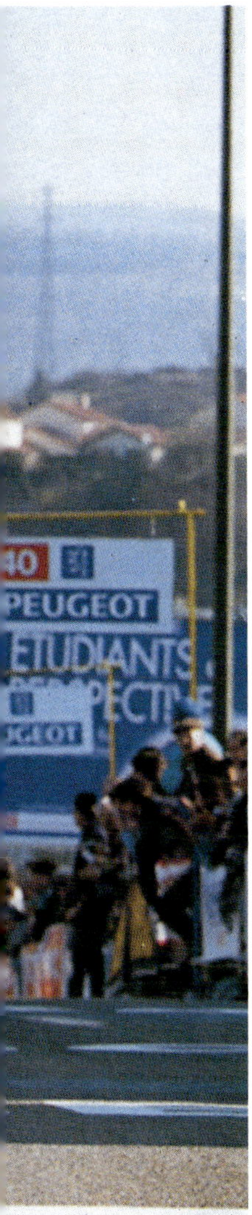

ɹa « deuxième »
ɬe l'intenable
Baldato
ɪ Côte-Chaude,
ɪur les hauteurs
ɬe Saint-Étienne.
Dans la rampe
d'arrivée, il laissa
Fidanza, Biasci et
Tchmil à plusieurs
ongueurs.

Nice pour la seconde fois, suivi de Montoya, à trente-six secondes, puis, dans l'ordre, d'Ekimov, de Pensec, de Roux, d'Aparicio et de Richard.
Le vainqueur attribuait sa réussite à l'échec d'Indurain – et dans une moindre mesure à la chute de Zülle –, beaucoup plus qu'à ses propres mérites. Il convenait évidemment de faire la part de la coquetterie dans son analyse ; et l'on retenait plus volontiers le propos de Ronan Pensec : « Il a couru avec intelligence, comme il sait le faire, car son équipe n'était pas terrible. Il s'est amélioré de jour en jour depuis Saint-Étienne. Ce n'est quand même pas un hasard s'il a battu de cinquante secondes le record du col d'Èze, nouvelle version, établi par Zülle l'an passé ! » Il ne fallait pas trop tenir compte des performances excessivement modestes de Bugno et d'Indurain dans cette montée, le premier ayant cédé près de dix minutes et le Navarrais à peine moins de quatre minutes. La moralité, la voici : sans motivation, il n'y a jamais rien à espérer d'une épreuve contre la montre.

Indurain n'est pas invincible

– Tony Rominger, vous aviez déjà gagné Paris-Nice en 1991. Quel parallèle établissez-vous entre ces deux succès ?

– Il y a trois ans, j'étais en pleine condition et la montée du Faron m'avait projeté à l'avant. Actuellement, je m'estime à 80 p. 100 de mes capacités optimales seulement. Ce sont mes adversaires qui ont craqué. Surtout Indurain qui avait participé au contrôle de la course jusqu'au pied de Vaujany, en collaboration avec l'équipe GB-MG de Baldato.

– Après cette victoire disons « non programmée », allez-vous modifier votre stratégie dans la perspective du Tour ?

– Ce n'est pas tellement dans mes habitudes ! Les deux axes de ma saison resteront le Tour d'Espagne et le Tour de France. Je vais renoncer à la tentative contre le record de l'heure et, au lendemain de la Vuelta, je partirai en famille pour le Colorado. D'ici là, mon épouse m'aura donné un deuxième enfant, et je rentrerai en Europe trois jours seulement avant le départ du Tour de France à Lille.

– Votre jugement sur Miguel Indurain ?

– Je le croyais parti pour gagner Paris-Nice et sa contre-performance à Vaujany m'a beaucoup étonné. Après, il a laissé courir. Je suis sûr qu'il reviendra à son meilleur niveau au jour donné, mais je ne le juge pas pour autant invincible au Tour de France !

– Alex Zülle ?

– Il tombe trop souvent. Sa vue, peut-être… ou bien est-il trop distrait…

– A quand la retraite ?

– Quand je sentirai les forces me lâcher. Dans deux ans, peut-être…

RUDY
DE ROSA
AVOCET

A cet instant précis, au sommet du Poggio, Giorgio Furlan est en train de gagner Milan-San Remo, la plus belle des courses pour un Italien.

Les trois glorieuses de Giorgio Furlan

En matière de cyclisme, la génération spontanée ça n'existe pas ! Certains champions hyper-doués se révèlent très jeunes, et ce fut le cas pour Fausto Coppi, Jacques Anquetil, Eddy Merckx. D'autres doivent patienter plus longtemps avant d'atteindre à la grande notoriété et leur épanouissement, plus ou moins tardif, suscite parfois l'étonnement. Pour autant, ils sont tous contraints d'appliquer les mêmes règles concernant les rigueurs de l'entraînement et une égale fermeté leur sera réclamée face à l'adversité qui les guette et les frappe tous un jour ou l'autre. Ainsi de Giorgio Furlan, ce Vénitien de vingt-huit ans, formé à l'école de l'avisé Moreno Argentin, lui-même sujet d'exception, qui s'est hissé en force au sommet de la hiérarchie, dès les premières semaines de la saison 1993.
A vrai dire, Giorgio Furlan ne nous était pas inconnu, il s'en fallait même de beaucoup. Ceux qui suivent de près les événements sur deux roues conservaient en mémoire sa victoire au championnat d'Italie, couru sur le circuit de Camaiore, en 1990, où il avait battu Roberto Pelliconi et Flavio Giupponi, ce dernier dauphin de Laurent Fignon au Giro 1989. Puis, deux ans plus tard, il avait opportunément ajouté à son palmarès la Flèche wallonne, la course de côtes du Critérium international et le Tour de Suisse, ajoutant à cette moisson quantité de places d'honneur en 1993.
La vénération qu'il porte à Moreno Argentin, son aîné en même temps que son compatriote régional, et l'amitié fraternelle que lui rend l'ancien champion du monde font que les deux hommes ont revêtu ensemble le maillot

bleu de l'équipe Gewis-Ballan. Une équipe magnifiquement homogène où le sens de l'amitié et le goût pour le perfectionnisme tiennent lieu de credo. C'est ainsi que Giorgio Furlan, ayant écrasé l'opposition à Tirreno-Adriatico, s'illustra ensuite dans une attaque victorieuse, et « à la Merckx », lors de Milan-San Remo, avant de dominer à nouveau l'effectif au Critérium international. Par la suite, il favorisa le succès d'Evgeni Berzin à Liège-Bastogne-Liège et offrit à Moreno Argentin la victoire sur un plateau à l'arrivée de la Flèche wallonne !
A l'énoncé des épreuves qui lui ont permis de s'illustrer de la sorte, vous aurez compris que Giorgio Furlan apprécie surtout les routes accidentées.

MILAN-SAN REMO

LA VICTOIRE DU CLASSICISME VIA ROMA

Quand survint Milan-San Remo, l'épreuve étant rendue à sa date traditionnelle du 19 mars, jour de la Saint-Joseph, les Italiens inspiraient la crainte. Ils avaient déjà assuré une cinquantaine de victoires depuis les premiers jours de février – dont une dizaine pour le compte du seul Adriano Baffi –, les équipes GB-MG et Gewis-Ballan pédalaient dans l'euphorie et Giorgio Furlan, parfaitement secondé par le Russe Evgeni Berzin, venait de gagner Tirreno-Adriatico. Avec ce Milan-San Remo, épreuve initiale de la Coupe du monde, le cyclisme présentait son premier long métrage de l'année : 294 kilomètres ; le petit col du Turchino à mi-parcours ; la trilogie des « capi » sur la Riviera dei Fiori ; la montée du Cipressa et celle du Poggio pour finir. L'arrivée serait jugée sur la via Roma, cette artère quasi mythique, abandonnée depuis huit trop longues années.

En d'autres termes, la ligne d'arrivée serait tracée 5 300 mètres après le sommet du Poggio, deux kilomètres après le bas de la vertigineuse descente. Hormis l'aspect sentimental offert par ce retour aux sources, c'était bien un changement de philosophie que paraissait nous proposer la « classique » italienne. Car le kilomètre ajouté au parcours des années précédentes pouvait sembler de nature à livrer un correctif au verdict du Poggio et à favoriser un ultime regroupement en faveur des routiers-sprinters. Les faits allaient infirmer ces supputa-

A la sortie du tunnel du Turchino marquant la mi-parcours, les « bleus » de l'équipe Gewis-Ballan occupaient déjà le terrain.

tions techniques, les faits et la force de frappe de Giorgio Furlan !
Son démarrage soudain, la course s'étant emballée plutôt tardivement, se produisit dans le Poggio, au plus dur de la rampe, en un moment où le robuste Cassani imposait un train soutenu. Agissant de la sorte, il espérait user la résistance du tandem Cipollini-Baffi et créer une opportunité favorable à ses amis Baldato, Museeuw et Sörensen, tous trois aux aguets. L'accélération fut brutale. Aussitôt pris en chasse par Fondriest, Zanini, Tchmil et Sciandri, Furlan n'en continua pas moins à augmenter son avantage, pour s'engager

Het
Nieuwsblad
Het
Nieuwsblad
TEAM
Polti
Lotto

Il s'en fallut d'un fil que Gianni Bugno ne payât très cher sa seconde d'égarement !

TOUR DES FLANDRES

BUGNO ENTRE LE ZÉRO ET L'INFINI

Deuxième épreuve de la Coupe du monde dans l'ordre chronologique, le Tour des Flandres s'inscrivait, cette année, dans un contexte psychologique inhabituel et jusqu'alors inconnu en ces lieux. D'une manière générale, les « non-Flamands » ont toujours beaucoup appréhendé cette course si particulière, rugueuse en son parcours et ses mœurs, où les autochtones engagent chaque fois leur fierté, pour ne pas dire leur honneur. Or, au mois d'avril dernier, le tableau était exactement inverse. Plongés dans le doute, au même titre que les Français, par l'extraordinaire série des victoires italiennes, les « Flahutes » craignaient le pire et comptaient leurs hommes. En vérité, ils étaient peu nombreux, les coureurs du cru susceptibles de s'opposer efficacement à l'invasion imminente : Johan Museeuw sans doute, Hendrick peut-être, tous deux inscrits comme par hasard dans des équipes italiennes ! Les connaisseurs croyaient déjà beaucoup moins en Johan Capiot et Marc Sergeant, trop souvent condamnés aux places d'honneur, et pas du tout à Edwig Van Hooydonck, deux fois victorieux sur la chaussée de Meerbeke, en 1989 et 1991, mais un peu court de forme et en délicatesse avec Jan Raas, son directeur sportif.

L'ancien champion du monde Rik Van Steenbergen analysait, d'ailleurs, la situation en ces termes : « Le cyclisme belge n'est plus ce qu'il était et les Italiens sont devenus intouchables ! Même

L'Italien Dario Bottaro et le Belge Johan Capiot, « pied au plancher » dans le secteur des « cols » flandriens.

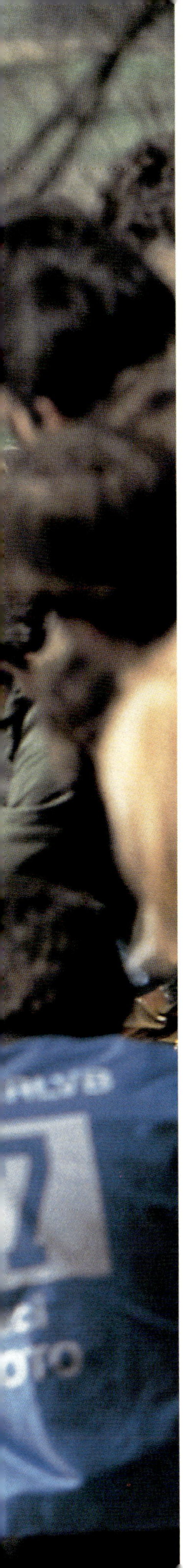

en l'absence de Giorgio Furlan, qui n'est certainement pas l'homme de cette course, à cause des pavés, ils ont encore une bonne chance de s'imposer. L'heure d'Argentin et de Bugno approche, Baffi, Ballerini et Bontempi sont au mieux. La loi du nombre jouera encore en leur faveur, d'autant que Berzin et Abdoujaparov émargent eux aussi au cyclisme italien. »

Les événements donnèrent entièrement raison à l'ancien champion du monde et adversaire de Fausto Coppi : quatre rescapés se présentèrent ensemble à Meerbeke, dont deux Italiens, Bugno et Ballerini, le Russe Tchmil et le Belge Museeuw. La sélection avait commencé dans la montée du Vieux-Quarémont, à cent onze kilomètres de l'arrivée, où l'effectif s'était déjà divisé en cinq ou six tronçons. Un peu plus loin, Olaf Ludwig, quittant sa ligne pour éviter un nid-de-poule, avait fauché Redant, Fidanza, Van den Bossche, Cipollini, Baffi et Van Poppel ! Puis ce fut l'échappée en force de treize attaquants, celle-ci ayant pris forme au terme d'une longue suite de chassés-croisés. Il y avait là Museeuw, Bomans, Baldato (GM-MG), Skibby, Harmeling (TVM), Sergeant (Novemail), Roscioli (Brescialat), Tchmil (Lotto), Ballerini (Mapei), Van Hooydonck (WorldPerfect), Corvers (Collstrop), Bugno et Peron (Polti). La course faisait son entrée à cinquante à l'heure dans le secteur le plus difficile, chaque « col » condamnant un ou plusieurs concurrents : Bottaro, Roscioli, Harmeling et Schurer lâchés dans la côte de Berendries ; Bomans et Bontempi distancés au pic de Nederbrakel ; Van Hooydonck et Sergeant oubliés dans une montée pourtant anonyme et Capiot planté dans les forts pourcentages du Mur de Grammont, à seize kilomètres du but. Où l'allure souveraine de Bugno donna à penser que le champion du monde aurait, peut-être, pu se dégager seul, malgré la présence à ses côtés de Museeuw, Tchmil et Capiot.

Enfin, ce fut le sprint à Meerbeke : Bugno qui démarre à trois cents mètres de l'arrivée, surprenant Museeuw, celui-ci trop attentif à Tchmil ; le Belge qui se rapproche désespérément dans les cent derniers mètres ; et Bugno, l'imprudent, qui coupe inconsidérément son effort à proximité de la ligne, lève les bras au ciel et permet ainsi à Museeuw de remettre sa victoire en cause !

Car telle fut bien la faute inimaginable commise par l'ancien champion du monde. Il aurait pu connaître encore la même mésaventure que celle dont il avait eu à souffrir en 1993, quand le Suisse Rolf Jaermann l'avait passé au dernier instant, à l'arrivée de l'Amstel Gold Race ! Les minutes qui suivirent durèrent un siècle pour Bugno. Par bonheur pour lui, la photo-finish lui révéla bientôt que Museeuw n'avait pas été à même d'exploiter totalement sa bévue, mais le charme était rompu et passé le temps du bel enthousiasme !

Plus tard, Bugno se laissa pourtant aller à quelques brèves confidences : « J'avais l'impression que Museeuw était resté planté deux mètres derrière moi, disait-il. Ou il est revenu très fort, ou j'ai moi-même faibli, il n'y a pas d'autres explications. Sans doute ai-je engagé le sprint un peu tôt, mais je craignais Tchmil, moi aussi, et je ne voulais surtout pas lui laisser l'initiative. »

Dans le lot des meilleurs battus figuraient Baldato, Bontempi, Roscioli, Cenghialta, Harmeling, Van Hooydonck, Covers, Sergeant et Bomans.

Quant au premier Français, Laurent Jalabert, il s'était classé seizième, à quatre minutes et demie du vainqueur.

La tête loin des jambes

Après un douloureux sevrage de vingt et un mois, durant lesquels il avait connu tour à tour le doute, le découragement, l'humiliation parfois, Gianni Bugno renouait, enfin, avec la victoire dans une épreuve de premier plan. Pour autant, il restait renfrogné et replié sur lui-même, presque hermétique.
« Il fallait bien que je finisse par gagner un jour ou l'autre !, marmonnait-il. Quand on compte à son palmarès un Tour d'Italie, deux Championnats du monde et un Milan-San Remo, c'est que l'on dispose d'une qualité de base. Le reste, au fond, n'est qu'une affaire de mise au point. La mienne a été un peu laborieuse, voilà tout. Depuis mes débuts, je suis resté le même et il n'y aura pour moi ni avant, ni après Tour des Flandres. » Il nous disait en ces termes son intention de persévérer dans sa navigation au jour le jour, s'efforçant de ne penser ni au Giro ni au Tour, et moins encore à Miguel Indurain, sa bête noire !
Au Tour des Flandres, il nous avait livré en l'espace d'une heure, la dernière, les deux faces antinomiques de son personnage : trop généreux au début du secteur des « cols », mais trop réservé au Mur de Grammont et au Bosberg ; opportun au moment de lancer le sprint, mais soudain aveuglé par la réussite en cours, au point d'en compromettre la conclusion. De sorte que l'on pouvait témoigner de son retour au plus haut niveau athlétique, sans être en mesure d'affirmer pour autant qu'il s'était libéré de toutes ses inhibitions, autrement dit de sa fragilité face aux responsabilités permanentes que suppose l'état de coureur-vedette. A certains moments, il donnait l'impression d'être préoccupé et nous savions, par ailleurs, qu'il était aux prises avec de graves problèmes familiaux.

Les 14 podiums italiens

Gianni Bugno est le quatrième Italien dont le nom figure au palmarès du Tour des Flandres, pour un total de six victoires nationales.
Fiorenzo Magni, surnommé le « Lion des Flandres », a triomphé à trois reprises : 1949-50-51.
Suivirent Dino Zandegü en 1967 et Moreno Argentin en 1990.
Ci-dessous, la liste restreinte des autres coureurs italiens qui se sont hissés un jour sur le podium du si difficile « Ronde Van Vlaanderen » :
1952 : Loretto Petrucci, 2e derrière Roger Decock (B).
1958 : Angelo Conterno, 3e derrière Germain De Rycke (B) et Willy Truye (B).
1961 : Nino Defilippis, 2e derrière Rik Van Looy (B).
1969 : Felice Gimondi et Marino Basso, 2e et 3e derrière Eddy Merckx (B).
1976 : Francesco Moser, 2e derrière Willy Planckaert (B).
1993 : Dario Bottaro, 3e derrière Johan Museeuw (B) et Frans Maassen (PB).

Au Tour des Flandres, dès les premiers pavés, il devint évident que Gianni Bugno était dans un grand jour, mais le plus dur restait encore à faire. Dans son sillage, Edwig Van Hooydonck, déjà à la peine.

GRANAROLO
shimano

GRAND PRIX DE DENAIN

Koerts, l'inattendu

Aviez-vous jamais entendu parler de Jans Koerts, ce coureur néerlandais âgé de vingt-cinq ans, membre de l'équipe Festina ? Seuls les initiés savaient qu'il avait reçu sa première licence de professionnel en 1992 au titre de la défunte équipe PDM, avant de signer pour la formation andorrane l'année suivante. A son maigre palmarès, une victoire d'étape au Tour d'Armorique et une autre au Tour du Portugal. Cet athlète massif et « brut de coffrage », pour reprendre l'expression imagée de son entourage, est un opiniâtre, rapide aux arrivées. Ces deux qualités conjointes lui auront permis de tenir le choc dans un Grand Prix de Denain mené bon train et dans des conditions atmosphériques difficiles, puis de tenir en échec les plus réputés, dont les Danois Michaelsen et Holm, l'Allemand Kappes et le jeune Aubier, en cours de devenir.

TROIS JOURS DE LA PANNE

Ci-dessous, *Djamolidine Abdoujaparov avait étonné, lui le routier-sprinter type, en remportant la première étape au terme d'un raid solitaire de onze kilomètres. Puis il avait encore gagné la troisième étape mais au sprint cette fois. La victoire au classement général fut néanmoins pour Badio Roscioli.*

PARIS-VIMOUTIERS

De Las Cuevas en Normandie

La côte du Moulin-Neuf et le Mur des Champeaux sont les deux fleurons d'une fin de parcours ô combien sélective, qui fait de Paris-Vimoutiers une épreuve significative et très appréciée. Cette année pourtant, les personnages principaux de la course n'auront pas attendu ces deux « juges de paix » pour passer à l'action directe. Ainsi de Goubert et Lemarchand, puis de Pensec et Brochard, enfin de Mottet et De Las Cuevas, les uns et les autres engagés dans un duel plus général opposant la troupe de Cyrille Guimard

Castorama) à celle de Roger Legeay Gan). Dans l'incapacité de se départager lans les rampes, Mottet et De Las Cuevas e présentèrent ensemble au pays du amembert, quarante-six secondes vant Laurent Brochard. Le sprint resta ongtemps indécis, De Las Cuevas ouvrant a voie dans un premier temps, Mottet eprenant un instant l'avantage à trente nètres de la ligne et son adversaire roduisant ensuite le coup de reins lécisif !
uparavant, Patrice Esnault et le rovençal Francisque Teyssier s'étaient listingués dans le cours d'une longue chappée gênée par le vent.

A Vimoutiers, Armand De Las Cuevas obtint la décision dans les tout derniers mètres seulement, aux dépens de Charly Mottet, l'un des meilleurs Français du début de la saison.

GRAND PRIX DE RENNES

On attendait Pensec, ce fut Delion

Le Grand Prix de Rennes demeure l'une des pierres angulaires du calendrier français des courses d'un jour. Elle se déroule conjointement au Tour des Flandres et recueille l'adhésion de ceux à qui l'épreuve belge ne dit rien qui vaille ou qui ne sont pas qualifiés pour les épreuves de la Coupe du monde.
Le dimanche 3 avril 1994, les Rennais envisageaient fort logiquement, et avec ferveur, la victoire de Ronan Pensec, le Breton de Douarnenez, sans cesse présent depuis l'ouverture des hostilités et auteur de très belles performances – 3e au Tour du Haut-Var et 4e à Paris-Nice –, mais Gilles Delion, déjà victorieux à Aubagne, au mois de février, allait leur infliger une rude déception sentimentale.
Sous la pluie glaciale, le Breton et le Savoyard s'étaient dégagés d'un groupe d'attaquants, en compagnie du jeune Sarthois Nicolas Aubier. Entre Delion et Pensec, celui-ci survolté par l'air de la région, l'affaire se joua dans le dernier virage, lequel précédait de peu la ligne d'arrivée. Un virage où Pensec, s'étant fourvoyé dans une mauvaise trajectoire, glissa sur le sol détrempé, abandonnant à Delion le bénéfice de la victoire.
Celui-ci s'installait en tête au classement de la Coupe de France devant Laurent Brochard, tous deux de l'équipe Castorama.

n'avaient pas été battus sur leur propre valeur : Franco Ballerini et Gilbert Duclos-Lassalle, soit les deux protagonistes principaux de l'année précédente. L'Italien avait subi le dommage d'une crevaison catastrophique sur les pavés de Verchain, dans la première partie de l'« Enfer », au cent trentième kilomètre. Quand il pénétra ensuite dans la fameuse tranchée de Wallers-Arenberg, très encombrée, son retard était de l'ordre d'une demi-minute. Il rejoignit les premiers au kilomètre 173 seulement, après une poursuite acharnée de quarante-trois kilomètres. Il avait laissé dans cette dure et longue opération de colmatage une part de ses forces et la plupart de ses équipiers.

Pour sa part, Duclos-Lassalle s'était affalé dans la traversée de Wallers-Arenberg, incident fâcheux qui lui imposa une poursuite de dix-huit kilomètres, avec le concours de ses auxiliaires Gouvenou et Capelle.

Quand la course, trépidante et morcelée, s'enfonça dans le secteur pavé numéro 6, entre les hameaux de Vendeville et Ennetières, Andreï Tchmil comptait une minute d'avance. Derrière lui, le quatuor composé de Ballerini, Duclos-Lassalle, Museeuw et Capiot. Ensuite venaient Baldato, Van der Poel, Verhoeven, Willems, Yates, Ludwig et De Clerk. Ce fut au moment précis où il accélérait, engageant une poursuite délibérée derrière Tchmil, que Ballerini sentit défaillir son pneu arrière. Au même instant, Duclos-Lassalle subissait le même sort. La course était distendue, les directeurs sportifs retenus à l'arrière et les motos Mavic de dépannage également occupées. Durant une vingtaine de secondes Ballerini et Duclos-Lassalle, accablés, tentèrent de rouler en déséquilibre sur la jante, puis, le secours n'arrivant pas, ils choisirent d'attendre. Au terme de cette déplorable péripétie, Tchmil avait porté son avance à quarante secondes, brèche que Museeuw tenta de combler seul mais en vain. Nous apprenions alors par les ondes que Marc Madiot, victime d'une chute peu après l'entrée dans les secteurs pavés, souffrait d'une fracture à la hanche.

Dans les vestiaires du vélodrome, ce fut une bien faible consolation pour Ballerini et Duclos-Lassalle de découvrir que le vainqueur, routier accompli, était également un homme d'esprit. A un journaliste qui lui demandait s'il avait l'impression d'« entrer dans la légende », il répondit, le regard amusé : « Aujourd'hui, je suis trop fatigué ! Mais demain, je vous le promets, j'essaierai d'y entrer ! » Au même moment, de bonnes âmes tentaient de réconforter le pauvre Ballerini : « Quand Duclos-Lassalle a gagné pour la première fois, lui disaient-ils, il en était à sa quatorzième tentative. » Un autre d'ajouter : « Tchmil est ton aîné de vingt-deux mois, tu le vois, rien n'est perdu ! » L'intéressé ne semblait pas très convaincu et il aurait été de loin préférable d'attirer son attention sur un autre point, celui-ci d'ordre technique. Lui rappeler, par exemple, qu'il était déjà sans équipier valide à soixante-dix kilomètres de l'arrivée, de même que Duclos-Lassalle d'ailleurs, celui-ci trop tôt privé des services de Seigneur et Capelle. Cette extrême solitude de Ballerini et Duclos-Lassalle au moment décisif leur aura coûté beaucoup plus que la crevaison elle-même. S'ils avaient pu recevoir la roue salvatrice dans la minute suivant l'incident, leur sort eût été bien différent.

Celui de Paris-Roubaix aussi : l'homme seul y est toujours en mauvaise compagnie… sauf sur la piste d'arrivée, où c'est exactement l'inverse !

Dans le regard [de] l'« ancien », un profond désenchanteme[nt] mais, encore et toujours, l'envie de « remettre ça dans un an ! »

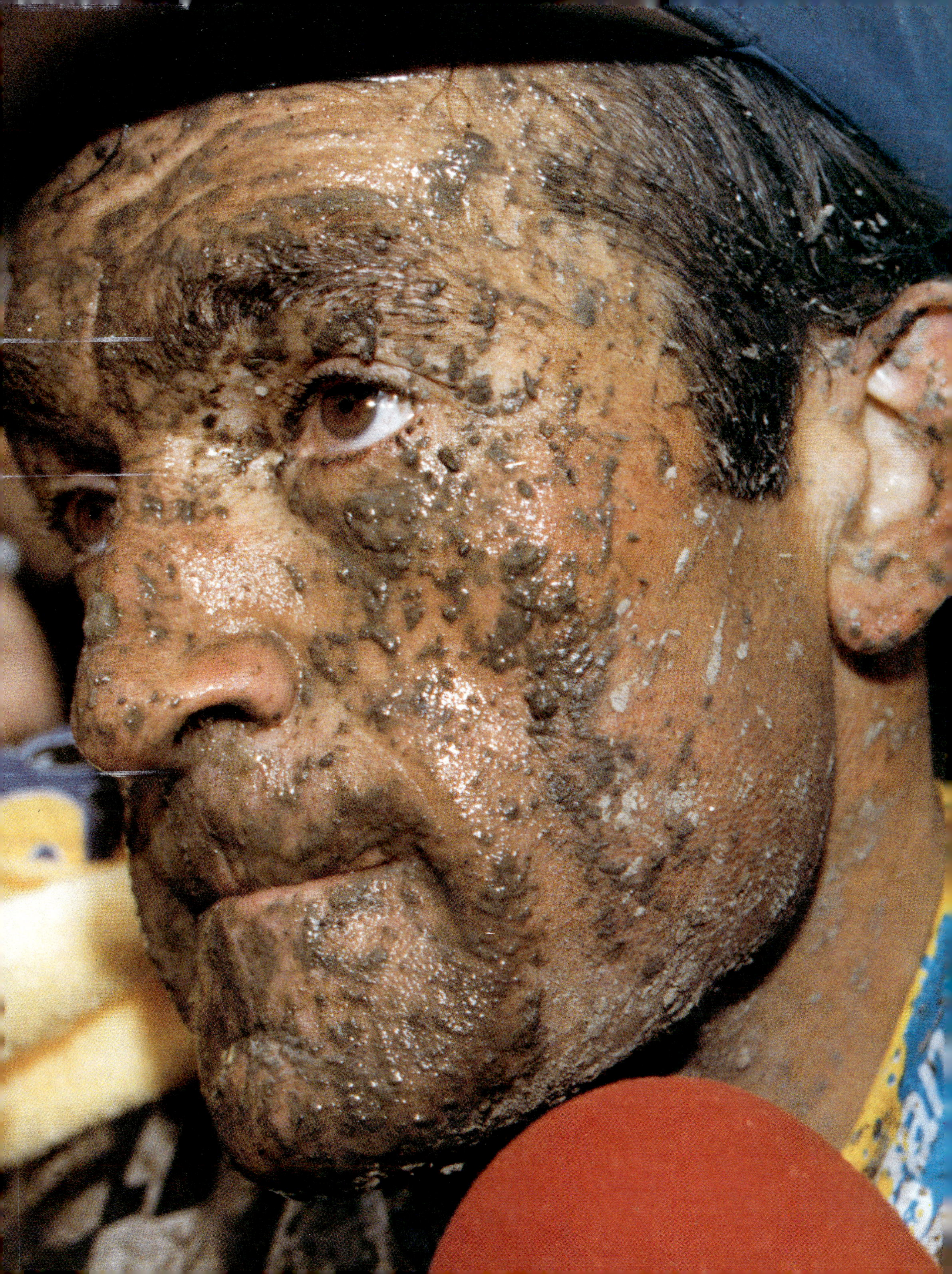

Un coureur venu de loin

Vainqueur de Paris-Roubaix à l'âge de trente et un ans et soixante-dix-huit jours, Andreï Tchmil passera à la postérité pour avoir été le premier Russe ayant inscrit son nom au palmarès d'une grande classique internationale. On ne saurait parler pour autant d'une affirmation tardive, dès lors qu'il était déjà connu et apprécié dans le monde du cyclisme professionnel, son nom figurant au palmarès du prix Pino Cerami et à celui d'un certain nombre d'autres épreuves secondaires. Son succès acquis dans l'épreuve française restera surtout comme l'aboutissement d'une longue et patiente démarche, celle d'un ancien « espoir » de l'ex-Union soviétique, jeté par les convulsions de l'histoire dans un professionnalisme dont il ignorait tout.

– Comment vivez-vous actuellement ?

– Avec Héléna, mon épouse, et mon fils Maxime, nous occupons un appartement dans le quartier d'Épeule, à Roubaix. Je me suis installé là parce que la frontière est proche. Ainsi, je reste en contact permanent avec Jean-Luc Vandenbroucke, mon directeur sportif chez Lotto, qui habite Mouscron. Je m'entraîne parfois avec Frank Vandenbroucke et l'aéroport n'est pas loin quand je dois partir.

– Comment avez-vous connu Héléna ?

– Au cours d'un stage de l'équipe soviétique. Elle s'appelait Héléna Plechkchakowa et venait de terminer quatorzième au championnat du monde sur route, organisé à Chambéry, en 1989. A cette époque, j'étais sur le point de

quitter l'URSS, en cours de dislocation, pour l'Italie.

– Vos débuts dans le cyclisme ?

– A l'origine, je n'étais pas d'une famille de sportifs. Mon père était avocat, ma mère chanteuse d'opéra. C'est pour lui permettre d'exercer son art que nous avons quitté Kabharovsk, où je suis né, à proximité de la frontière chinoise, pour nous installer à Odessa. Ensuite, nous avons habité successivement Kishinev, en Moldavie, et Gorki, en Russie.

Dans le cloaque de la tranchée de Wallers, le cyclisme renoue avec la dureté des temps héroïques.

A l'école, j'ai pratiqué la course à pied, un peu la natation et beaucoup le hockey sur glace. Vers l'âge de seize ans, on m'a proposé de courir à vélo et je suis allé tout naturellement à l'école des sports. La discipline y était sévère, mais ce n'était pas une prison ! J'ai progressé rapidement, remportant une vingtaine de victoires, dont un titre de champion d'URSS en 1986.

– A l'Ouest, vous restiez pourtant un inconnu...

– C'est exact. Pour la simple raison que je ne parvenais pas à m'incruster dans l'équipe nationale. Ceux qui la composaient étaient pratiquement inamovibles : Soukhoroutchenkov, Ugrumov, Abdoujaparov, Zinoviev, Pulnikov, Konychev et une dizaine d'autres. Ils étaient forts, défendaient tous jalousement leurs places et vivaient en complicité avec le responsable de la sélection. Sans l'évolution qui s'est produite en 1989, grâce à la perestroïka, peut-être n'auriez-vous jamais entendu mon nom ! Moi, je rêvais de partir pour l'étranger. Non pas pour y rester, mais pour y gagner des courses.

– Comment avez-vous été amené à partir pour l'Italie après 1989 ?

– La fédération d'URSS a décidé qu'une quinzaine de coureurs seraient autorisés à partir pour l'Ouest, afin d'y tenter l'expérience du professionnalisme. Les accords pris passaient au-dessus de notre tête. L'équipe italienne Alfa Lum payait une redevance à notre fédération, qui nous en rétrocédait une faible part. Je recevais 800 000 lires par mois, un peu moins de 3 500 francs ! Pour un émigré de l'URSS en déconfiture, ça n'était pas si mal, mais nous avions sous les yeux l'exemple des coureurs italiens, sans parler de Bugno ou Argentin, payés à prix d'or ! Nous nous sommes battus pour obtenir davantage, mais Soukhoroutchenko s'est lassé et il a préféré rentrer au pays.

– Pourquoi avez-vous changé d'équipe, cette année ?

– Quand a cessé l'expérience Alfa Lum, j'ai couru pour SEFB, une petite équipe belge, puis pour GB-MG, au côté de Museeuw. Tout allait bien, j'occupais une maison agréable en Italie, où je m'installerai sans doute un jour, mais dans cette formation tout était organisé essentiellement en fonction des objectifs de Museeuw et Cipollini. Au Championnat du monde, à Oslo, Museeuw aurait voulu que je lui sacrifie mes chances, alors qu'il s'agissait d'une course par équipes nationales. J'ai refusé et on m'a laissé sur la touche durant toute la fin de la saison ! C'est de loin mon plus noir souvenir. Songez-y : savoir que l'on peut gagner des courses et ne pas pouvoir courir ! Quand Jean-Luc Vandenbroucke m'a proposé de rejoindre l'équipe Lotto, j'ai dit oui immédiatement. Là, je savais que je pourrais rouler pour moi et faire savoir quel coureur je suis vraiment. Les autres sont revenus à la charge, mais je ne les ai même pas écoutés !

– Comment voyez-vous l'avenir ?

– Je me répète, mais le rôle d'un champion, c'est de gagner des courses. A partir de là, on le respecte et ses conditions de vie s'améliorent. Mon vœu, c'est de gagner une belle étape du Tour, encore une classique, de réaliser un très bon Championnat du monde et de remporter la Coupe du monde. Après, on verra...

UN MONUMENT DANS LES ARDENNES

Renault
Renault

Les uns disent qu'elle est la plus belle des grandes classiques, de celles qui assurent la permanence du cyclisme itinérant à travers les âges. Pour d'autres, elle serait la plus dure, la plus équitable en tout cas, dès lors que la part consentie à la chance – ou à la malchance – y est considérablement réduite, souvent inexistante. Et, pour les Wallons, sans cesse exposés au jugement ombrageux de la communauté flamande, elle est la « Doyenne », celle qui a favorisé l'expression d'un cyclisme total en Belgique, dès 1892 pour les amateurs et 1894 pour les professionnels.
Elle coïncide, chaque année, avec l'éveil de la nature et visite ces Ardennes, tout à la fois intimes et monumentales, où les difficultés naturelles, rampes interminables, « murs » abrupts et descentes périlleuses, effet destructeur des premières chaleurs ou griffures de la pluie – de la neige parfois –, forment ensemble un complexe idéal pour hiérarchiser les valeurs.
Enfin, sa situation au calendrier lui assure la participation de concurrents installés au sommet de leur parabole athlétique. C'est d'ailleurs pourquoi, le talent appartenant toujours aux mêmes et le hasard n'y étant pas admis, Liège-Bastogne-Liège a souvent retrouvé les mêmes acteurs principaux pour une même génération, pourquoi des sujets d'exception tels Ferdi Kubler, Fred De Bruyne, Eddy Merckx, Bernard Hinault, Sean Kelly et Moreno Argentin ont pu y réaliser des séries victorieuses autant qu'inoubliables.
A travers le temps et ses vicissitudes, elle est restée exemplaire.

UN « TRIPLÉ » TOUTES CATÉGORIES

En 1891, un an avant la création de la classique belge, Bordeaux-Paris avait obtenu un franc succès, en Belgique comme ailleurs, bien que les Britanniques y eussent écrasé leurs adversaires, G.P. Mills s'étant révélé le meilleur d'entre eux. La concurrence entre les fabricants de cycles européens était féroce, les Anglais occupant partout le terrain et imposant très souvent leurs volontés. Ces derniers opposés au professionnalisme, avaient manœuvré pour que Bordeaux-Paris fût réservé aux amateurs, la catégorie dans laquelle s'exprimaient leurs représentants, alors que les meilleurs Français, Stéphane, Corre, Guillot, etc., disposaient, eux, d'une licence de professionnels. Cette même année, le Club Liège Cyclist' Union envisagea de présenter l'année suivante rien moins qu'un Liège-Paris-Liège sur la distance de 845 kilomètres ! Dans cette perspective audacieuse, il fut convenu qu'une épreuve de préparation serait organisée, laquelle permettrait aux « amateurs » de se familiariser avec les longues distances. Elle aurait lieu le dimanche 29 mai 1892, sur un parcours typiquement ardennais passant par Aywaille et Marche-en-Famenne, à l'aller comme au retour, soit une distance de 250 kilomètres.
Les coureurs étrangers, entendons les non-Belges, ignorèrent superbement l'invitation et, dans le lot des trente-trois concurrents pointés au départ, sur le coup de cinq heures et demie du matin, il y avait essentiellement des autochtones, les Liégeois et les Bruxellois formant la majorité. Parmi eux, Léon Houa – 1,70 m pour 60 kilos précise la chronique –, membre du club organisateur et personnage d'une grande originalité. Il était le rejeton d'une famille bourgeoise très à l'aise et vivait de ses

rentes. Toutefois, il arrondissait son pécule en pédalant pour le compte des cycles Raferée, et on l'avait désigné pour représenter la marque dans le futur Liège-Paris-Liège, en même temps que son compatriote Léon Hautvast. Il pratiquait également la boxe et l'escrime. Pour autant, il n'était pas le favori de ce premier Liège-Bastogne-Liège, le poste étant partagé entre le puissant Louis Rasquinet, un ressortissant du S.C. Liège, le club concurrent, et l'ancien champion de Belgique Léon Lhoest, dit « Trimpou », lui aussi liégeois.

Dès les premiers kilomètres l'allure fut rapide et les lâchages se multiplièrent. De sorte que Léon Houa, parfaitement bien secondé par ses entraîneurs à vélo, se projeta bientôt seul en tête pour traverser Marche (76 km), cinq minutes avant « Trimpou » et sept minutes avant Hunnerbein, citoyen de Verviers. Ainsi se présenta-t-il à Bastogne, mi-parcours, quarante minutes avant Lhoest. Il approchait triomphalement de Liège quand une chute le laissa une pédale brisée. Dans un premier temps, il tenta de procéder à la réparation mais ses entraîneurs l'en dissuadèrent, lui conseillant de continuer en pédalant d'une seule jambe ! Ainsi termina-t-il son parcours tel un unijambiste, acclamé par une foule conquise, lui qui avait reçu sa première bicyclette quatre mois plus tôt seulement et participait à sa première grande compétition sur deux roues. Il laissait Lhoest à vingt-deux minutes, celui-ci s'étant rapproché à la faveur de l'incident dont avait été victime le vainqueur. La troisième place était occupée par Rasquinet, avec un retard de quarante-quatre minutes. On relevait, enfin, que plusieurs concurrents avaient couru sans entraîneur, ainsi Léon, président du Safety Club de Liège, classé douzième. Dix-sept rescapés avaient franchi la ligne.

Le jeudi suivant, Léon Houa battait le record de son compatriote Robert Protin sur le *mile* anglais (1 609 mètres) dans le « temps » de 2' 40" 1/5 ! En revanche, il n'eut pas l'occasion de courir le Liège-Paris-Liège annoncé, cette course ayant finalement été annulée.

L'année suivante, en 1893, Léon Houa renouvela sa victoire, après qu'une longue polémique l'eut opposé à Hautvast, lequel l'accusait d'être un professionnel de fait. Et, comme l'année précédente, Houa se dégagea dès la première heure de course pour virer à Bastogne sept minutes avant Charles Collette, onze minutes avant Michel Borisowski et vingt-trois minutes avant Rasquinet. Il compta jusqu'à trente-cinq minutes d'avance sur Borisowski sur le chemin du retour et la foule tenue informée s'agglutina boulevard et place du Théâtre, lieu choisi pour juger l'arrivée. Houa s'y présenta dans un état de fraîcheur étonnant, compte tenu de la distance parcourue sur ce parcours accidenté, déplorant toutefois la faiblesses de ses entraîneurs. Il avait fléchi sur la fin, parce que trop esseulé, mais n'en précédait pas moins Borisowski de trente minutes et le débutant Charles Collette de trente-deux minutes.

Pour la circonstance, il avait battu en Michel Borisowski un bien étrange personnage, présenté comme un prince russe authentique. Celui-ci avait effectué des études d'ingénieur et il allait fonder le quotidien *Le Véloce*, avant de se retirer définitivement dans son château de Bleienberg.

Pour prix de sa victoire, Léon Houa reçut un chèque de 250 francs belges, l'insigne de l'INRA, une médaille en vermeil du Safety Club Liégeois, plus son portrait réalisé par un artiste local.

Cette deuxième édition de Liège-Bastogne-Liège avait réuni vingt-six coureurs seulement. Les organisateurs décidèrent alors en 1894, d'ouvrir leur épreuve aux amateurs et professionnels confondus, ces derniers figurant sous la dénomination de « coureurs libres ». De plus, la course se déroulerait

son biplan, il s'est maintenu dans les airs durant près d'une minute et demie, provoquant l'enthousiasme des quelques témoins. Sur terre, et toujours en France où la séparation de l'Église et de l'État exacerbe les passions, Aristide Briand a fait attribuer aux communes et à l'État le bien des évêchés, évalué à 40 millions de francs. En Belgique, Liège-Bastogne-Liège va renaître, mais très modestement, dans le cadre d'une « Journée sportive » organisée par le journal *L'Express*, ouverte aux cyclistes et aux motocyclistes. Ainsi deux épreuves distinctes seront-elles organisées sur le même parcours, l'une à l'intention des « deux roues » motorisés, l'autre réservée aux cyclistes amateurs exclusivement. Cette dernière sera très rapide mais sans éclat, et un groupe très fourni se présentera à l'arrivée, avenue Rogier, où le Français André Trousselier – frère du célèbre Louis Trousselier – l'emportera facilement, au sprint, devant Alphonse Lauwers et Henri Dubois. Une consolation cependant : les meilleurs ont parcouru la distance à 29 kilomètres-heure, améliorant de deux heures le record établi par Léon Houa en 1894.

Malgré l'intrusion d'André Trousselier, l'audience de Liège-Bastogne-Liège restera « nationale » durant de longues années encore. La Doyenne, comme on l'appelle déjà, en est toujours aux balbutiements du premier âge, sa formule étant sans cesse remise en question. En 1909, elle s'adresse à nouveau aux amateurs exclusivement, alors que les professionnels sont invités à courir le même jour un Paris-Liège long de plus de 400 kilomètres. Une nouvelle fois, le déroulement de la course sera monotone, jusqu'à Ayvaille, non loin de l'arrivée, où Tiberghien, Fastre et Charlier provoqueront une première sélection sérieuse. Un regroupement partiel se produira cependant et Eugène Charlier l'emportera dans l'ultime ligne droite devant Victor Fastre et Paul Deman, le futur vainqueur du premier Tour des Flandres, en 1913. Las, Charlier a changé de vélo après un bris de fourche, manœuvre interdite par le règlement, et il sera rétrogradé au second rang, Victor Fastre recevant le premier prix.

En 1911, après une année d'interruption, la Doyenne fut à nouveau organisée et deux classements établis, Joseph Van Daele l'ayant emporté chez les Indépendants et Lekeu chez les Amateurs. Celui-ci avait pris la vingt-quatrième place au classement « open », avec un retard de trente-huit minutes passées sur Joseph Van Daele. Le principe des deux classements fut reconduit en 1912, mais à l'intention, cette fois, des Indépendants et des Professionnels. Omer Verschoore triompha chez les « pros ». Dans un premier temps, celui-ci s'était vu refuser le départ, n'ayant pas acquitté son droit d'inscription. Un autre coureur du nom de Laman voulut lui apporter sa caution, mais les officiels refusèrent. Sous une pluie battante, il fallut l'intervention d'un « sportman généreux » pour que le futur vainqueur fût autorisé, enfin, à s'inclure dans le peloton des dix-huit professionnels. Au virage de Bastogne, où les concurrents se présentèrent avec une demi-heure d'avance sur l'horaire annoncé, Verschoore était déjà en tête, accompagné d'André Blaise, de Jacques Coomans et d'Auguste Lambot, les suivants immédiats accusant trois minutes de retard. A Marche, après cent soixante kilomètres, le temps s'était remis à la pluie. Les concurrents couverts de boue étaient devenus méconnaissables et leurs dossards rendus illisibles. Ce furent donc trois statues fangeuses qui se présentèrent pour le sprint, au camp d'aviation d'Ans. La police ayant refusé son concours, cinq mille personnes avaient envahi le circuit. La victoire, répétons-le, revint au champion national Verschoore devant Jacques Coomans. Lequel avait souffert d'une méprise, l'arrivée ayant été jugée après un tour de circuit alors qu'il avait envisagé deux révolutions,

Déjà victorieux en 1929, en partie grâce à la complicité d'un passage à niveau qui s'était fermé derrière un groupe de cinq concurrents, le flandrien Alfons Schepers récidiva en 1931. Il rendait la « Doyenne » à la Belgique après le succès de l'Allemand Herman Buse en 1930.

mais ses protestations restèrent sans effet. Quant à la course des Indépendants, elle avait connu deux vainqueurs, Jules Rossius et Dieudonné Gauthy, lesquels avaient franchi l'arrivée bras dessus, bras dessous.

Dans leur ensemble, les « étrangers » continuaient à ignorer Liège-Bastogne-Liège et il fallut encore attendre rien moins que dix-huit ans pour assister à la victoire d'un non-résident, à savoir l'Allemand Herman Buse. Au cours de cette longue période grise, l'épreuve avait enregistré deux « doublés » successifs, celui de Louis Mottiat, vainqueur en 1921 et 1922, et celui de René Vermandel, dit « Le Frisé », en 1923 et 1924. Mais, le premier à égaler Léon Houa, trois fois victorieux, fut Alfons Schepers, vainqueur « au ralenti » en 1929 – 24,864 km/h seulement de moyenne ! –, lequel récidiva deux ans plus tard, avant de gagner pour la troisième fois en 1935, à la moyenne de 36,219 km/h. Par cette dernière performance, il avait amélioré le précédent record, établi par François Cordier deux années auparavant (34,975 km/h).

Au terme de cette longue période, durant laquelle le déroulement de la course s'était souvent révélé décevant, seul Léon Scieur, vainqueur en 1920, mériterait vraiment de figurer en exergue. Cette année-là, l'épreuve prenait fin au vélodrome de la Belle-Vue, rue Saint-Laurent, à Liège. Des vingt-huit professionnels engagés, treize allaient prendre le virage de Bastogne dans le sillage de Jacques Coomans. Parmi eux, Scieur, Lambot, Devos et Lucien Buysse. Sur le chemin du retour, la sélection s'effectua progressivement, six rescapés se présentant

En 1943, Richard Depoorter avait gagné un Liège-Bastogne-Liège de guerre réduit à 63 participants. Il confirmera quatre ans plus tard aux dépens de Raymond Impanis, Florent Mathieu, Louis Thiétard, Stan Ockers et Pierre Tacca, ses compagnons d'échappée. Il devait disparaître tragiquement en 1948, victime d'une chute dans la descente du col de Susten, au Tour de Suisse, où une voiture suiveuse lui passa sur le corps.

ensemble au seuil des dernières difficultés : Devos, Lambot, Scieur, Coomans, Buysse et Despontins. L'attaque décisive de Scieur se produisit alors, dans la côte d'Esneux où seul Lucien Buysse parvint à le suivre : un Wallon et un Flamand donc allaient se disputer la victoire ! Celle-ci fut pour Scieur, plus véloce et dans un meilleur état de fraîcheur, qui laissa le « flandrien » cinq longueurs derrière.

LE TOURNANT DES ANNÉES 50

Durant l'entre-deux-guerres, Liège-Bastogne-Liège eut à souffrir encore d'une longue période de stagnation, malgré les victoires de René Vermandel, Éloi Meulenberg, Alfons Deloor et Albert Ritserveldt. Sa formule hésitait toujours entre les diverses catégories de coureurs et les étrangers persistaient à ignorer ses trop timides invitations. La Doyenne, mal soutenue au plan médiatique, pâtissait beaucoup de la comparaison avec le Tour des Flandres, Paris-Bruxelles, Paris-Roubaix et Paris-Tours. Ainsi fallut-il attendre 1936 pour voir bizarrement les grimpeurs azuréens René Vietto et Gabriel Ruozzi tenter une unique et brève incursion dans Liège-Bastogne-Liège. Après la Deuxième Guerre mondiale, en 1946, Émile Carrara et Roger Prévotal, équipiers sur la piste et membres de l'équipe La Perle dirigée par Francis Pélissier, nouèrent également, mais à titre très personnel, avec Liège-Bastogne-Liège, Émille Carrara terminant au cinquième rang derrière Prosper Depredomme, Albert Hendrickx, Triphon Verstraeten et Joseph Somers, lequel allait gagner Bordeaux-Paris l'année suivante. La course s'adressait alors aux seuls professionnels et, en 1947, le départ fut donné par le Français Achille Joinard, nouveau président de l'Union Cycliste Internationale.

VENDREDI 24 MARS 1995
A 20h45

Salle des Fêtes
de LUISANT

CONCERT

par
la Fanfare Municipale

Entrée Gratuite

que de ses services et des gros rocurés par les retombées du esgrange-Colombo.

yenne s'ouvrit à une ère nouque fructueuse.

atteinte sérieuse à la suprémas Liège-Bastogne-Liège vint de tourangeau Camille Dann 1949. Celui-ci se classa encore Français en 1950, ayant pris la ce dans un groupe composé aine de rescapés. La victoire sper Depredomme, alors âgé de ans, victoire très inattendue récédent succès obtenu par ce dévoué collaborateur de Coppi et Van Steenbergen datait de quatre ans, dans Liège-Bastogne-Liège déjà. Pour la petite histoire, rappelons que Depredomme avait eu à déplorer un incident de dérailleur quelques kilomètres avant l'arrivée. N'osant plus toucher à l'accessoire récalcitrant, il fut contraint de sprinter sur un braquet

calement supplanté Liège-Bastogne-Liège, cela pour les raisons évoquées précédemment. De plus, elle empruntait peu ou prou les mêmes routes. Alors intervint un accord bénéfique entre le Pesant Club Liégeois, propriétaire de Liège-Bastogne-Liège, et le journal *Les Sports*, qui prit la classique sous sa coupe, la faisant bénéficier du savoir-

En fin de parcours, une fameuse « première ligne » composée de Ferdi Kubler (à gauche), Bernard Gauthier et Louison Bobet. Derrière eux, Robic et Impanis, celui-ci légèrement distancé.

« hénaurme », qu'il n'aurait sûrement pas choisi en d'autres circonstances ! Ce jour-là, Fermo Camellini, l'Italien de Monaco, apparut comme le « vainqueur moral », qui avait attaqué dès le départ, accompagné un long moment par Breuer, et avait ouvert la route durant quelque... 175 kilomètres !

LES EXPLOITS DE KUBLER ET DE BRUYNE

Dans les annales de Liège-Bastogne-Liège (et de la Flèche wallonne associée), l'exploit réalisé par Ferdi Kubler en 1951 et 1952 reste un véritable monument. Les deux épreuves occupaient deux journées, la « Flèche » (Liège-Charleroi ou Charleroi-Liège selon les années) ouvrant le jeu et la Doyenne apparaissant un peu comme une course de repêchage. Or, Ferdi Kubler, en 1951 et 1952, réalisa tout simplement le « double doublé », excusez du peu ! Une précision : en 1951, tous les grands noms étaient présents, à l'exception de Fausto Coppi blessé. Déjà victorieux de Bartali, Robic et Louison Bobet dans la Flèche, Kubler revint le lendemain pour devancer Germain Derycke aux Terrasses d'Avroy. Dans les faubourgs de Liège, ce dernier semblait pourtant promis à la victoire. Il s'était échappé dans l'escalade de Muy, à trente-quatre kilomètres de l'arrivée, et s'était débarrassé de Pierre Barbotin. Alors surgit Ferdi Kubler, qui s'extirpa du maigre peloton dans la plongée sur la ville et négocia la descente dans une sorte d'état second. Hurlant pour s'ouvrir la voie, frôlant à les toucher autos et motos, s'infiltrant au ras des trottoirs, il passa en coup de vent et Wout Wagtmans et Barbotin, lâchés par Derycke, puis Derycke lui-même, cela au cœur de la ville, sur le pont qui enjambe la Meuse. Pour le Suisse galvanisé par l'ambiance, le sprint se résuma en une simple formalité, bien que Derycke fut réputé rapide.

Ce doublé sensationnel, Kubler allait le renouveler l'année suivante et voici comment. Il se contenta, d'abord, de contrôler la course dans la Flèche pour gagner au sprint devant neuf adversaires groupés. Il savait déjà que Liège-Bastogne-Liège se révélerait beaucoup plus meurtrière, le parcours ayant été durci par l'adjonction de plusieurs rampes, dont l'une en terre battue, sur une route étroite et poussiéreuse : la côte de Wanne. Dans cette difficulté et dans un épais nuage de poussière, Kubler eut à répondre à une attaque franche de Louison Bobet. Ils s'en furent ensemble, rejoints avant le sommet par Robic et Van Kerkhove. Il restait soixante kilomètres à parcourir et trois côtes sévères à franchir. On s'attendait, dès lors, à un affrontement terrible, mais celui-ci n'eut pas lieu car le Suisse était bien trop supérieur. Il porta son attaque dévastatrice dans la descente de Wanne, après la crevaison de Bobet. A nouveau survolté, bondissant littéralement sur les nids-de-poule et ignorant les cailloux qui tapissaient le sol, il éprouva cruellement ses deux accompagnateurs, ces derniers obligés de sacrifier tout ce qui leur restait de forces vives pour rester dans son sillage. A l'approche des Terrasses d'Avroy, lieu de l'arrivée, Robic sentit ses dernières ressources le quitter. Il céda soudain une quinzaine de secondes et Kubler n'eut point besoin de forcer son talent pour battre Van Kerkhove, Louison Bobet terminant quatrième à un peu plus de trois minutes : chapeau Ferdi !

L'année suivante, le Néerlandais Alois Den Hartog domina à son tour la situation, terminant avec plus de cinq minutes d'avance sur le Parisien Maurice Diot, deuxième, et le Marseillais Raoul Remy, troisième. Puis, en 1954, la victoire fut pour Marcel Ernzer, l'un des rares coureurs luxembourgeois s'intéressant aux classiques internationales. Il s'était imposé à Impanis, lequel avait gagné et le Tour des Flandres et Paris-Roubaix quelques semaines plus tôt : pas mal pour un « éternel second » ! En fait, les Belges avaient dominé confortablement dans toutes les classiques dites printanières, au point qu'ils avaient gagné les trois premières épreuves comptant pour le Desgrange-Colombo : Rik Van Steenbergen Milan-San Remo, Marcel Hendrickx Paris-Bruxelles et Germain Derycke la Flèche wallonne.

D'une année l'autre, le parcours de Liège-Bastogne-Liège avait fini par s'inscrire dans une continuité avec les côtes de Vanne, de la Haute-Levée, de Rosiers (trilogie sélective que l'on exploite encore de nos jours) auxquelles s'ajoutaient, sur la fin, les côtes de la Reid, de Florzée et celle d'Hornay, qui survenait très opportunément à dix-sept kilomètres de l'arrivée. C'est dans cette dernière, en 1955, que Stan Ockers et Raymond Impanis, tous deux portant le maillot Elve-Peugeot, distancèrent Jean Adriaenssens, tandis que deux autres de leurs coéquipiers, Jean Brankart et Émile Van Cauter, tentaient vainement de les rejoindre. La veille, Ockers avait déjà gagné la Flèche, où il avait dominé Vandenbrande et le petit Français Stani Bober.

Et c'est l'année suivante que Fred De Bruyne, hélas disparu en février 1994, remporta la première de ses trois victoires dans Liège-Bastogne-Liège, et ce fut sans doute la plus belle. La veille, le minuscule Richard Van Genechten, un excellent grimpeur, avait gagné la Flèche wallonne, ayant usé ses adversaires dans les dernières rampes. Il s'était promis de rééditer son opération dans la Doyenne et sans doute eut-il réalisé son dessein si Fred De Bruyne ne s'y était personnellement opposé. Celui-ci bénéficiait d'une forme éblouissante. Il était âgé de 26 ans et entamait sa troisième saison parmi les professionnels. Son immense valeur était déjà reconnue ; il venait de gagner Paris-Nice et Milan-San Remo. Il s'était également distingué au Tour des Flandres et s'était

C'était en 1955. La veille, Stan Ockers avait gagné la Flèche Wallonne. À l'arrivée de la « Doyenne », il battra au sprint son coéquipier et compagnon d'échappée, Raymond Impanis.

classé second de Paris-Roubaix, dans le sillage de son coéquipier Louison Bobet, après avoir largement participé au triomphe de celui-ci.
A l'époque, les organisateurs du Desgrange-Colombo, solidaires des constructeurs de cycles et des accessoiristes traditionnels, refusaient encore d'admettre les formations patronnées par des groupes dit « extra-sportifs ». Or les membres de l'équipe Mercier, à laquelle émargeaient Bobet et De Bruyne, portaient sur les quart-de-manches de leurs maillots l'écusson du pétrolier BP. Le départ de la Flèche, épreuve comptant pour le Desgrange-Colombo, leur fut donc refusé. En revanche, Liège-Bastogne-Liège ne figurant pas au programme du Desgrange-Colombo, De Bruyne fut accepté au départ, mais à titre strictement individuel. Il ne devait pas porter l'écusson BP et ne pouvait recevoir aucun secours en cas de crevaison ou d'incident mécanique !

De Bruyne après l'épreuve du chaud dans les Ardennes.

En dépit de quoi, l'opportunité d'une victoire se présenta à lui vingt kilomètres avant l'arrivée, quand Van Genechten tenta de renouveler son envolée victorieuse de la veille. Aussitôt, il se porta dans son sillage. Puis, très rapidement, il fut condamné à prendre seul la direction des opérations, Van Genechten ayant reçu de son directeur sportif, Léon Van der Hulst, l'ordre de ne pas relayer pour ménager les chances de son leader Stan Ockers. De Bruyne s'acquitta brillamment de cette tâche pourtant ingrate, Van Genechten calé dans son sillage, ce qui ne l'empêcha point de gagner tranquillement aux Terrasses d'Avroy. Son accompagnateur passif, notoirement moins rapide aux arrivées, n'avait d'ailleurs pas disputé le sprint, affichant en l'occurrence un admirable fair-play. Quant à Fred De Bruyne, il renouvela deux fois encore sa victoire dans la Doyenne, en 1958 et 1959, au point que les journalistes le surnommèrent

a première
es trois victoires
e Fred De Bruyne,
n 1956.
ccompagné
'e Jean Forestier
' assure
ı sélection,
: champion
'u monde
tan Ockers
 sa poursuite.

« Monsieur Liège-Bastogne-Liège », de même que Bernard Gauthier avait été surnommé « Monsieur Bordeaux-Paris ».

UNE COURSE DE LÉGENDE

En 1957 s'était déroulé un Liège-Bastogne-Liège de légende, probablement l'un des plus pénibles avec celui que Bernard Hinault remporta dans une tempête de neige en 1980. La veille, Raymond Impanis avait gagné devant René Privat une Flèche wallonne courue dans des conditions climatiques normales. C'était un 5 mai et, cependant, le thermomètre commença à baisser d'une manière inquiétante. Au milieu de la matinée, la pluie devint glaciale et tourna tantôt en grêle, tantôt en neige. Une neige qui giclait sous les roues, provoquait des dérapages et multipliait les chutes. Le ciel était d'encre, la visibilité parfois nulle. 107 coureurs avaient pris le départ ; à l'arrivée, il en resterait 27 !

« Des durs, au bord de la route, arrachaient leurs casquettes pour s'en faire un chiffon de misère, écrivait Jacques Lecocq dans *Les Sports*. Depuis longtemps, leurs mouchoirs trempés n'essuyaient plus leurs masques torturés.

Fred De Bruyne frigorifié était debout à côté de son vélo, à Vielsam. Il se tenait tout droit, les bras ballants, le regard vague... En vain, Désiré Keteleer essayait de le ramener à la réalité :

– Non, inutile... laisse-moi, murmurait Fred.

Dans Wanne, Raymond Impanis, écroulé, tendait ses deux mains vers les suiveurs :

– S'il vous plaît, enlevez-moi mes gants. Je n'en peux plus...

Allions-nous rentrer à Liège avec six rescapés en course, comme nous l'avait souvent raconté Georges Remy, le président du Pesant ?

Au tournant de Samrée, les officiels de la

L.V.B., Émile Bribosia et Édouard Cornélis, s'étaient concertés :

– Il faut organiser d'urgence un ravitaillement en boissons chaudes.

René Jacobs était parti tout droit vers Houffalize. Alertés, les habitants préparaient des cafetières, faisaient bouillir l'eau, remplissaient les brocs de thé. Toutes les "cuisinières" et les réchauds étaient mobilisés aux environs de la zone de ravitaillement habituelle. »

Autre témoignage, celui apporté dans son ouvrage *Vingt-cinq ans de cyclisme* par Théo Mathy, journaliste et attaché à l'organisation :

« Les coureurs n'étaient pas à la fête, mais je ne m'amusais pas non plus, car je suivais à moto. J'avoue avoir fait quelques petites haltes. Sans le secours d'un certain nombre (raisonnable) de rasades de "péket", je crois que je ne serais jamais arrivé aux Terrasses d'Avroy.

Mon pilote, le solide Herman Hermand, derrière lequel je m'abritais comme je le pouvais, ne voyait plus clair après le virage de Bastogne, lorsque l'on remonte vers Wanne avec le vent de face. Il avait la figure en capilotade et il n'était pratiquement plus capable de se servir de son frein à main. Nous avons été, à ce moment-là, aux portes de l'abandon. »

Notre ami Théo Mathy n'abandonna heureusement pas, mais il s'accorda une halte funeste dans une auberge – comme nous-mêmes, d'ailleurs ! –, halte qui devait avoir des répercussions sur l'issue de la course, car les voitures n'étant pas encore équipées d'installations du type "radio-Tour", Mathy, dans le rôle d'informateur qui lui était officiellement dévolu, ne put se faire relayer à l'avant par un collègue de l'organisation.

A la sortie de Houffalize, nous prîmes un peu d'avance pour nous arrêter devant un bistrot, peu après un passage à niveau.

– Je n'en peux plus, me dit mon pilote. Il faut faire quelque chose. Je vais essayer de me procurer un essuie-mains pour me protéger le visage.

Nous avons aussi vidé deux ou trois "plats-cous".

Entre-temps, hélas !, la barrière du passage à niveau de Cierreux s'était abaissée. Passé à la contre-attaque derrière un groupe de fuyards, ces derniers en tête depuis longtemps, Louison Bobet enjamba la barrière, imité par Germain Derycke et quelques autres, lancés à leur poursuite. Le règlement en vigueur dans les courses françaises autorisait ce genre d'exercice, mais le règlement belge l'interdisait formellement.

Membre du journal organisateur et disposant à moto d'une plus grande liberté de manœuvrer qu'en voiture, peut-être aurions-nous pu empêcher les coureurs de contrevenir au règlement. Mais, tentant de nous réchauffer dans notre bistrot, nous les vîmes surgir beaucoup trop tard dans la lumière blafarde. Et il n'était plus possible – avez-vous jamais discuté avec un coureur qui pédale dans la neige ? –, plus possible vraiment de les faire revenir en arrière ou de les arrêter. Je suis certain que si nous avions réussi à le faire, beaucoup auraient abandonné, incapables de repartir. »

Que s'était-il donc passé exactement à la barrière de Cerrieux ? Jacques Lecocq, qui se trouvait dans la voiture « direction course » de Pierre Stasse, apporte ici son témoignage :

« Nous avions dû établir un barrage derrière les contre-attaquants, de sorte qu'étant parvenus au virage précédant le passage à niveau fermé, nous avons vu de loin des coureurs le franchir.

– Combien en as-tu vu ?, me demanda Pierre Stasse.

– Trois.

– Exactement comme moi, me répondit-il.

Or, quand la barrière fut relevée et que nous nous disposâmes à arrêter ceux qui l'avait franchie, afin de neutraliser la course, il y avait cinq hommes en tête ! Certains étaient-ils passés régulièrement, une fois la barrière levée ? Lesquels ? Mutisme dans le groupe. Et pour cause. On sut par la suite qu'ils avaient sauté tous les cinq, derrière Lahaye et Robinson échappés. Il y avait Louison Bobet, Derycke, Ranucci, Miserocchi et Gérard Saint : quatre étrangers et un Belge... »

Dans la longue côte de Rosiers, Germain Derycke décramponna tout le monde, sauf le petit Italien Dante Ranucci, qui capitula quelques kilomètres plus loin. Ainsi Germain Derycke, plutôt considéré comme l'homme de la chaleur, gagna-t-il avec près de trois minutes d'avance ce Liège-Bastogne-Liège sibérien. Mais Frans Schoubben, arrivé second et premier du peloton, qui n'avait donc pas sauté la barrière de Cierreux, déposa réclamation. Pour sa défense, Derycke expliqua qu'il n'avait rien fait d'autre que suivre Bobet :

« C'est vrai, ajouta-t-il. Je lui ai crié de ne pas sauter. Il ne m'a pas entendu. Il n'y avait aucun officiel. J'ai pris peur. Les trois autres ont sauté et j'ai suivi. »

Les officiels se devaient donc de mettre hors

course Germain Derycke, lequel s'était pourtant révélé le meilleur. Quelques jours plus tard, Schoubben retira sa plainte, initiative heureuse, mais qui eut pour effet de placer la Ligue Vélocipédique Belge dans l'embarras : que pouvait-elle faire d'autre que déclasser Derycke, dès lors que celui-ci reconnaissait publiquement avoir enfreint le règlement ? La solution vint de Germain Derycke lui-même, qui prit sa plus belle plume pour suggérer que Schoubben fût classé *ex aequo* avec lui. Il tirait une belle épine du pied aux officiels, lesquels lui donnèrent aussitôt satisfaction, le président de la Ligue, l'honorable Arnold Standaert, justifiant la décision d'une phrase : « A conditions exceptionnelles, mesures exceptionnelles ! »

Pour sa part, Louison Bobet avait terminé au neuvième rang, avec un retard de treize minutes passées sur Derycke, après avoir surmonté une défaillance mémorable dans le cours de la dernière heure. Dans la côte d'Hornay, il n'avait plus la force de faire avancer son vélo mais, soutenu par l'orgueil, il refusait d'abandonner. Le soir, à l'hôtel,

Germain Derycke vainqueur dans la tourmente en 1957. Parvenu seul à Liège, il devra partager sa victoire avec Frans Schoubben pour une histoire de passage à niveau franchi illicitement.

quand il descendit de sa chambre encore très éprouvé et se présenta dans la salle du restaurant, Antonin Magne intima à ses autres coureurs, déjà attablés : « Messieurs, levez-vous, un grand champion va entrer ! » Ce jour-là, on avait vu le grand Gérard Saint, et d'autres avec lui, se pisser sur les mains pour se réchauffer.

ANQUETIL PAR « ACCIDENT » !

Après cette course fantastique, Fred De Bruyne obtint sa seconde victoire dans la Doyenne, l'année suivante, et la troisième en 1959. En 1958, il avait remporté le Desgrange-Colombo pour la troisième fois consécutivement, performance unique et en parfaite correspondance avec son talent. Cette même année, le Desgrange-Colombo disparaissait du paysage, remplacé dès l'année suivante par les Trophées Prestige et Super-Prestige Pernod. Pourtant, la domination de De Bruyne sur le cyclisme belge commençait à être contestée par un athlète également surdoué, répondant au nom de Rik Van Looy ! Un spectaculaire affrontement s'annonçait, mais le destin en décida autrement, infligeant à De Bruyne une série d'accidents, lesquels le conduisirent bientôt à interrompre sa brillante carrière. Et quand Van Looy inscrivit, pour la seule et unique fois, son nom au palmarès, en 1961, l'ami Fred, devenu reporter, assurait le commentaire pour le compte de la Radio-Télévision belge d'expression flamande.

A l'époque, Rik Van Looy disposait déjà d'un palmarès très convaincant : champion de Belgique et vainqueur de Milan-San Remo (devant Miguel Poblet) en 1958, vainqueur du Tour des Flandres et du Tour de Lombardie en 1959, champion du monde en 1960, il venait d'inscrire Paris-Roubaix à son tableau de chasse ! Pour autant, le

L'échappée fantastique de Jacques Anquetil en 1966 : quarante kilomètres seul en tête, près de cinq minutes d'avance sur le gratin du cyclisme mondial à l'arrivée !

parcours de la Doyenne ne l'inspirait guère. A plusieurs reprises, dans les jours précédant la course, depuis 1958, il s'était installé dans un hôtel de la vallée de l'Amblève afin de se familiariser avec les parcours ardennais, mais cette application n'avait pas été suffisante pour lui ouvrir les portes du succès : « Il présente une évidente allergie aux côtes de la finale, indiquait Théo Mathy. Par exemple, Mont-Theux est sa hantise et il franchit rarement bien les Forges. Sans doute est-il peu lourd », concluait-il.

Dans l'espoir de se soustraire à l'affrontement direct en ces lieux hostiles, celui que l'on avait surnommé Rik II décida d'attaquer beaucoup plus tôt, à Stembert, autrement dit aux portes de Verviers. Au sommet de la Bouquette, il précédait ses premiers poursuivants d'une demi-minute environ, quand la montée des Forges le mit en difficulté, une fois encore. Là, il fut rejoint par le petit grimpeur français Marcel Rohrbach, accompagné d'Armand De Smet, qui portait le maillot Faema, comme Van Looy. A deux ou trois reprises, Rohrbach démarra, mais Van Looy tomba chaque fois dans son sillage. Les témoins eurent, alors, le sentiment qu'Armand De Smet aurait pu se dégager seul, mais il ne broncha pas, s'appliquant à favoriser exclusivement la victoire de son chef de file. Lequel ne laissa évidemment aucune chance à Rohrbach en

vue de la ligne d'arrivée, étant notoirement plus rapide.
Deux ans plus tard, le « taiseux » Joseph Plankaert ayant disposé de Rolf Wolfshohl et Claude Colette en 1962 – comme Albertus Geldermans avait disposé de Pierre Everaert et du même Joseph Planckaert au sortir d'un Tour d'Allemagne, en 1960 – deux ans plus tard, donc, Raymond Poulidor allait procurer une forte émotion à son directeur sportif Antonin Magne. L'arrivée était jugée au sommet de la longue et sévère rampe conduisant à la citadelle de Liège. Dès les premiers pourcentages difficiles, le Limousin attaqua et s'en fut, disparaissant au regard de « Tonin », qui suivait à bord de son véhicule. L'ancien champion fut dès lors convaincu que Poulidor, grimpeur émérite et en super-forme, avait course gagnée. Or, quel ne fut pas son étonnement, moins d'une minute plus tard, quand la voix du speaker, relayée par les amplificateurs installés dans la côte finale, lui annonça la victoire de Frans Melckenbeeck, un autre se ses « poulains », celui-ci précédant Pino Cerami et Vittorio Adorni ! L'explication du phénomène était affligeante : au paroxysme de son effort, alors qu'il allait au devant de la victoire, Poulidor avait senti son pied sortir soudain du cale-pied et sa jambe partir dans le vide ! Cet incident fâcheux aurait pu l'anéantir mais, à l'inverse, il puisa dans son comportement durant la fin de course un surcroît d'assurance. Et, dès le lendemain, il régla leur compte à Jan Janssen et Peter Post dans la Flèche wallonne !
Après le succès de Willy Bocklandt en 1964 et celui, déjà plus inattendu, de Carmine Preziosi en 1965, Jacques Anquetil, à son tour, allait écrire une magnifique page d'histoire dans les Ardennes. Le parcours offrait treize côtes homologuées, réparties sur près de 270 kilomètres. Certains de ces obstacles sélectionnés faisaient songer au fameux Mur de Grammont et d'autres, tel les montées de Rosiers ou de la Bouquette, évoquaient plus précisément les rampes de la Savoie. Un parcours du genre « rugueux », à la limite du raisonnable, mais Anquetil bénéficiait d'un bel état de forme et il s'apprêtait, tout bonnement, à laisser Van Schil, Willy In't Ven à près de cinq minutes, sans parler d'Altig, Motta et des autres !
Pourtant, il avait décidé de participer à la Flèche wallonne et à Liège-Bastogne-Liège quarante-huit heures seulement avant le départ de la Flèche, la première des deux dans l'ordre chronologique. Cela pour répondre à l'insistance du regretté Raymond Louviot, lequel partageait avec Raphael Geminiani la direction sportive de l'équipe Ford.
– J'ai vérifié ton programme, lui avait dit Louviot, et je me suis aperçu que tu vas courir deux critériums en Hollande les 30 avril et 1er mai. Peut-être pourrais-tu en profiter pour participer à la Flèche et à Liège-Bastogne-Liège, les 29 avril et 2 mai ?
– C'est une idée. A propos, Poulidor et Gimondi seront-ils en Belgique.
– Ils y seront.
– Alors, je viens.
Au vrai, il était très irrité par les commentaires dithyrambiques qui avaient salué les deux victoires obtenues par Felice Gimondi dans Paris-Roubaix et Paris-Bruxelles, à une semaine d'intervalle.
Son comportement dans la Flèche fut moyen, sans plus, et il annonça, après avoir franchi la ligne d'arrivée, son intention de ne pas aller au-delà du centième kilomètre dans Liège-Bastogne-Liège ! Trois jours plus tard, le ciel était d'azur sur les Ardennes et chaude la température. Des conditions que le Normand appréciait particulièrement. Le centième kilomètre passé, il ne parla plus d'abandonner et Raymond Louviot commença à mieux respirer ! Après quatre heures de course, dans une chaleur devenue étouffante, il n'y avait plus autour de lui que des visages aux traits émaciés d'où sourdait la sueur. Les plus nombreux

Godefroot, l'ancien champion du monde des amateurs produisit un effort délibéré dans la montée ultime de Thiers, située à proximité immédiate du but, mais il parvint seulement à éliminer Monty. Et, sur la piste en cendrée, où avait lieu l'arrivée, il fut contraint de s'incliner devant le plus véloce. Le Bruxellois reçut cet échec comme une véritable humiliation et il annonça aussitôt une prochaine revanche. L'année suivante, il s'abstint pourtant, afin de préparer son Tour d'Italie, mais revint en 1969. Quelques jours auparavant, il avait réalisé une échappée extraordinaire et victorieuse au Tour des Flandres, où il s'était joué d'un Felice Gimondi très valeureux. Il se savait en grande condition et désirait marquer d'un coup d'éclat ses retrouvailles avec la Doyenne. Ce fut son attaque dans la Haute-Levée, très loin encore de l'arrivée, où seul son équipier Van Schils parvint à l'accompagner. Les deux Faema se relayèrent dès lors, creusant derrière eux des écarts irréversibles. A l'arrivée sur la piste en ciment de Rocourt, ils avaient relégué à plus de huit minutes le Britannique Barry Hoban, classé troisième, Merckx ayant bien évidemment franchi la ligne en première position.

Ce jour-là, seul Roger De Vlaeminck osa contester sa supériorité. L'adversaire déclaré de celui que l'on surnommait déjà le Cannibale avait subi le handicap d'une crevaison, puis il avait raté un virage, d'où son virulent commentaire : « Aussi longtemps que Merckx ne m'aura pas sorti de son sillage à la force du jarret, je ne reconnaîtrai pas sa supériorité ! » Les rapports entre ces deux champions étaient empoisonnés et, l'année suivante, la Doyenne se profila dans une atmosphère particulièrement tendue : l'équipe Flandria menait contre Merckx une guerre à outrance ; et celui-ci, vainqueur à Gand-Wevelgem et Paris-Roubaix, avait dû laisser à Éric Leman le bénéfice de la première place au Tour des Flandres. Entre les deux clans, ce fut un affrontement sans merci, dans lequel les étrangers laissèrent des plumes ! De sorte que six Belges se présentèrent ensemble à l'entrée du vélodrome : Van Springel, Pintens, Verbeeck, Merckx et les frères Éric et Roger De Vlaeminck. Pour accéder à la piste, les rescapés devaient emprunter un sentier jalonné par des cordes et à l'abri des regards. Le premier qui déboucha sur l'anneau de ciment fut Roger De Vlaeminck ! Il précédait de douze secondes, et d'une façon totalement inexplicable, les autres membres de l'échappée ! Le deuxième fut Verbeeck et Merckx le troisième. A peine descendu de vélo, celui-ci porta de graves accusations : « Des bandits, voilà ce que sont les De Vlaeminck ! Tandis que Roger démarrait sur la gauche, Éric m'empêchait de passer sur la droite. Il a failli me faire tomber ! » Sa fureur n'était pas feinte. Il parlait de représailles et, quarante-huit heures plus tard, il gagnait à nouveau la Flèche wallonne, condamnant Pintens à la seconde place et... Roger De Valeminck à la troisième !

Il n'avait rien oublié des douloureuses péripéties de ce Liège-Bastogne-Liège quand il revint, en 1971. Dans le dessein de se soustraire à une quelconque récidive, il avait décidé de porter son attaque très loin de l'arrivée. Autrement dit au Mur de Stockeu, à quatre-vingt-dix kilomètres de Liège. S'étant débarrassé de Roger De Vlaeminck et des autres, il ne reprit pas moins de six minutes à Hézard et Spruyt, échappés depuis un long moment, les rejoignit et les distança. A vingt-cinq kilomètres de l'arrivée, il comptait cinq minutes d'avance sur les premiers poursuivants, à savoir Verbeeck, Pintens, Houbrecht, Bellone, Gimondi et Houbrechts. Son triomphe semblait assuré. Or, l'« Ogre de Tervueren », que l'on croyait prémuni contre toute forme de fatigue, commença à faiblir dangereusement ! Dans le même temps, le râblé Georges Pintens se rapprochait kilomètre après kilomètre, s'étant extirpé du premier groupe de chasse. Les suiveurs n'en croyaient pas leurs yeux. Tandis que Pintens grignotait le temps, progressant d'une allure souple et régulière, Merckx, le visage défait, maltraitait de plus en plus son vélo. C'est ainsi que Pintens le rejoignit dans la dernière côte, à trois kilomètres environ du vélodrome ! Il le rejoignit, mais ne tenta pas de le distancer « dans la foulée », commettant ainsi une erreur technique impardonnable et inexplicable, de la part d'un professionnel chevronné. A partir de là, Merckx resta calé dans le sillage de ce très étrange Pintens, refusant de le relayer et le devança confortablement sur la piste !

La troisième victoire du champion bruxellois, en 1972, fut autrement probante : un démarrage assassin au Mur de Stockeu, soit à cinquante kilomètres de l'arrivée – jugée à Verviers par exception –, et près de trois minutes d'avance sur le Néerlandais Schepers à l'arrivée. L'année suivante, treize coureurs pénétrèrent ensemble sur la piste, parmi lesquels Poulidor, Ocaña, Thévenet. Au terme d'un sprint lancé de très loin, Merckx l'emporta encore aux dépens de Verbeeck, mais le juge à l'arrivée avait dû attendre le développement de la photo-finish pour départager les deux Belges.

L'absence de Merckx en 1974 ouvrit une opportunité à Pintens, déclaré vainqueur après le déclassement de Dewitte, convaincu de dopage. Enfin, ce fut, en 1975, la cinquième et dernière victoire du Brabançon dans la Doyenne. Celle-ci acquise au terme d'une course longtemps indécise, voire embrouillée. Durant la phase finale, Jean-Pierre Danguillaume, Thévenet, Roger De Vlaeminck, Thévenet encore, et Walter Godefroot, s'étaient tour à tour dégagés. L'arrivée était jugée boulevard de la Sauvenière, au cœur de la Cité Ardente, où Merckx, surgissant de l'arrière, vint « coiffer » Thévenet et Godefroot dans les tout derniers mètres. Dans les semaines qui avaient précédé, il avait déjà gagné et Milan-San Remo, et le Tour des Flandres, et l'Amstel Gold Race !

Cette performance reste inégalée.

L'entrée triomphale de Joseph Bruyère dans Liège en 1978. Le Wallon, équipier de luxe d'Eddy Merckx, avait déjà gagné chez lui deux années auparavant.

HINAULT DANS LA LÉGENDE

Dans la lignée des grands vainqueurs, ceux qui ont marqué l'épreuve ardennaise de leur sceau figurent, à des titres divers, Joseph Bruyère, le compagnon fidèle d'Eddy Merckx, Bernard Hinault, l'élégant Dietrich Thurau et Moreno Argentin, quatre fois victorieux. Ce qui ne signifie point que les Fuchs, Contini, Rooks, Kelly, De Wolf, Sörensen, sacrés eux aussi par la Doyenne, soient à dédaigner, il s'en faut même de beaucoup, mais ils occupent cependant une place un peu moins conséquente dans la mémoire collective. La première victoire de Joseph Bruyère, en 1976, restera dans les mémoires, car elle incarnait la réussite appréciée d'un équipier de talent, commis jusqu'alors au service exclusif de

Merckx. Lequel accepta, en la circonstance, de jouer les « domestiques » de luxe et de protéger l'échappée de son ami et subalterne. De sorte que celui-ci mena à son terme une échappée de cent kilomètres, ayant semé, l'un après l'autre, les coureurs qui l'accompagnaient à l'origine. Sa dernière victime fut Van Springel, distancé dans l'impressionnante côte de la Redoute, alors que vingt-sept kilomètres restaient à parcourir. Il précédait alors de deux minutes environ un groupe de dix unités, rassemblé autour de Merckx, Zoetemelk, Maertens, Verbeeck, Danguillaume, Ovion et Poulidor. Au centre de Liège et au milieu d'une foule ivre de joie, l'enfant du pays avait encore ajouté trois minutes à son capital initial. Il allait confirmer ce succès deux ans plus tard, lâchant son dernier adversaire, le très opiniâtre Pollentier, sur les pentes abruptes de la Redoute, pour terminer plus d'une minute et demie avant Thurau, Moser, Laurent (vainqueur de la Flèche), Van Springel et Kuiper.

En 1977, Bernard Hinault avait fait une entrée fracassante. Il venait de gagner Gand-Wevelgem à la surprise quasi générale, cinq jours plus tôt, mais les experts ne l'avaient pas inscrit pour autant sur la liste des favoris. Son triomphe n'en fut que plus éclatant et plus violente l'émotion des témoins.

La course s'était vraiment animée sur le plateau de Bastogne, là où les troupes de Patton avaient enrayé l'offensive de Von Rundstedt en 1945. Il restait, alors, plus de cent soixante-dix kilomètres à parcourir et le vent couchait les arbustes. L'effectif aussitôt se scinda en cinq groupes. Dans le premier, une quarantaine d'hommes transis – car il neigeait – que nul ne parviendrait plus à rejoindre. Après le Mur de Stockeu, onze rescapés seulement restaient en présence : Bruyère, Dewitte, Pollentier, Merckx, Maertens, Roger De Vlaeminck, Hinault, Chassang, Dierickx, Thurau et Verbeeck. La première salve meurtrière fut tirée par Maertens, vers le sommet de Mont-Theux, à quarante-deux kilomètres de Liège. Aussitôt, cinq têtes tombèrent, celles de Bruyère, Pollentier, Dewitte, Verbeeck et Chassang, mais le champion du monde – Maertens – fut rapidement maîtrisé. Au sommet de la côte des Forges, Thurau surgit. Le vent soufflait de face, Merckx et De Vlaeminck animaient la poursuite. Celle-ci s'échelonna sur trois kilomètres. A l'instant de la jonction, sous la pluie battante, Dierickx bondit, vieux tigre plein de ruses et de bravoure. L'accélération fut brutale. Seul Hinault, jusqu'alors très discret, parvint à le suivre. Durant plusieurs kilomètres, il s'abstint pourtant de relayer, la distance entre le tandem d'attaque et les poursuivants s'étant stabilisée à soixante mètres, parfois un peu plus, parfois un peu moins.

Enfin, aux portes de Liège, Hinault jugea nécessaire d'intervenir personnellement. Son initiative coïncida avec le soudain fléchissement de Maertens et de De Vlaeminck. Le soin d'assurer ce qui n'était d'ailleurs plus une poursuite véritable fut donc laissé à Merckx, toujours volontaire lorsqu'il importait de retrousser les manches bref, quand les autres n'en voulaient plus !

La « première » de Bernard Hinault en 1977, quelques jours après sa révélation comme coureur de classiques à Gand-Wevelgem. En compagnie d'André Dierickx, il se dégagea du groupe d'échappés après la côte des Forges et battit le Belge à l'arrivée. Sur notre document : *Dietrich Thurau, Roger De Vlaeminck, André Dierickx, dont on aperçoit le casque, Freddy Maertens, dissimulé, et Bernard Hinault, aux aguets.*

980 : après la côte le la Haute-Levée, sous une tempête de neige, Hinault s'était débarrassé de son passe-montagne rouge... et de tous ses adversaires.

Le plus rapide sur le boulevard de la Sauvenière fut Hinault.
Il avait su doser son effort au plus juste, conserver jusqu'au bout sa parfaite maîtrise et tirer le meilleur parti de Dierickx, sans qu'on pût dire qu'il l'avait véritablement exploité.
Hélas, on déplorait toujours la bouderie séparant les organisateurs de la Doyenne et ceux de la Flèche wallonne, occurrence déplorable qui nous privait, depuis quelques années, d'un classement général officiel établi sur l'ensemble de ces deux si belles épreuves.
En 1980, Liège-Bastogne-Liège fut organisé le 20 avril. Trois jours plus tôt, Giuseppe Saronni avait gagné la Flèche wallonne, celle-ci organisée dans la région de Spa. Le champion italien avait fait l'impasse sur Paris-Roubaix – gagné par Francesco Moser –, s'attirant les foudres de Jacques Goddet, défenseur convaincu de l'Enfer du Nord. Derrière le futur recordman de l'heure, Bernard Hinault s'était classé quatrième, mais avec un retard supérieur à six minutes, précédé par Duclos-Lassalle et Thurau.
Nous allions vivre une course meurtrière, marquée par les tempêtes de neige, un froid sibérien et une cascade d'abandons : vingt et un rescapés seulement au retour à Liège !
Dès les premières minutes, la course fut un véritable calvaire. Le vent glacial giflait les concurrents, les aveuglant de neige. A chaque instant, nous abandonnions sur la route des hommes figés et recroquevillés, que l'on hissait à l'intérieur des voitures ou que l'on accompagnait avec ménagement vers des maisonnettes aux toits blanchis.
Devant le risque d'une désertion générale, les organisateurs, affolés, décidèrent que les ravitaillements en boissons chaudes seraient autorisés exceptionnellement pendant toute la durée de l'épreuve. C'est ainsi que Bernard Hinault parvenant au ravitaillement de Wielsam, dans le sillage de Maurice Le Guillou, décida de renoncer. Il en fut dissuadé par Cyrille Guimard, changea de vélo, enfonça un peu plus son passe-montagne rouge, et s'en fut, maudissant le sort

qui accablait les pauvres coureurs cyclistes ! Une demi-heure plus tard, il attaquait au Mur de Stockeu, à la manière d'Eddy Merckx quelques années auparavant. Le sommet franchi et la course plongeant vers la côte stratégique de la Haute-Levée, quatre hommes seulement l'accompagnaient : Lubberding, Contini, Ludo Peeters et Thurau. Avec un retard de deux cents mètres, Duclos-Lassalle et Van der Velde engageaient la poursuite, talonnés par Bazzo, Zoetemelk, Kuiper, Oosterbosch, Van Calster, Mutter, Claes, De Wolf et Jonckeers. Alors, Hinault s'en fut seul, rejoignant et distançant Pevenage, lequel s'était porté à l'avant-garde avant Stockeu, soutenu un moment par Demeyer. L'arrivée était distante de quatre-vingts kilomètres mais, à partir de là, Hinault ne cessa d'augmenter son avance, franchissant les rampes d'une allure soutenue et relançant le train aussitôt le plat revenu. Au sommet de la côte de Rosiers, douze kilomètres après son démarrage, il comptait déjà deux minutes d'avance et près de six minutes à Mont-Theux ! Il atteindrait le boulevard de la Sauvenière 9 min 24 s avant Kuiper, 10 min 24 s avant Claes et De Wolf, 12 min 5 s avant Bazzo et Peeters. En fin de journée, le soleil était revenu sur les Ardennes et Bernard Hinault entrait dans la légende, presque malgré lui !
Quelques semaines plus tard, il écrasait encore ses adversaires au Tour d'Italie, auquel il participait pour la première fois.

LES DÉMONSTRATIONS D'ARGENTIN

Le dernier grand spécialiste de Liège-Bastogne-Liège fut – et reste – Moreno Argentin, champion intermittent, mais dont on peut dire qu'il a, dans ses grands jours, de la dynamite dans les jambes. Il fut, des années durant, l'impitoyable persécuteur de Claude Criquiélion, le Wallon bien-aimé qui avait pris la succession de Joseph Bruyère dans le cœur des Liégeois. En 1985, par exemple, Criquiélion venait de gagner la Flèche wallonne, devant Argentin précisément et Laurent Fignon. De plus, il portait le maillot de champion du monde. Il entendait donc gagner chez lui et fut sur le point de s'en aller seul dans la côte de la Redoute, mais Roche et Argentin parvinrent à le neutraliser, non sans mal d'ailleurs. Il récidiva sans plus de succès dans la côte ultime des Forges et dut s'incliner devant le rapide Italien, boulevard de la Sauvenière.
L'année suivante, un quatuor se présenta groupé à l'arrivée, composé de l'inévitable « Claudy » Criquiélion, d'Argentin, de Van der Poel et du Norvégien Dag-Eric Pedersen. Suivaient Rooks et Sergeant. Dans la boucle d'arrivée, Criquiélion tenta un démarrage-surprise et, sans doute eut-il atteint son but si Pedersen ne s'était lancé aussitôt à sa poursuite, Argentin dans son sillage. Lequel déborda tous ses adversaires dans les derniers mètres : deuxième victoire !
En 1987, Argentin était toujours présent, mais point dans une forme irréprochable. De sorte qu'il fut distancé par Criquiélion et Roche dans la côte d'Hornay, de même que Millar, Marc Madiot et Fignon. A l'entrée de Liège, la cause semblait entendue, le tandem Criquiélion-Roche précédant d'une minute Moreno Argentin, qui s'était débarrassé de ses compagnons dans la côte de Colonster, la dernière du parcours. Or, Criquiélion et Roche parvenant sur les bords de Meuse commencèrent à finasser puis, à l'entrée du boulevard de la Sauvenière, ils entreprirent de se livrer à ce qui ressemblait étrangement à une séance de surplace ! De sorte qu'Argentin, surgissant « plein pot » de l'arrière, vint coiffer le Belge et l'Irlandais dans l'ultime ligne droite : troisième succès consécutif pour le Vénitien !

rgentin sur e bord de la Meuse n 1991. l précédait Criquiélion, Miguel Indurain t son équipier Sörensen.

Après les intermèdes de Van der Poel, vainqueur en 1988, de Kelly l'année suivante, et de Van Lancker en 1990, lequel rendait Liège-Bastogne-Liège à la Belgique après douze années de purgatoire, Moreno Argentin revint sur son terrain de prédilection. Une fois de plus, Criquiélion fit l'impossible pour se dégager dans les côtes finales et se soustraire à la dangereuse férule de l'Italien, mais ses efforts restèrent vains. L'arrivée était jugée sur la rive droite de la Meuse, à l'entrée de Liège, où se présentèrent ensemble Criquiélion, Indurain, le jeune Danois Sörensen et Argentin, ces deux derniers ressortissant à l'équipe Ariostea. Pour autant, ils ne portaient pas le même maillot, Sörensen arborant celui du leader de la Coupe du monde. Pour Argentin, le sprint fut encore une simple formalité, Sörensen s'étant appliqué à neutraliser Criquiélion et Indurain s'étant très vite résigné : quatrième victoire pour Argentin !

A ce nouveau succès d'un champion dont on a pu dire qu'il était du « vif-argent », succéda la victoire d'un laborieux admirable, le rugueux Dirk De Wolf, premier au sommet de la côte d'Ans, devant ses deux compagnons d'échappée, Stevens Rooks – victorieux en 1983 – et Jean-François Bernard. Enfin, Rolf Sörensen, l'un des coureurs parmi les plus doués de la génération, ancien maillot jaune malheureux du Tour de France, s'imposa en 1993, toujours dans la côte d'Ans, aux dépens de Tony Rominger et Maurizio Fondriest, celui-ci leader de la Coupe du monde. Une victoire de grand prestige pour Sörensen, passé dans l'équipe italienne Carrera aux côtés de Chiappucci et Roscioli.

Bref, la Doyenne, placée sous le contrôle technique de la Société du Tour du France, restait digne de son passé et constituait toujours l'un des plus beaux fleurons du cyclisme.

QUAND L'ITALIE CATAPULTE BERZIN

Tout ce qui compte dans le cyclisme professionnel sur route était présent au départ de la « Doyenne », le 17 avril dernier. Sauf Miguel Indurain, souffrant d'un genou – ce qui ne manquait pas d'être inquiétant dans la perspective du Tour de France –, Laurent Dufaux enrhumé, Fabio Baldato mis en réserve pour le Tour d'Italie et Maurizio Fondriest en convalescence. Le retour de Tony Rominger dans le concert des classiques alimentait les conversations, dans la mesure où celui-ci, auréolé de sa récente victoire au Tour du Pays basque, avait déclaré ses ambitions : il venait en Belgique pour gagner ! Il apparaissait, dès lors, comme une sorte de sauveur, le seul apparemment susceptible de contester l'écrasante et insoutenable suprématie des Italiens.
De fait, après 260 kilomètres d'une course longtemps grégaire, six coureurs se présentant ensemble au pied de la côte d'Ans, ultime difficulté, les chances du Suisse restaient intactes. Certes, rien encore ne lui était assuré face à des adversaires tels Giorgio Furlan et Evgenie Berzin, tous deux membres de la redoutable équipe Gewis-Ballan, accompagnés de Chiap-

À Liège, Evgeni Berzin, protégé par Furlan, exploita ses qualités d'ancien poursuiteur – et la malchance de Rominger – pour se porter plus d'une minute et demi devant Armstrong, Furlan, Chiappucci et Della Santa.

GB
42

pucci et Armstrong, mais il savait pouvoir compter sur l'entier concours de Stefano Della Santa, son équipier chez Mapei, également présent dans le groupuscule de tête. Il restait cependant sur ses gardes, ayant pu mesurer le potentiel de ses compagnons au « mur » de La Redoute, puis dans la montée des Forges, et il était en train de réfléchir au meilleur moyen de tromper l'adversaire, et de se soustraire surtout au sprint d'Armstrong, quand un bruit métallique se fit entendre très bas sous sa selle : un rayon de sa roue arrière venait de céder et il perdait ainsi Liège-Bastogne-Liège, à six kilomètres du but !

Répétons-le, à cet instant le Suisse n'était encore sûr de rien, mais on retiendra qu'il avait provoqué lui-même la décision au « mur » de Stockeu et immédiatement après, dans la côte de la Haute-Levée. Ensuite, il avait œuvré considérablement pour la réussite de cette échappée royale, face au vent, en compagnie de Moreno Argentin, lequel s'était manifesté dans l'échappée jusqu'à cinquante-trois kilomètres de l'arrivée. Le Vénitien s'y était beaucoup dépensé, en sorte de placer dans les meilleures conditions ses amis Furlan et Berzin.

Après que Rominger se fut immobilisé pour changer de roue, Berzin porta son attaque. Alors, Furlan se cala dans le sillage de Chiappucci et n'en bougea plus, se contentant de répondre à ses accélérations ou tentatives de démarrages. Pour sa part, Armstrong choisit de pratiquer la course d'attente. Il se savait dans l'incapacité de rejoindre Berzin dans le cours d'une poursuite solitaire et rassemblait ses forces afin de s'assurer la seconde place. A une semaine d'intervalle, l'ancien champion du monde de poursuite des amateurs reprenait à son compte la méthode illustrée par Tchmil dans Paris-Roubaix, et un Russe succédait à un Russe !

Dans un second groupe, déjà battu à quatre-vingts kilomètres de l'arrivée, figuraient Saligari, Sciandri, Cenghialta, Ghirotto, Casagrande, Tchmil et Pensec. C'est-à-dire beaucoup d'Italiens, même si Bugno n'avait jamais été en mesure de confirmer sa performance du Tour des Flandres.

Une fois encore, donc, les Transalpins avaient fait la pluie et le beau temps dans les Ardennes ! Les plus cruels notaient que Tony Rominger lui-même relevait d'une formation de la péninsule ; les autres constataient que Berzin, intégré à l'équipe Gewis-Ballan, devait évidemment beaucoup et au cyclisme italien et à l'action menée par Argentin et Furlan en sa faveur. Parmi les non-Italiens, seuls le champion du monde, Armstrong, et Tony Rominger étaient parvenus à s'inclure dans la tranche des dix premiers arrivants. Le premier Français, Ronan Pensec, occupait la treizième place, performance somme toute très honorable ; et le premier Belge, Guy Nulens, venait en vingt-troisième position seulement, constat qui ne pouvait satisfaire les populations environnantes, longtemps habituées aux magistrales démonstrations d'Eddy Merckx ! Chez les Néerlandais, le « vieux » Stevens Rooks avait sauvé l'honneur, si l'on peut dire, terminant vingt-quatrième, mais à onze minutes passées du vainqueur ! On relevait, alors, que Nico Verhoeven, le mieux placé des Bataves au classement de la Coupe du monde, occupait la trente et unième place seulement, et l'on comprenait, dès lors, le profond désenchantement de deux anciens champions venus des polders, Peter Post et Jan Raas, en ce mi-printemps paré aux couleurs italiennes.

Le talent à l'état pur

Pour être né à Vyborg, au nord de Saint-Pétersbourg, Evgeni Berzin s'exprime en finnois, mais il parle également l'italien et commence à pratiquer le français.
A moins de vingt-quatre ans, il apparaît comme l'un des coureurs parmi les plus doués de sa génération. Chez les amateurs, ce jeune Russe aura été champion du monde de poursuite individuelle et par équipes, en 1990 à Utsunomya (Japon). Il portait, alors, les cheveux longs et vivait en très mauvaise intelligence avec l'entraîneur Alexander Kuznetsov, celui-ci compétent mais autoritaire. Il faut préciser que le jeune Berzin n'avait pas sa langue dans sa poche et qu'il ne laissait jamais passer une occasion de « la ramener », pour reprendre sa propre expression, traduite de l'italien ! Ainsi fut-il consigné dans une caserne durant tout le mois d'octobre 1991, après quoi il obtint son transfert au CSKA Moscou où l'ancien coéquipier de Soukhoroutchenkov, le grand Goussiatnikov, officiait en qualité d'instructeur : « Je devais participer aux Jeux olympiques à Barcelone, dit-il, mais Kuznetsov est intervenu dans la coulisse et m'a sorti du groupe. Là-bas, ce n'était pas toujours facile… »
Des accords commençaient à se nouer entre les fédérations de l'ex-URSS et les groupes amateurs et professionnels de l'Ouest. Ainsi Evgeni Berzin fut-il amené à courir en Italie pour le compte de l'équipe d'amateurs Cuoril, dirigée par l'ancien professionnel Emanuelle Bombini, vainqueur de Milan-Vignola en 1985 ; puis, en France, au côté de son compatriote Vladislav Bobrik, au sein d'une formation émanant du CSKA Moscou. C'était en 1992 et il gagna le Ruban Granitier Breton devant le Français Boury et son ami Bobrik. Le CSKA Moscou à la française connaissant des problèmes financiers, Berzin et Bobrik s'en retournèrent en Italie, où Emanuelle Bombini se disposait à créer l'équipe de professionnels Mecair-Ballan, qui allait devenir Gewis-Ballan en 1994 (production de matériel électrique pour Gewis, fabrication de fenêtres pour Ballan).
« Avec Stella, mon épouse, indique-t-il, nous vivons désormais à Broni, un petit village de Lombardie, situé non loin de Pavie. À cinq kilomètres s'est installé Bobrik et nous roulons souvent ensemble. Là et dans le peloton, je découvre un autre monde. Surtout le cyclisme professionnel, grâce à Giorgio Furlan et Moreno Argentin. »
Avant qu'il ne gagne Liège-Bastogne-Liège, il s'était distingué par toute une série de places d'honneur et par son action souvent décisive au profit de Giorgio Furlan : 3ᵉ à la Semaine sicilienne, 3ᵉ au Trophée de Laigueglia, 2ᵉ à Tirreno-Adriatrico, 1ᵉʳ de l'épreuve contre la montre au Critérium international devant Rominger et 3ᵉ au classement général.
Ce sujet d'exception est le compatriote de Viatcheslav Ekimov, lui aussi natif de Vyborg, mais ils ne se fréquentent pas, la vie les ayant installés sous des latitudes différentes : « Viatcheslav, je l'ai connu quand j'avais quatorze ans, à l'école des pistards de Kuznetsov. Nous avons débuté tous les deux sur la piste et c'est là une très bonne méthode. » Au lendemain de sa victoire à Liège, il envisageait de briller au Tour d'Italie et nourrissait l'espoir de gagner l'épreuve contre la montre open aux Championnats du monde en Sicile (42 km), celle-ci organisée pour la première fois.

Au sommet du Mur d'Huy, Berzin, Furlan et Argentin s'échappèrent sans le vouloir, simplement parce qu'ils grimpaient plus vite que les autres ! Ce jour-là, les « Gewis-Ballan », par trop supérieurs, décidèrent que la victoire serait pour Argentin.

FLÈCHE WALLONNE

IL N'Y ONT VU QUE DU BLEU !

La Flèche wallonne venait de prendre fin au sommet du célèbre Mur d'Huy, la foule s'écoulait lentement et les journalistes s'interrogeaient avec perplexité, partagés entre l'inquiétude et l'admiration : « Jusqu'où iront-ils donc, ces Italiens ? » Que Moreno Argentin franchisse la ligne le premier n'avait étonné vraiment personne, il avait déjà réalisé semblable exploit en 1990 et 1991. De même, la deuxième place de Giorgio Furlan et la troisième d'Evgeni Berzin n'étaient pas pour surprendre, le premier ayant gagné Milan-San Remo et le Critérium international au seuil du printemps, le second Liège-Bastoge-Liège trois jours plus tôt. Par ailleurs, le fait que huit Italiens se fussent inclus parmi les dix premiers arrivants au sommet du Mur, huit Italiens auxquels il fallait ajouter Berzin, qui faisait partie d'une formation péninsulaire, ce fait naguère inimaginable relevait de la réalité quasi quotidienne depuis quelque temps : il y avait le cyclisme italien, occupant tout le devant de la scène, et quelque chose d'autre, loin derrière !

En revanche, extraordinaire nouveauté, les trois membres de l'échappée victorieuse portaient le même maillot bleu de l'équipe Gewis-Ballan. Pareille occurrence ne s'était encore jamais produite dans une course de si haut niveau, surtout si l'on voulait bien considérer que les trois auteurs de ce raid en Wallonie n'avaient jamais donné l'impression d'aller au bout d'eux-mêmes. Ils avaient pédalé ensemble durant près de deux heures, comme à la parade, et leurs

malheureuses victimes n'y avaient vu que du bleu, c'était le mot exact en la circonstance ! Au vrai, le trio Argentin-Furlan-Berzin n'avait jamais véritablement attaqué. Il s'était contenté de gravir à son train le Mur d'Huy – un kilomètre d'une montée étroite et sinueuse présentant des passages à 12 p. 100 –, alors que soixante-deux kilomètres restaient à parcourir. Au sommet, les mieux placés derrière eux, Cenghialta, Chiappucci, Armstrong, Bugno, Pensec, Rué et Museeuw, comptaient déjà douze secondes de retard ! Mais, alors que Furlan, Argentin et Berzin, étroitement associés, relançaient aussitôt l'allure, les autres marquaient le pas. La suite fut d'une parfaite simplicité en dépit de la poursuite engagée à retardement par Rué, Lelli et Saligari.

Une poursuite courageuse mais tardive, animée par Ronan Pensec et Davide Cassani.

Les trois dominateurs gérèrent confortablement leur avance, Furlan et Berzin se disposant à offrir à leur illustre aîné la victoire sur un plateau.
Derrière eux, Bugno assurait la quatrième place, précédant Della Santa, Casagrande, Chiappucci et Cassani. En d'autres termes, cette Flèche wallonne avait pris la tournure d'un banal championnat d'Italie !

GRAND PRIX DE L'ESCAUT

Van Petegem le réprouvé

En 1989, Peter Van Petegem devint champion de Belgique des amateurs, assumant la succession du rapide Wilfried Nelissen. Alors commencèrent paradoxalement ses ennuis ! Enrôlé par Jans Gisbers chez PDM, celui-ci ne le retint pas en 1992, quand il s'en fut chez Lotus, après la disparition de la formation néerlandaise. Il fut recruté alors par Jean-Luc Vandenbroucke pour le compte de l'équipe Lotto, mais congédié au terme de la saison 1993, ses résultats n'ayant pas été suffisamment convaincants. Cette année, le « réprouvé », récupéré de justesse par la modeste équipe belge Trident, a finalement remporté le Grand Prix de l'Escaut devant Dirk De Wolf, l'ancien vainqueur de Liège-Bastogne-Liège, suivi d'Abdoujaparov, Baffi et Nijdam !
A douze kilomètres de l'arrivée à Shoten, dans la banlieue bourgeoise d'Anvers, il s'était soustrait en force à la menace des routiers-sprinters ; puis il avait contenu la poursuite de De Wolf, celui-ci échouant pour six secondes.
En un moment où les Italiens engagés dans la campagne ardennaise broyaient tout sur leur passage, les Belges accueillirent cette victoire secondaire comme un don du ciel !

MUSEEUW, C'ÉTAIT ENCORE UNE PART D'ITALIE !

Comme en 1993, deux éléments, Johan Museeuw et Bruno Cenghialta, s'étaient présentés ensemble à Maastricht où était jugée l'arrivée de l'Amstel Gold Race, cinquième et dernière classique printanière de la Coupe du monde. Comme l'an passé encore, l'Italien s'était incliné dans les tout derniers mètres. Le parallèle s'arrêtera là, car autant avait étonné la victoire de Rolf Jaermann, acquise aux dépens de Bugno, autant celle de l'ancien champion de Belgique a relevé d'une parfaite logique cette année. Museeuw est notoirement plus rapide que Cenghialta et son parfait état de conservation athlétique en fin de parcours lui avait, d'ailleurs, déjà permis d'enrayer aisément l'attaque franche du Transalpin dans la côte ultime de Peterberg, à six kilomètres du but.

Après avoir tenté leur chance, Didier Rous et Bjarne Rijs furent rejoints et distancés par Museeuw et Cenghialta.

Les deux hommes s'étaient extirpés d'un commando de six unités à quinze kilomètres de l'arrivée, après que Bjarne Rijs et Didier Rous eurent vainement tenté leur chance. La course se déroulait « dans un mouchoir » et contre le vent, un groupe de douze hommes talonnant de près les deux attaquants, groupe volatile qui se disloquait et se reformait au rythme des démarrages, où les Italiens étaient majoritaires, une fois encore. Parmi eux, Sciandri, Volpi, Saligari, Gotti et Ballerini. Pour ce qui était de la représentation « étrangère », elle était réduite exclusivement aux Français Pensec et Virenque, accompagnés du Danois Rijs. Sans doute Gérard Rué eut-il trouvé place dans ce collectif si une crevaison ne l'avait retardé au plus mauvais moment.

A l'approche de la flamme rouge du dernier kilomètre, l'avance de Museeuw et Cenghialta était de l'ordre de quinze secondes, gain acquis essentiellement grâce à l'effort modulé du Flamand, mais, à partir de là, les deux adversaires commencèrent à s'observer, pédalant au ralenti, et il s'en fallut de très peu qu'un regroupement ne se produisît dans l'ultime ligne droite, où Marco Saligari arracha la troisième place, complétant ainsi la réussite de l'équipe GB-MG.

Encore une formation italienne, bien sûr !

A Maastricht, Johan Museeuw a renoué, enfin, avec la tradition des champions belges vainqueurs de classiques. En la circonstance, il fut beaucoup trop rapide pour Cenghialta.

Telekom
EDDY MERCKX
Team Telekom
Biemme

GRAND PRIX DE FRANCFORT

Olaf Ludwig : le réveil au crépuscule

Quel serait le prodigieux palmarès d'Olaf Ludwig, si le statut imposé aux sportifs par la défunte République démocratique d'Allemagne ne l'avait contraint à rester « amateur » jusqu'à l'âge de vingt-neuf ans et à passer chez les professionnels en 1990 seulement ? Quand la possibilité lui fut offerte de franchir, enfin, le Rubicon, il avait déjà gagné, entre autres, la Course de la Paix à deux reprises, le Tour de l'Avenir en 1983 et l'épreuve sur route des J.O. de 1988 à Séoul. Ce coureur athlétique et doté d'une « charge explosive » hors du commun savait pratiquement tout faire sur un vélo, sauf négocier les plus forts pourcentages en haute montagne. Au regard des techniciens, il incarne le coureur idéal pour les courses classiques du type Coupe du monde. De fait, il a gagné au cours de la même année, en 1992, l'Amstel Gold Race, Kuurne-Bruxelles-Kuurne, le Grand Prix de Fourmies et la Coupe du monde. A son tableau de chasse, deux victoires d'étape au Tour de France et le maillot vert du classement par points, il y a de cela deux ans. Quant à ses places d'honneur, elles sont nombreuses et significatives de ses qualités désormais crépusculaires : 6e de Milan-San Remo, 3e de Paris-Tours, 5e au Grand Prix de Francfort, 5e de Paris-Bruxelles en 1992 ; 9e au Tour des Flandres, 3e à Paris-Roubaix et 8e au Grand Prix de Francfort en 1993. Cette année, on le croyait engagé sur la voie de l'« irréversible déclin », et sans doute y a-t-il là une part de vrai, mais il faudra toujours compter avec le talent ! Au départ de ce Grand Prix de Francfort – le Rund Henninger Turm pour les Allemands – il avait demandé à ses équipiers, chez Telekom, de contrôler la course et de favoriser une arrivée en groupe. Il savait que la ligne était tracée au sommet d'une petite côte, cette particularité devait l'avantager. Ainsi vîmes-nous l'équipe allemande s'opposer avec fermeté à une attaque de Bugno et Tchmil pour provoquer un regroupement à vingt-cinq kilomètres du but, alors que la course se présentait sur un circuit final hérissé de plusieurs petites côtes. Là, Olaf Ludwig put exprimer toute sa puissance, s'imposant à son compatriote Andreas Kappes et au jeune Français Emmanuel Magnien (vingt-deux ans), ce dernier présenté comme un futur redoutable routier-sprinter et dont on pensait qu'il confirmerait rapidement ce préjugé favorable.
On espérait, aussi, que le succès d'Olaf Ludwig – première victoire allemande à Francfort depuis seize ans – inciterait les responsables du groupe Telekom à persévérer au-delà de la saison en cours…

*xel Merckx
t Olaf Ludwig :
e jeune nu-tête
t l'ancien à
a casquette.
u Grand Prix
le Francfort,
a victoire revint
a la casquette.*

Le temps de la suspicion

« Quand on me parle de culture,
je sors mon revolver ! »

(Dr Goebbels)

Ce fut d'abord une soixantaine de victoires acquises au cours des deux premiers mois de compétitions, dont celles éblouissantes de Giorgio Furlan à Milan-San Remo et au Critérium national ! Puis vinrent les succès de Gianni Bugno au Tour des Flandres et de Moreno Argentin à la Flèche wallonne, où les représentants de l'équipe Gewis-Ballan cumulèrent les trois premières places. Entre-temps, le jeune Russe Evgeni Berzin, membre de la même équipe italienne, avait inscrit son nom au palmarès de Liège-Bastogne-Liège, avec l'active complicité de Giorgio Furlan et Moreno Argentin. On notait, encore, que le Belge Johan Museeuw, vainqueur à l'Amstel Gold Race devant Bruno Cenghialta, était membre de l'équipe transalpine GB-MG ; et l'on ajoutait qu'Andreï Tchmil, brillant triomphateur dans Paris-Roubaix pour le compte de l'équipe belge Lotto, portait encore les couleurs d'une formation italienne peu de temps auparavant ! Enfin, on s'étonnait, non sans motif d'ailleurs, que les Italiens eussent monopolisé en chaque occasion la majorité des places parmi les dix premiers arrivants.

C'était là, au terme du mois d'avril, le formidable bilan des équipes de la péninsule, où se côtoyaient une majorité d'autochtones et quelques étrangers assimilés, tels Sörensen, Berzin, Abdoujaparov, Konychev, Bobrik, Ugrumov et d'autres encore. Cette extraordinaire réussite ne pouvait pas ne pas faire des envieux et attiser les jalousies latentes. D'autant qu'elle était l'œuvre non point exclusivement des coureurs-vedettes de la péninsule, mais d'une escouade de « seconds couteaux », ces derniers jusqu'alors commis aux tâches obscures de la servitude. Des gens tels Baldato, Chiurato, Zanini, Lombardi, Calcaterra, Della Santa, Gotti, Manzoni, etc. Et d'un Adriano Baffi, auparavant très vulnérable dans sa propre spécialité de routier-sprinter, grimpeur très moyen de surcroît, qui se prenait soudain à effacer les collines et rivalisait avec les plus véloces en toutes circonstances !

Cette totale hégémonie du cyclisme italien, et la spectaculaire métamorphose de certains de ses éléments, stupéfiaient les coureurs étrangers, devenus perplexes et progressivement soupçonneux.

DEUX CYCLISMES

Au Français Jean-François Bernard qui constatait, non sans résignation : « Il y a maintenant deux cyclismes, celui des Italiens et celui des autres ! », Laurent Fignon répondait d'un trait à certains égards sybillin : « Les Italiens recueillent les fruits d'un système qui place le coureur dans la condition d'atteindre au summum de ses capacités. » A quel type de préparation songeait l'ancien vainqueur du Tour de France, dès lors que les normes et les moyens de contrôle concernant l'entraînement sont devenus universels et connus de tous. Il pensait certainement à l'infrastructure

.e professeur
Conconi paraissait
roublé par le
omportement
et les déclarations
provocantes
le son ex-disciple,
e docteur Ferrari.

des équipes italiennes où le coureur professionnel est totalement pris en charge, libéré de tout souci domestique.
Le problème si délicat de la préparation dite biologique était souvent évoqué. Depuis une décennie, en effet, la méthode Conconi, appliquée par Francesco Moser lors de son record du monde de l'heure à Mexico, cette méthode associant étroitement l'entraînement physique, la diététique de pointe et le suivi médical permanent, a été reprise par tous, copiée en tout cas, et cela avec plus ou moins de compétence. Le professeur Conconi a fait des émules partout où l'on pédale, parmi lesquels le docteur Ferrari qui traite aujourd'hui de très nombreux professionnels.
Il n'y a pas si longtemps, le docteur bordelais François Bellocq, aujourd'hui décédé, prônait pour les sportifs de haut niveau la technique du « rééquilibrage hormonal » – il avait consacré sa thèse à ce sujet –, s'exposant, ainsi, à des critiques au sein même de sa profession.

LE GENDARME ET LE BRACONNIER

A la charnière d'avril et de mai, une rumeur insistante laissait entendre qu'un médicament désigné sous le nom d'« Epo » avait fait un certain nombre d'adeptes. Des choses que l'on sait, ou que l'on soupçonne, mais qu'on ne peut démontrer preuve à l'appui, les éventuels utilisateurs agissant dans une totale discrétion, il va de soi. Devant la menace, certains groupes italiens s'estimant diffamés, le président de l'Union Cycliste internationale, Hein Verbruggen, improvisa une conférence pour mettre en garde ceux qui, selon lui, « avançaient des accusations sans apporter la moindre preuve ». Un argument trop souvent entendu dans le passé, quand il était question de prises d'amphétamines, de corticoïdes, d'hormones ou d'anabolisants. En clair, on prônait officiellement la politique de l'autruche !
Or, quelques jours plus tard, le docteur Michele Ferrari, cité plus haut, médecin du groupe Gewis-Ballan, celui de Giorgio Furlan, Moreno Argentin et Evgeni Berzin, mais qui traite également d'autres patients tels Tony Rominger et Armand De Las Cuevas, adoptait la stratégie inverse. Ainsi cet « homme de terrain », pour reprendre ses propres termes, déclarait-il, et ici nous citons : « L'"Epo" n'est pas dangereuse, c'est son abus qui l'est. » Il ajoutait : « Tout ce qui n'est pas interdit par le règlement est donc autorisé [...] Si j'étais coureur et si je savais qu'il existait un produit non détectable et capable d'augmenter mes

performances, je l'utiliserais. » Un discours auquel on reconnaissait le mérite de la franchise, mais qui ne correspondait peut-être pas exactement à l'éthique fondamentale de la médecine. Ce fameux médicament appelé « Epo » – une abréviation – n'est autre que l'érythropoïetine, produit que l'on administre généralement aux malades sous dialyse et qui multiplie les globules rouges, améliorant la capacité du sang à véhiculer l'oxygène. La performance athlétique en serait augmentée dans une proportion de 10 p. 100 environ, le sujet pouvant souscrire à des charges de travail accrues au cours de son entraînement. Toutefois, l'« Epo », pour l'heure indétectable à l'analyse – mais que le professeur Conconi a pourtant repéré chez l'un de ses coureurs –, présente ce grave inconvénient d'épaissir le sang et d'exposer l'utilisateur au risque de thrombose et d'accidents cardiaques. D'où la nécessité d'un adjuvant propre à fluidifier le liquide sanguin.

Le docteur Ferrari s'empressait de préciser qu'il ne prescrivait pas ces médicaments, profession de foi qui l'honorait, mais ne s'inscrivait pas moins en totale contradiction avec son premier propos : « Si j'étais coureur et si je savais... » Une nouvelle fois, la lutte antidopage parvenait à un tournant de son histoire, cela parce que le braconnier s'avérait mieux armé que le garde-chasse ! En clair, les progrès accomplis par la pharmacopée rendaient obsolètes les techniques de contrôle.

Et l'éthique dans tout cela ?

« Quand on me parle de culture, je sors mon revolver ! », clamait déjà le sinistre docteur Goebbels, dans les années 30.

Petite histoire du dopage

Après la guerre de 1914-1918, l'éventail des produits proposés était encore relativement restreint mais déjà dangereux : feuille de kola empruntée aux Indiens, que l'on pilait et buvait sous forme de décoctions ; gouttes d'éther dans la boisson ; pilules à base de strychnine ; extrait de caféine. Autant de produits agissant sur le système nerveux. Cette époque de tâtonnements et d'empirisme engendra les « soigneurs » et une armée de charlatans.

Il était d'usage courant chez les coureurs cyclistes, par exemple, de manger du pigeon, ce volatile étant apprécié parce qu'il contenait de la strychnine. Ce fut ainsi qu'un coureur français du nom de Gatier, soigneur par la suite, reçut un jour, au ravitaillement d'Étampes, lors du Critérium national de la route, une musette d'où s'envola un pigeon vivant et au fond de laquelle l'auxiliaire facétieux du coureur avait jeté une poignée de petits pois !

Le premier bond spectaculaire dans la pharmacopée du dopage survint au lendemain de la dernière guerre, quand les amphétamines furent mises en vente libre sur le marché. Autant de dérivés de la fameuse « Benzédrine », cette « pilule miracle » que l'on distribuait aux pilotes de la RAF durant le blitz, quand les équipages étaient contraints de voler en quasi-permanence pour résister aux attaques de l'aviation allemande. Très rapidement, la prise de ces produits passa de la voie buccale à l'injection intramusculaire, puis intraveineuse. Encore quelques années et, à l'approche des années soixante, s'ajoutèrent en adjuvants les analgésiques, utilisés pour « endormir » la douleur musculaire : palfium, pommade à la cocaïne, etc. Cette pratique ayant pour effet de repousser le seuil de la douleur, donc de déconnecter le signal d'alerte dans l'organisme, des accidents cardiaques immédiats – ou à retardement – se multiplièrent dans divers pays.

Devant les redoutables effets de la méthode amphétamines + analgésiques, certains praticiens tentèrent d'augmenter le rendement de l'athlète par la pratique de l'auto-hémo. On prélevait le sang d'un sujet et on le lui réinjectait juste avant la compétition. Une première façon d'augmenter dans l'organisme le nombre des globules rouges véhiculant l'oxygène. Puis, ce fut l'arrivée des béta-bloquants dans les sports de précision, celle des corticoïdes de synthèse, pratiquement indécelables et utilisés en matière de rééquilibrage organique ; ce fut, enfin, la poussée des hormones et des anabolisants, ces derniers décelables à l'analyse. Seulement voilà, les corticoïdes généraient des effets secondaires catastrophiques (affaiblissement du système immunitaire, risque de cancers et d'impuissance) et les anabolisants exposaient à la sanction immédiate.

Les règles mises en place progressivement – et parfois très maladroitement – pour lutter contre le dopage obligèrent les éventuels « tricheurs » à faire travailler encore un peu plus leurs méninges. Pour en arriver maintenant à cette Erythropoïétine (Epo) – utilisée dans le cours des dialyses – qui défrayait la chronique à l'approche de l'été.

Giro

Graham Obree, un coureur original qui sait aller au bout de lui-même.

GRAHAM OBREE : DU TRIOMPHE À LA DISGRÂCE

Il était 19 h 6, le mardi 27 avril au vélodrome de Bordeaux, quand Graham Obree prit le départ pour une nouvelle tentative contre le record du monde de l'heure. Quelques minutes plus tôt, s'adressant à son ami Allan Glaser, il lui avait dit sa grande détermination : « Ce record, je le veux à tout prix ! Pour le reconquérir, s'il le faut, je me ferai pisser le sang par les oreilles ! » Il s'agissait pour lui de parcourir plus de 52,270 kilomètres sur sa « drôle de machine » et dans le temps imparti, cela avant que l'Union Cycliste internationale ne promulguât un nouveau règlement destiné à interdire son vélo jugé trop révolutionnaire. Ce record, détenu par Chris Boardman depuis le 23 juillet 1993, Graham Obree allait le battre de 443 mètres, ayant parcouru 52,713 kilomètres dans les soixante minutes.

Pour autant, il ne semblait pas que l'Écossais eut atteint son plafond, même si les vingt dernières minutes de sa tentative nous le montrèrent sollicitant son énergie. Par crainte de la future réglementation, il avait modifié sa programmation, se pénalisant ainsi lui-même. Il reste que le cap des 53 kilomètres sur la piste de Bordeaux lui semblait acces-

sible et sans doute eut-il largement franchi cette limite si la possibilité lui avait été accordée de tenter l'aventure au vélodrome olympique de Mexico City.
L'interdit de l'UCI frappant l'usage des vélos du type Obree survint dix jours plus tard, le vendredi 6 mai, et fut publié en ces termes : « Sur proposition de la commission du matériel de l'UCI, créée l'an passé, l'article 49 du règlement technique a été modifié dans un sens plus contraignant. Il présente deux nouveautés, dont le recul minimal obligatoire du bec de selle (5 cm à l'arrière d'une verticale passant par l'axe du pédalier) et une nouvelle contrainte pour le point d'appui des mains, "qui ne peut être situé en arrière de l'axe de la colonne de direction" [...] A l'avenir, toute nouveauté technique pouvant découler de l'interprétation de l'article 49 "devra être soumise à la commission technique de l'UCI avant sa réalisation pratique. Cette présentation devra avoir lieu entre le 1er juin et le 31 août de chaque année pour une application ne pouvant intervenir qu'au 1er janvier de l'année suivante". »
Exit le vélo d'Obree et prohibés les avant-bras repliés sous le buste !
En revanche, on autorisait les cadres plongeants et les guidons du type triathlon.
Dans son souci d'éviter les « dérives et les extravagances » (*dixit* Claude Jacquat), l'UCI donnait un brutal coup d'arrêt aux innovations techniques jugées anticonformistes et nuisibles à l'image du cyclisme. Très arbitrairement, on contraignait les futurs candidats aux records à l'utilisation d'un matériel disons plus classique. Cette décision radicale trouvait l'opinion très divisée. Il y avait ceux qui estimaient, en accord avec le pouvoir, que cette reprise en main rendait la primauté au

physique de préférence au matériel. Encore que la réalité ne soit pas aussi simple ! Et puis, les autres, qui ne souscrivaient pas à cette démarche intellectuellement déplaisante, dont l'objet évident consistait à freiner les recherches et à frapper d'interdit les innovateurs.

Le vélo du recordman, interdit le 6 mai !

Enfin, il y en avait d'autres, dont nous-mêmes, qui souhaitions le maintien d'un record « libre », parallèlement au record retenu sous le label « classique ». De même qu'il eut été excellent de restaurer le record en altitude – au-dessus de 600 mètres – conjointement au record établi au niveau de la mer. Le 6 mai dernier, les censeurs de l'UCI auraient dû se souvenir que l'on ne s'oppose jamais sans quelque dommage aux manifestations du génie individuel.

Pauvre Obree !

QUATRE JOURS DE DUNKERQUE

AH ! SEIGNEUR...

Une consécration méritée pour Eddy Seigneur.

Eddy Seigneur, vingt-cinq ans, célibataire, né à Beauvais, où il habite toujours chez sa mère, et professionnel de troisième année dans l'équipe Gan. Ce que ne dit pas sa fiche signalétique, c'est que cet athlète bien charpenté et doué pour l'effort solitaire dispose d'un caractère particulièrement opiniâtre. Il s'établit des plans et engage sa démarche sans trop s'occuper de ce que l'on peut dire autour de lui. L'an passé, déjà, il avait étonné son monde en prenant la troisième place de l'épreuve contre la montre à l'« International », derrière Breukink et Zülle ; puis, la troisième place encore au prologue du Tour d'Italie, derrière Fondriest et Miguel Indurain, à trois secondes seulement de celui-ci. C'étaient là des performances plus qu'encourageantes, auxquelles il a donné un prolongement logique lors des Quatre Jours de Dunkerque.
Après la victoire de Wilfried Nelissen, parvenu au terme de sa convalescence, dans les deux premières étapes, Seigneur s'imposa dans l'épreuve contre la montre, s'emparant du maillot de leader. Il avait battu Kasputis, Marie, Durand, Moreau et Ludwig. A partir de là, il s'appliqua à surveiller ses plus proches adversaires, avec le concours de ses amis Duclos-Lassalle, Moreau, Boardman, Aubier, Rous et l'irremplaçable Lemarchand. Enfin, dans l'étape dite du circuit de Cassel – où Emmanuel Magnien se livra à une fort belle démonstration –, il résista parfaitement aux offensives, confirmant qu'il était bien le meilleur en la circonstance.
Et, le soir même, il posait sa candidature pour le Championnat du monde open des cinquante kilomètres contre la montre, épreuve incluse pour la première fois cette année au programme du tournoi mondial.

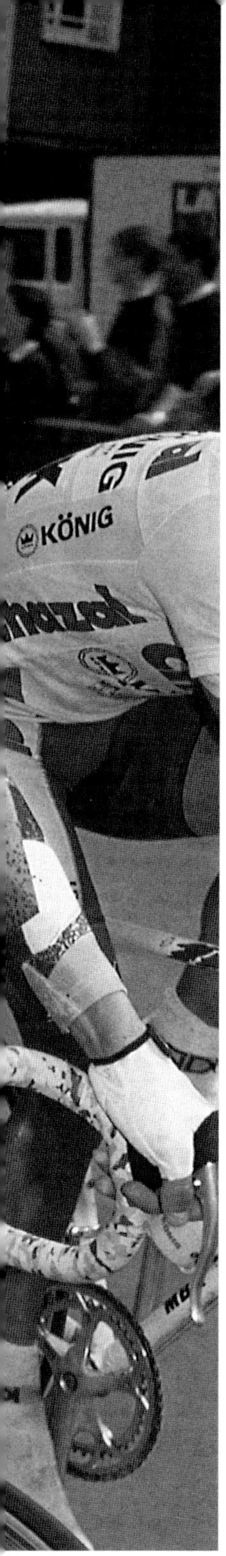

Ci-contre : *Richard maître chez lui en Romandie.*

TOUR DE ROMANDIE

Le retour de l'Aiglon

Parce qu'il habite Laigle, dans le canton de Vaud (Suisse), ses compatriotes l'ont surnommé l'Aiglon. On le présente, aussi, comme le « coureur de cristal », allusion à son mental réputé fragile et qui lui a joué parfois de très vilains tours Mais pour le talent, aucun doute, l'homme en est pétri ! Depuis 1992 d'ailleurs, les choses vont de mieux en mieux pour lui, ainsi qu'en témoignent ses victoires au Tour de Romandie et de Lombardie, en 1993, et à Vaujany (Paris-Nice), en 1994. À cette métamorphose en cours, deux raisons essentielles : les bienfaits d'une opération aux sinus fin 1992 et la confiance que lui accorde Giancarlo Ferretti, dans l'équipe italienne GB-MG, où il côtoie Museeuw, Sörensen, Sciandri, Cassani, Saligari, Baldato et Jaermann, excusez du peu !
Au Tour de Romandie, cette année, Pascal Richard a véritablement « éclaté ». En gagnant dans les formes requises la principale étape de montagne et en confirmant dans l'épreuve contre la montre. Dans un premier temps, c'est De Las Cuevas, vainqueur du prologue, qui avait porté le maillot vert, celui qui distingue en Romandie le premier au classement général. Par la suite, son copain Saligari s'était emparé du trophée, pour le conserver jusqu'à La Tsoumaz/Mayens-de-Rides, station d'altitude située au-dessus de Martigny.
Pour atteindre La Tsoumaz, il faut gravir une pente longue de vingt-sept kilomètres et c'est là que l'Aiglon ouvrit les ailes pour se débarrasser définitivement de De Las Cuevas, d'Hampsten et des autres, Saligari s'étant mis volontairement à sa disposition. Le dernier à résister fut De Las Cuevas, mais il dut s'avouer vaincu à cinq kilomètres du sommet. Alors qu'il tentait vainement d'endiguer le retour d'Hampsten, Pascal Richard s'envolait pour franchir la ligne avec 1 min 17 s d'avance sur l'Américain. Dès lors, chacun devinait que ce Richard Cœur-de-Lion était parti pour renouveler sa victoire de 1993.
Dès le lendemain, en effet, il confirmait son état de grâce dans le cours de l'épreuve contre la montre (vingt-quatre km) où il laissait De Las Cuevas à vingt-deux secondes, Faresin à trente-trois secondes et… Miguel Indurain à trente-sept secondes. Une précision cependant : De Las Cuevas aurait peut-être pu inverser l'ordre d'arrivée de cette « épreuve de vérité » s'il n'avait perdu un temps précieux dans une brève erreur de parcours. Quant à Miguel Indurain, de plus en plus « Lemondesque », il accusait déjà plus de seize minutes de retard au classement général !
Une semaine plus tard, il gagnait l'épreuve contre la montre au Tour de l'Oise, privant du même coup Emmanuel Magnien de la victoire finale.

DES RAZZIAS EN CASTILLE

Le Tour d'Espagne présentait vingt et une étapes, prologue compris. Le vainqueur final, Tony Rominger, en a gagné six et Laurent Jalabert sept ! C'est assez dire que les deux champions ont régné sans partage, chacun dans sa spécialité : le Suisse dans la montagne et dans les épreuves contre la montre, le Languedocien dans les arrivées au sprint. On fera remarquer que Luc Leblanc a terminé premier au Grand Prix de la montagne, succès non négligeable, certes, mais il doit essentiellement cette réussite marginale à sa présence dans des cols intermédiaires où le porteur du maillot amarillo avait d'autres chats à fouetter. Vous aurez compris que cette Vuelta n'a pas été des plus palpitantes, ce qui ne l'a pas empêché de nous livrer certains enseignements majeurs. Rominger par exemple paraissait s'être encore bonifié au regard de ce qu'il était l'année précédente ; Jalabert, libéré dès le deuxième jour par la chute catastrophique de Cipollini et Baffi, s'affirmait en progrès pour ce qui est de son sens de la course ; et les Espagnols, quand on les prive de Miguel Indurain, semblaient devenir plus que vulnérables. Ces derniers ont inscrit une seule étape à leur tableau de chasse (la dix-neuvième, grâce à Marino Alonso) et le Basque Mikel Zarrabeitia, deuxième du classement général derrière le vétéran Pedro Delgado, a concédé plus de sept minutes et demie à Rominger, sans avoir jamais été en mesure de l'inquiéter.

Deux précisions encore : Tony Rominger, vainqueur au prologue de Valladolid, a porté le maillot amarillo de bout en bout, comme Julian Berrendero en 1942 et Freddy Maertens en 1977. En revanche, il est le seul qui ait gagné trois Tours d'Espagne – et à la suite s'il vous plaît –, performance qui le hisse un cran au-dessus de Gustave Deloor, Julian Berrendero, José-Manuel Fuente, Bernard Hinault et Pedro Delgado, tous doubles vainqueurs.

Le suspense dans la péninsule fut de très courte durée, Rominger reléguant Zülle et Mauri à vingt et vingt-quatre secondes sur les neuf kilomètres du prologue. S'étant exposé d'entrée de jeu, le Zougois demanda à ses équipiers de contrôler la course jusqu'à la première étape de montagne, Grenade-Sierra Nevada, qui survenait le sixième jour. Dans un lot plus relevé, cette politique de force aurait comporté des risques, mais l'opposition manquait de moyens. L'équipe Once, devinant que Zülle n'était pas à son apogée, décida de participer à la neutralisation des attaquants pour placer dans les meilleures conditions Laurent Jalabert, son routier-sprinter. La tâche des Mapei-Clas en fut facilitée et l'Amarillo put cheminer tranquillement jusqu'aux jardins de l'Alhambra.

Ce fut alors, au terme de la sixième étape, l'escalade vers les neiges de la Sierra Nevada : trente kilomètres de montée, des pentes variant de 5 à 9 p. 100. Le soin d'ouvrir le feu revint au Colombien Oliverio Rincon, à cinq kilo-

Un cavalier seul de Rominger en Espagne.

mètres du sommet environ. Camargo et Stephens venaient d'échouer dans une tentative d'échappée. Déjà, les lâchés étaient nombreux, parmi lesquels Lino, Ruiz-Cabestany, Breukink. A deux reprises, Rincon porta une accélération, neutralisé chaque fois par l'espoir de l'équipe Banesto, le jeune Mikel Zarrabeitia. Ces démarrages du Colombien avaient eu pour effet, entre autres, de condamner Zülle, son coéquipier ! Rominger décida alors que le moment était venu pour lui de prendre les affaires en main. Il s'en fut, Zarrabeitia dans son sillage, démarra à nouveau et abandonna l'Espagnol à son sort.

Le prince Jalabert-de-Covadonga

La chance est d'une nature furtive, il faut la saisir au vol. En course, elle favorise uniquement ceux qui savent en tirer le meilleur parti dans l'instant. Ainsi de Laurent Jalabert, déclaré vainqueur de l'étape initiale en ligne, à Salamanque, alors qu'Adriano Baffi avait franchi le but le premier. Las, ce dernier avait provoqué la chute de son compagnon Cipollini, relevé le visage en capilotade et conduit aussitôt à l'hôpital. Quant à Baffi, déclassé par les commissaires et traumatisé par cet accident dont on lui faisait porter la responsabilité, à tort ou à raison, il abandonna le lendemain. C'était pour Laurent Jalabert une fameuse aubaine !
D'autant que le Mazamétain, s'étant volontairement réservé au début du printemps, parvenait à sa meilleure condition. Il savait en outre que l'équipe Once avait décidé de l'entourer de toutes les attentions. Les sprints lui seraient préparés et il pourrait conserver son influx pour les terribles et si dangereuses mêlées des vingt dernières secondes !
C'est ainsi que le Français, conforté dans son ambition et sûr de son entourage, l'emporta à sept reprises, dont une fois à Madrid, le dernier jour, consolidant sa victoire au classement par points.
Cette réussite n'est peut-être pas si extraordinaire si l'on considère la qualité de l'opposition, mais il serait néanmoins injuste de la mésestimer. Il y avait dans l'effectif des coureurs tels Di Basco, Edo, Leoni, Gonzalez, Tchuda, Van Poppel, Vanderaerden, dont la pointe de vitesse est toujours à considérer. Ceux qui savent à quel point l'assurance et la

À Saragosse, où Laurent Jalabert remporta l'une de ses sept victoires d'étape, seul Jean-Paul Van Poppel parvint à conserver son sillage.

confiance en soi sont des éléments indispensables aux routiers-sprinters estimaient que Jalabert venait de franchir un nouveau grand pas dans la perspective du Tour.
Car il avait surtout réussi l'exploit, jusque-là inimaginable, de vaincre aux Lagos de Covadonga, l'étape la plus montagneuse de la Vuelta ! Afin d'éviter que son équipe n'eut trop à travailler pour neutraliser les attaquants, il lança l'offensive lui-même après sept kilomètres de course, à un moment où les leaders du classement général songeaient surtout à s'économiser. Dans la brume de Covadonga, là où paissent dans le silence les calmes mouflons et les isards capricants, il resta seul à l'avant, en compagnie de Roberto Torres, lequel espérait bien offrir une première satisfaction à un public espagnol déconcerté. Ce fut alors qu'un motocycliste de la Guardia Civile s'affala sous les roues de Torres, Jalabert continuant seul et accélérant encore.
Vous a-t-on dit que Laurent Jalabert n'est pas seulement un routier-sprinter spécifique, mais beaucoup mieux que cela ?

RINCON GAGNE, ROUX ARRIVE

Au départ de la Classique des Alpes, à Chambéry, le monde du cyclisme était abasourdi. Nous venions d'apprendre la disparition tragique de Luis Ocaña et, dès lors, tout le reste tendait à devenir dérisoire : Bernard Thévenet était immensément triste, Jean-Pierre Danguillaume avait perdu sa truculence et Jean-Marie Leblanc restait silencieux. Il se souvenait d'avoir été le coéquipier de Luis durant trois années, au sein de l'équipe Bic, et il songeait, comme nous-mêmes, que cette Classique des Alpes, si elle avait existé à leur époque, eût été parfaitement dans les cordes du Castillan. Une course de montagne hérissée de plusieurs cols, comme il les aimait, et ce massif de la Chartreuse, surtout, où il réalisa quelques-unes de ses plus belles démonstrations.

Sur le papier, comme on dit, l'équipe Once semblait devoir l'emporter, disposant de Zülle, Breukink, Stephen et Rincon, quatre transfuges de la récente Vuelta, auxquels s'était joint Laurent Dufaux, vainqueur d'une étape au Tour de l'Oise – gagné par Miguel Indurain. Il en fut d'ailleurs exactement ainsi, sauf que les lauriers promis à Zülle et Dufaux furent pour le noiraud Oliveiro Rincon, Colombien au visage andin, déjà victorieux à Bourg-Saint-Maurice durant le Critérium du Dauphiné, l'an passé, puis, sur les hauteurs d'Andorre durant le Tour de France. Ce grimpeur endurant allait résister à la poursuite désespérée du jeune Laurent Roux – un authentique espoir – dans l'ultime montée du Revard pour rallier Aix-les-Bains, quarante-neuf secondes avant le Français. Tous les autres avaient cédé, soit dans l'ascension du col du Granier, tel Stephen, qui avait beaucoup donné auparavant ; soit dans la descente, tel Zülle ; soit au bas du Revard, tels Dufaux, Virenque et Runkel.

A l'attaque du Revard, ils étaient encore sept ensemble : Pensec, Roux, Virenque, Rincon, le champion d'Espagne Garcia, Dufaux et Gianetti. Sur le démarrage de Rincon, seuls Ronan Pensec et Laurent Roux furent en mesure de réagir, mais à retardement. La fatigue accablait Dufaux depuis quelques minutes et Virenque, très actif en début de journée, de même que Caritoux débordé, commençait à trouver le temps long. Durant un long moment, Roux se stabilisa à douze secondes du Colombien, mais l'altitude – et un début d'hypoglycémie – le contraignirent à ralentir son action. Dès lors, la victoire fut assurée pour Rincon, Pensec accusant déjà trois minutes de retard et Dufaux une de plus.

La contribution de Breukink à la course des Once s'était révélée des plus faibles ; et, pour avoir accompagné Zülle dans la descente du Granier – où il avait perdu une vingtaine de secondes –, nous avions le sentiment que cet exercice lui faisait peur désormais, à moins que sa vue ne lui assignât des limites de plus en plus étroites. Dans les deux cas, il était permis de s'inquiéter pour la suite de sa carrière.

Au pied du Revard, Oliveiro Rincon et Laurent Roux s'isolèrent à l'avant.

ONCE

Ocaña, ce cadet de Gascogne devenu grand d'Espagne

C'était le 19 mai, un jeudi. Le temps était maussade à Caupenne-d'Armagnac, dans le Gers, où Luis Ocaña gérait le domaine vinicole dont il s'était rendu acquéreur après sa retraite sportive. Au retour d'un bref déplacement professionnel dans le voisinage, au cours duquel il avait été conduit à changer une roue de sa voiture après une crevaison, l'ancien vainqueur du Tour de France s'isola dans son bureau. Celui-ci est situé près des chais, dans un bâtiment jouxtant son habitation. Aussitôt après, on entendit une détonation. Il était 13 heures 40 environ et Luis Ocaña venait de se loger une balle de revolver dans la tempe droite. Son épouse Josiane le découvrit la tête reposant sur sa table de travail. Un peu plus tard, le docteur Ancelin, chef du service des urgences à l'hôpital Layné de Mont-de-Marsan, ne put que constater la « mort cérébrale » de l'ancien champion. Celui-ci avait agi d'une façon délibérée et le drame se fût d'ailleurs produit la veille, si sa compagne n'avait eu le temps de s'interposer.

La mort est toujours tragique, fût-elle une délivrance. Elle peut survenir au terme d'une vieillesse paisible, ou par le fait d'un accident, ou bien encore parce que l'être meurtri a choisi d'en finir, la vie lui étant devenue intolérable. Cette dernière démarche, la plus dramatique sans doute, révèle chez le disparu d'insondables souffrances intérieures et des déchirements intimes qu'il aura été seul à connaître et à subir. C'est la terrible fin que s'est infligée Luis Ocaña. Il allait sur ses quarante-neuf ans.

Depuis plusieurs mois, il résistait aux assauts d'une maladie sournoise, – l'hépatite C –, le traitement à l'Interféron préconisé par les médecins engendrant chez lui une lassitude insupportable et sans cesse grandissante. D'autant qu'il ne s'économisait pas, contraint par les difficultés du temps à se partager entre la gérance de son vignoble, celle-ci rendue de plus en plus aléatoire par les conditions économiques, et sa fonction de consultant auprès d'une radio espagnole – la *Cadena Cope*. Il présidait aussi l'association des Anciens et Amis du Cyclisme, de même que l'amicale confrérie des Treize à la douzaine, dans sa région.

Ces derniers temps, son physique s'était dégradé progressivement, mais son sens inné de la dignité l'aidait à donner le change. Son teint avait perdu de son éclat, il avait beaucoup maigri. A ceux de ses amis qui lui en faisaient la remarque, il répondait d'une boutade, laquelle ne trompait d'ailleurs personne, et surtout pas lui-même : « Je fais le "métier" et j'ai retrouvé mon poids de forme. Tu devrais prendre exemple ! » Il se disposait à partir pour le Giro, mais le destin allait l'en empêcher. Le destin ? Nous entendons la somme des difficultés matérielles auxquelles il était confronté et surtout, surtout, l'inéluctable progression d'un mal dont il a

Il débutait sous le maillot Fagor et déjà il attaquait en chaque occasion.

sans doute reçu la gravissime et ultime confirmation après son dernier retour d'Espagne, le 16 mai.

Il atteignait l'âge exact où son père, auquel il accordait la plus grande vénération, avait lui-même été emporté par un cancer ; l'âge médian où l'un de ses amis les plus proches, l'ancien coureur régional du Sud-Ouest, Roger Rolleau, s'était suicidé d'un coup de fusil, il y a de cela deux ans. S'agit-il là de simples et tragiques coïncidences, d'un rapprochement périlleux au seuil des ténèbres, ou bien seulement d'un hasard obscur ? Nul n'en saura jamais rien, car il n'a laissé aucun message. Sauf celui de son existence propre où la dignité, le courage, le goût du panache, l'impétuosité, le sens de l'amitié et le respect de la parole donnée se fon-

LE PUNCH DE JACKY DURAND

Le mois de juin tirait à sa fin et plusieurs courses par étapes, préludes aux championnats nationaux et au Tour de France, avaient déjà livré leurs verdicts. Au Tour de Suisse, Pascal Richard s'était imposé devant Poulnikov et Conti, mais l'on savait déjà qu'il ne participerait pas au Tour. Dans l'effectif figurait Tony Rominger, de retour d'un stage d'oxygénation au Colorado où il avait entraîné son ami Jorg Müller. Dès avant le départ, il avait annoncé que le classement général ne l'intéressait pas et ne s'était manifesté qu'une seule fois par la suite, de façon assez étrange d'ailleurs, en se lançant dans une échappée solitaire de cent kilomètres, condamnée d'avance. Au Grand Prix du Midi Libre, Svorada l'avait emporté devant Tonkov et Conti, ces trois éléments confirmant fort à propos la bonne carburation des équipes italiennes, également victorieuses à la Bicicleta Vasca, grâce à un Stefano Della Santa déjà vainqueur de la Ruta del Sol en début de saison.

Enfin, Alvaro Mejia, 4e du Tour de France en 1993, avait gagné la Route du Sud avec 9 secondes d'avance sur Richard Virenque. Toutefois, ce dernier s'était présenté le premier au sommet de Guzet-Neige, devant Mottet et Mejia, pointés à plus d'une demi-minute, et l'on devinait qu'il serait à la hauteur durant le proche Tour de France.

Les championnats nationaux avaient lieu le 26 juin pour les professionnels. Les Français s'étaient regroupés à Fontenay-le-Comte, en Vendée, à l'invitation d'un circuit moyennement vallonné où chacun avait apparemment ses chances, à l'exception cependant des purs grimpeurs ou des nationaux ressortissants d'équipes étrangères, trop isolés face aux formations françaises Gan et Castorama. D'autant que cette dernière fait du championnat de France une affaire de famille depuis 1992, année de la rupture entre Luc Leblanc et Cyrille Guimard.

Comme prévu, les Castorama contrôlèrent tous les mouvements, allant jusqu'à les provoquer par l'intermédiaire de Brochard. Puis vint le dernier tour : attaque de Cornillet (Novemail), réplique de Pascal Hervé (Festina) et Didier Rous (Gan) ; accélération de Seigneur (Gan), tentative poussée de Bernard (Banesto) ; offensive d'Hervé, Rous et Caritoux (Chazal), puis sortie spectaculaire de De Las Cuevas (Castorama), qui rejoignait Hervé, Rous et Caritoux ; belle poursuite de Rue (Banesto), celui-ci repoussé à une centaine de mètres ; enfin retour tonitruant de Jacky Durand (Castorama), réalisant la jonction à moins de trois kilomètres du but, alors qu'il entendait le souffle du peloton derrière lui ; et le même Durand qui attaque soudain par l'extérieur, à un kilomètre de l'arrivée, anticipant sur l'action des routiers-sprinters, et s'empare du titre pour la deuxième fois en deux ans. Il coupait l'herbe sous le pied du rapide Frédéric Moncassin, 2e, et de Capelle, qui avaient espéré un regroupement jusqu'au dernier instant.

Jacky Durand, magnifique vainqueur au terme d'un coup de force réalisé à proximité du but.

Le temps pour Jacky Durand de recevoir le maillot tricolore et il rentrait chez lui en toute hâte pour s'y marier !
Chez les amateurs, le titre était revenu à Sébastien Médan (vingt-deux ans), du Vélo-Club Lyon-Vaulx-en-Velin, auteur d'un brillant coup de force à six kilomètres de l'arrivée. Il songeait à passer chez les professionnels en 1995, Cyrille Guimard et Bruno Roussel lui ayant déjà fait des propositions.
Enfin, chez les féminines françaises, la Basquaise Chantal Gorostegui (vingt-neuf ans) avait battu de 3 secondes sa congénère et camarade d'échappée, la Dauphinoise Jocelyne Hugi, qui précédait Catherine Marsal, première du peloton.
A l'étranger, on avait enregistré les victoires de Wilfried Nelissen (Belgique), Massimo Pondenzana (Italie), Jens Heppner (Allemagne), Felice Puttini (Suisse), Gaïnetdinov (Russie), Rooks (Pays-Bas) et Abraham Olano (Espagne). Ce dernier avait également remporté, une semaine auparavant, le championnat national contre la montre (trente-quatre kilomètres), première épreuve du genre, courue à Sabinanigo, près de Saragosse.

RISTORANTE
LA POSADA

MOTOROLA

GEWISS
ballan
GEWISS
ballan
SMS
GEWISS
64
ROSA
COLUMBUS
COLUMBUS

BERZIN, LE « ROSE » SANS ÉPINES

C'était le samedi 12 juin 1993, le Tour d'Italie tirait à sa fin. Ce jour-là, vingt-quatre heures avant l'arrivée à Milan, l'étape prenait fin devant le sanctuaire d'Oropa, à l'entrée du Val d'Aoste. Pour atteindre ce lieu, il faut gravir une rampe de neuf kilomètres passés, laquelle offre des dénivellations de l'ordre de 10 p. 100. Il en aurait fallu beaucoup plus, cependant, pour rendre au Giro finissant un semblant de suspense : Miguel Indurain, dominateur dans les épreuves contre la montre, était devenu inaccessible, la résignation écrasait les Italiens. Or, ce jour-là précisément, le Letton Piotr Ugrumov, son adversaire le plus proche au classement général, lui montra sa roue arrière, le reléguant à trente-six secondes et au dixième rang de l'étape.

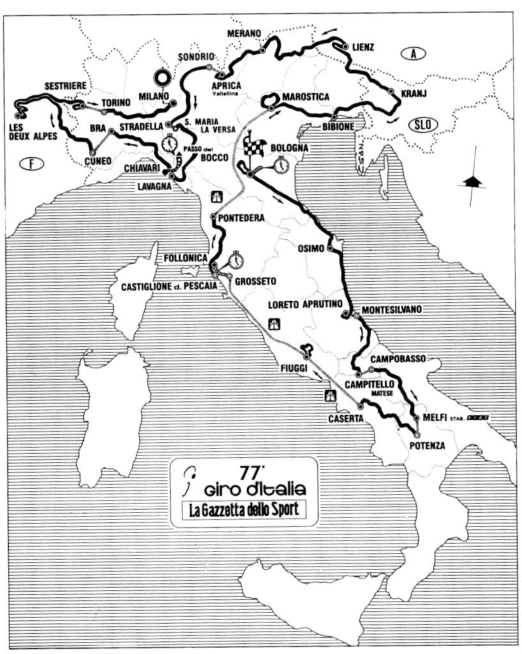

Les spectateurs avaient vu le Navarrais, soudain désuni, franchir péniblement les derniers kilomètres, dans l'incapacité de suivre, et Claudio Chiappucci, et Moreno Argentin, et Stephen Roche, et Pavel Tonkov, revenus de l'arrière ! Quelques semaines plus tard, Miguel Indurain gagnait le Tour de France pour la troisième fois consécutivement, non sans avoir marqué le pas dans les Pyrénées, et Cyrille Guimard, observateur attentif, avait conclu : « J'ai le sentiment qu'Indurain a franchi le sommet de sa parabole. Il entame maintenant son déclin athlétique, mais il reste encore assez fort pour battre les adversaires qui lui sont proposés. » Cette analyse n'était pas retenue seulement par Guimard, mais elle fut néanmoins récusée par une majorité, les supporters d'Indurain criant au crime de lèse-majesté. Pourtant, il aurait fallu se souvenir de ces épisodes, le 22 mai à Bologne, lors du départ du Tour d'Italie, mais on ne prête qu'aux riches et la *vox populi* destinait Indurain à un troisième triomphe. Pour lui, les choses commencèrent plutôt bien, avec la victoire d'Armand De Las Cuevas au prologue, victoire appréciable du point de vue psychologique, mais sans réel contenu stratégique. Dès le lendemain, Moreno Argentin s'empara du maillot rose à Osimo et, cette fois encore, Indurain jugea la situation excellente : l'équipe Gewis-Ballan allait défendre le paletot couleur bonbon et les candidats aux victoires ponctuelles participeraient également au contrôle

Dans la montée du col Agnel, à proximité de la frontière franco-italienne et non loin du mont Viso, Indurain suit mais n'attaque pas.

Banesto
Banesto
Nalini
Banesto
PINARELLO

de la course. Une configuration parfaitement orthodoxe, à laquelle il était habitué.
Deux jours plus tard, ce fut la première alerte sérieuse sur les pentes conduisant à Campitello Matese où Evgueni Berzin, se lançant dans une splendide contre-attaque, vint coiffer Oscar Pellicioli, repoussant Belli à dix-sept secondes et Indurain, classé onzième seulement, à quarante-cinq secondes. Le jeune Russe, compagnon de Moreno Argentin, s'assurait du maillot rose, avec une avance de 1 min 5 s sur l'Espagnol, celui-ci précédé de Bugno, Belli et De Las Cuevas. L'offensive de Berzin avait fait des dégâts : Mejia repoussé à 2 min 49 s, Richard à 3 min 59 s et Chiappucci à 4 min 56 s Ce dernier naviguait déjà à 5 min 43 s du nouveau Maillot rose ; et l'on avait observé que Moreno Argentin, au bas de Campitello Matese, s'était volontairement sacrifié en faveur de Berzin. Pour autant, Indurain ne s'inquiétait pas encore, spéculant sur l'épreuve contre la montre, Grosseto-Follonica, pour rétablir la situation et, peut-être, un peu mieux que cela encore. La vitalité de Berzin faisait merveille en ce début de Giro, mais il restait dans la peau d'un animateur, dont on pouvait craindre, eu égard à sa jeunesse, qu'il ne fléchît sur la distance.
Or, cette épreuve de vérité, survenant au huitième jour du Giro, allait tourner à la confusion d'Indurain, dominé sur son propre terrain par un athlète surdoué et rompu de longue date à l'effort solitaire. Il apparaissait que cet ancien champion du monde de poursuite chez les amateurs (1990, à Maebashi, Japon) avait su transférer sur la route les dons dont il avait usé avec réussite sur la piste. Sur les quarante-quatre kilomètres séparant Grosseto de Follonica, le long de la rive tyrrhénienne où soufflait un vent souvent défavorable, il pédala à 52,002 kilomètres de moyenne, précédant à l'arrivée De Las Cuevas de 1 min 16 s, Bugno de 1 min 41 s et Indurain de 2 min 34 s, vous avez bien lu ! Au classement général où De Las Cuevas occupait toujours la deuxième place, le Navarrais accusait 3 min 39 s de retard.
« Il n'a jamais été en mesure de rester dans son rythme habituel », notait José-Miguel Echevarri, son directeur sportif. « Par la faute d'une douleur au genou au début de la saison il a pris du retard dans sa préparation et il a été "court" face à un Berzin en état d'euphorie. »
L'explication paraissait un peu mince, dès lors que Lelli, un non-spécialiste, s'était classé cinquième, à cinq secondes seulement d'Indurain.
Celui-ci faisait état d'une allergie au pollen et voulait considérer cette faiblesse comme passagère :
« J'ai mal dormi ces derniers jours et j'ai souffert d'une légère poussée de fièvre, indiquait-il. Si je me remets assez rapidement, rien ne sera perdu. Les étapes de montagne seront terribles et les écarts de temps exceptionnels. Je ne pense pas que Berzin puisse tenir jusqu'au bout au régime qui est le sien actuellement, mais s'il y parvient, il aura gagné ! »
Lors des premières étapes, le rapide Endrio Leoni avait glané deux victoires, tirant bénéfice de la forme acquise au Tour d'Espagne, où il s'était incliné souvent devant Jalabert. Après l'épreuve de vérité, ce fut au tour du Tchèque Jan Svorada de gagner à deux reprises. Celui-ci allait, d'ailleurs, obtenir un troisième succès à Lavagna, dans le cours de la dernière semaine.
Auparavant, le Giro avait fait son entrée dans les Dolomites où se déroula le second mano a mano entre Berzin et

)ans la montagne, e Maillot rose et Pantani mposèrent oujours leur ythme, accompagnés ouvent par)e Las Cuevas.

Indurain. Car, ce jour-là, entre Merano et Aprica, après que la course eut franchi le Stelvio, le triple vainqueur du Tour de France décida de passer à l'action au col de Mortirolo. Pris de court, le Maillot rose engagea la poursuite avec un temps de retard et se trouva rapidement repoussé à plus de deux minutes. Les jambes de l'Espagnol « tournaient dans l'huile », son allure générale était somptueuse. Les témoins crurent que le Giro était en train de basculer, mais le Russe parvint à enrayer l'hémorragie des minutes dans un premier temps. Puis, il commença à résorber la brèche dans la montée de l'Aprica, en un moment où déclinait son adversaire. Dans le dernier col, le Valico di San Cristina, le fléchissement marqué d'Indurain s'identifia à un début de défaillance et Berzin, tournant de nouveau à plein régime, réduisit son retard sous le seuil des soixante secondes ! Il avait puisé dans son énergie pour résis-

Vingtième étape, Cuneo-Les Deux-Alpes, gagnée par Poulnikov devant le Colombien Rodriguez. Le Giro dans le décor grandiose de l'Izoard.

ter à l'assaut, menant à son terme une poursuite solitaire de cinquante-trois kilomètres : irréductible dans l'adversité, sa popularité grandissait en Italie, et son adversaire se posait de plus en plus de questions.
Dans cette bataille d'envergure, De Las Cuevas avait perdu du temps et Bugno s'était écroulé. On le disait aux prises avec des problèmes sentimentaux, dont la presse s'était emparée. Le professeur Conconi le jugeait très sévèrement : « Les tests auxquels Gianni s'était prêté avant le Giro étaient plus qu'excellents et il aurait dû réaliser de grandes choses. Malheureusement sa tête est ailleurs et il fait dix choses à la fois ! Quelle tristesse de voir un coureur pareil gâcher sa carrière de la sorte... »
Quant à Berzin, il prenait de l'assurance jour après jour, lançant aux journalistes : « Je suis tout neuf et j'attends celui qui me fera trébucher ! »
Les deux étapes dolomitiques, Lienz-Merano et Merano-Aprica, avaient révélé au public un grimpeur de talent, le chauve mais néanmoins jeune Marco Pantani. Un escaladeur rappelant les grands du passé, Gaul, Bahamontes, Jimenez, Massignan, Fuente, et par la violence de ses accélérations en côte, et par sa capacité à prolonger son action pour la transformer en un raid victorieux. Pour ce Romagnol de gabarit léger, au coup de pédale à la fois onctueux et incisif, chacune des deux étapes des Dolomites fut l'occasion d'une magnifique démonstration de force transformée en victoire. Il se rapprochait considérablement au classement général et devenait le challenger du Maillot jaune, à égalité de chances théoriques avec Indurain, nettement distancé.
Mais ce dernier serait à nouveau dominé soixante-douze heures plus

tard, dans l'épreuve contre la montre Chiavari-Passo del Bocco : 17,5 km sur une route plane et légèrement montante ; ensuite, les 13,7 km conduisant au Passo di Monte Ghiffi, ce secteur présentant des passages à 16 p. 100 ; enfin, 3,8 km d'un parcours varié pour gagner le Passo des Bosco, face nord. Un tracé difficultueux, mais ne désavantageant ni les grimpeurs capables de s'exprimer sur le plat, ni les rouleurs de talent, susceptibles de s'illustrer ailleurs que dans la plaine. C'est le cas d'Indurain et de Berzin précisément. Pour Indurain, ce fut à nouveau l'échec, bien qu'il se fût montré très supérieur à ce qu'il avait été à Follonica, dix jours auparavant. Premier : Berzin ; deuxième : Indurain, à 20 secondes ; troisième : Pantani, à 1 min 37 s et quatrième : De Las Cuevas – retardé par une chute –, à 2 min 4 s. Au classement général, Berzin précédait Pantani de 2 min 55 s, Indurain de 3 min 23 s, Bugno de 7 min 15 s et De Las Cuevas de 7 min 16 s.

Il restait encore les deux étapes alpestres pour offrir une dernière opportunité à Pantani et Indurain, le jeune Italien (vingt-quatre ans) étant devenu plus dangereux apparemment que le champion espagnol : Cuneo-Les-Deux-Alpes, par les cols Agnel et d'Izoard, et Les Deux-Alpes-Sestrière, par les cols du Lautaret, de Montgenèvre et la montée de Sestrière à gravir deux fois. Au col Agnel, Pantani tenta un baroud d'honneur mais le vent contraire le condamna après la descente de l'Izoard et la traversée de Briançon. Un instant repoussé à plus de deux minutes, de même qu'Indurain, Berzin avait reçu l'aide d'un Moreno Argentin éblouissant dans son rôle d'équipier accidentel. A l'approche des Deux-Alpes, enfin, Indurain tenta de surprendre Berzin à deux reprises, mais celui-ci était aux aguets et il répliqua sans problème.

Le lendemain, les trois protagonistes principaux restèrent sans initiative. La neige fondue tombait sur la Meije et le Briançonnais, un temps qu'Indurain apprécie très modérément. Ce fut pour Pascal Richard l'occasion de gagner son étape et d'assurer la victoire au Grand Prix de la Montagne, alors que Pantani s'était rapproché à deux points la veille. A nouveau, Bugno plongeait dans les profondeurs, son retard au général dépassant le quart d'heure ; et De Las Cuevas, handicapé par ses blessures, était tombé au huitième rang.

En battant Berzin et Indurain lors de la première épreuve contre la montre à Bologne (7 km), Armand De Las Cuevas s'était emparé du Maillot rose à titre provisoire.

Il n'empêche que Miguel Indurain, dans l'incapacité de forcer Berzin dans les Alpes, n'en avait pas moins produit une fort belle impression dans la montée des Deux-Alpes. Il connaissait l'échec dans un grand Tour pour la première fois depuis quatre ans, mais ne s'était visiblement pas ruiné la santé : mauvaise passe ou début de l'irréversible déclin ? Présent aux Deux-Alpes, Jean-Marie Leblanc se réjouissait : le proche Tour de France aurait à trancher !

L'affirmation d'un personnage

Agé de vingt-quatre ans, Evgueni Berzin a porté le Maillot rose durant dix-neuf jours et il s'est inscrit parmi les plus jeunes vainqueurs d'un grand Tour national, Laurent Fignon ayant gagné le Tour de France à vingt-trois ans. Son affirmation dans les courses par étapes aura été extrêmement rapide, c'est là le signe des athlètes de race. Dans les cols, il avait révélé des qualités jusque-là ignorées, mais il ne fallait point trop s'en étonner : les grands poursuiteurs s'accommodent toujours bien de la montagne, pour autant que leur poids et leur gabarit ne leur infligent pas un handicap insurmontable, et c'est son cas.
Durant le Giro s'était également affirmée sa personnalité, celle-ci encore mal définie après sa victoire à Liège-Bastogne-Liège. A certaines heures disponible et souriant, il peut devenir cassant devant l'importun. Il est vrai que les journalistes italiens l'ont souvent assailli, le portant aux nues et rameutant autour de sa personne la colonie bruyante et envahissante des tifosi. Lesquels l'ont d'ailleurs conspué à Passo del Bocco, parce qu'il venait de battre Marco Pantani !
Pour le reste, il s'est parfaitement adapté aux emportements de la Péninsule, déclarant tout à trac : « Je suis un battant, comme Berlusconi ! », ou bien encore : « J'en ai assez des interviews ! » Il faut dire que, la veille, les commissaires lui avaient infligé une amende parce qu'il avait reçu la presse avant de se rendre au contrôle antidopage !
Adopté par l'Italie, les tifosi l'appellent Eugenio plutôt qu'Evgueni, et des démarches furent engagées illico afin de lui donner la nationalité italienne. Interrogé à ce sujet, il répondait : « Pourquoi pas ? » Durant la seconde partie du Giro, il fut approché plusieurs fois par les recruteurs d'autres équipes et les écouta d'une oreille attentive, bien qu'étant lié pour un an encore avec la Gewis-Ballan d'Emmanuele Bombini. Des rumeurs circulèrent, selon lesquelles il avait signé plusieurs pré-contrats, envisageant même de payer personnellement une indemnité à son équipe s'il décidait de partir. Des sommes exorbitantes étaient avancées. Berzin n'intervint jamais : pas de confirmation, mais pas de démenti non plus ! De sorte que les rapports avec Bombini s'étaient singulièrement détériorés à la fin du Giro, Moreno Argentin le mettant en garde face aux tentations :
« Berzin a certainement l'étoffe d'un grand coureur, mais il ne doit pas oublier qu'une équipe homogène lui sera indispensable pour confirmer. C'est-à-dire un groupe d'amis sélectionnés avec compétence et bien articulé autour de lui. Or, l'équipe Gewis-Ballan est la plus forte du monde actuellement. Elle le sera encore l'an prochain. A sa place, je réfléchirais... »
Nous en étions là, le dimanche 12 juin.

Avec le concours de Stephens Neil, l'équipier de choc, Laurent Dufaux (n° 1) contrôle Thierry Claveyrolat et l'Espagnol Garcia Camacho dans la montée du Revard.

CRITÉRIUM DU DAUPHINÉ-LIBÉRÉ

LAURENT DUFAUX BIS

Les uns étaient engagés au Tour d'Italie ; d'autres cultivaient le globule rouge dans les montagnes du Colorado, tels Rominger, Müller, Jalabert, Breukink, Zülle ; d'autres encore se dispersaient dans des épreuves de second ordre ; et Lance Armstrong, le champion du monde, s'était rendu invisible ! De sorte que Thierry Cazeneuve, l'organisateur du Dauphiné, cédait à la colère et réclamait avec force un réajustement du calendrier international : « La concurrence du Giro nous gêne évidemment mais, depuis quarante-sept ans, nous avons eu le temps de nous y habituer et de nous adapter ! Aujourd'hui, c'est autre chose, nous venons d'entrer dans l'ère du n'importe quoi ! Des équipes complètes sont en vacances, alors que nous parvenons au cœur de la saison ! Le champion du monde se repose et un garçon comme Luc Leblanc, engagé au Tour des Asturies, motive son absence au Dauphiné en disant qu'il souhaite se soustraire à la pression des médias français ! Là, je crois rêver. » Il n'ignorait pas, Thierry Cazeneuve, que le report du Tour d'Espagne en septembre élargirait son horizon l'an prochain, mais il n'en pestait pas moins contre le « laxisme de certains directeurs sportifs notoirement à la remorque de leur coureur-vedette » et il déplorait cette « absence de culture cycliste » qui conduit trop souvent les responsables d'équipes à placer sur le même plan les épreuves-tests reconnues de longue

En Angleterre, où Jane Birkin s'était jointe au Tour, les foules du Kent et de l'East-Sussex ont réservé aux concurrents et à leurs accompagnateurs un accueil extraordinairement chaleureux : on reviendra, c'est promis !

Banesto
Banesto
Banesto
PINARELLO

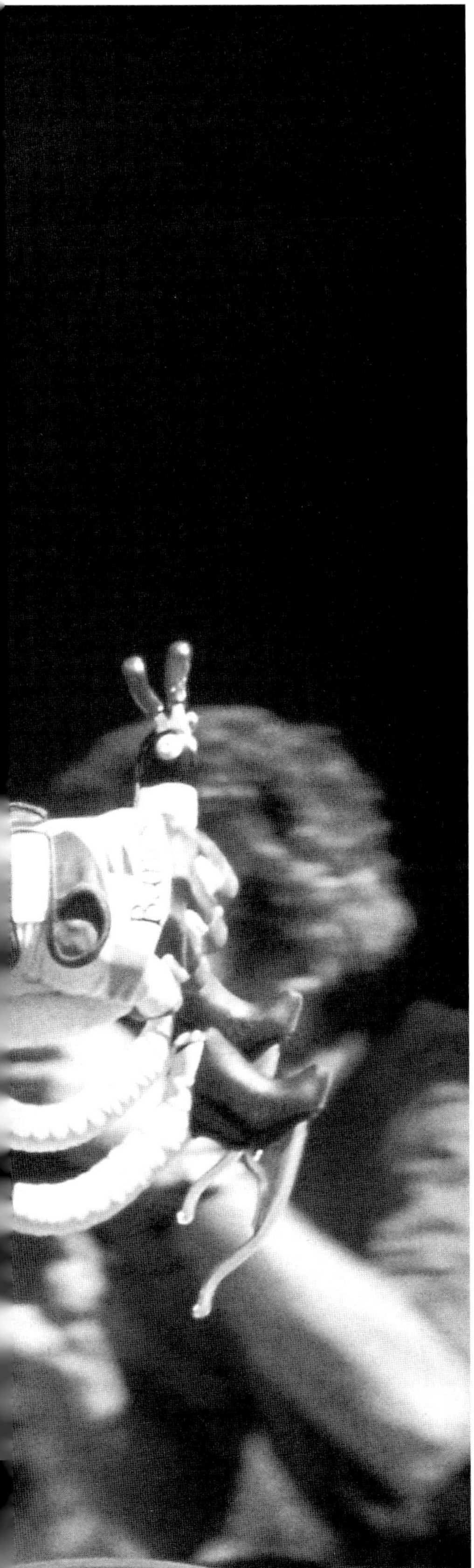

Style habituel et efficacité totale pour Miguel Indurain, encore dominateur entre Périgueux et Bergerac.

survient lorsque les organismes accusent la fatigue et que les concurrents boivent trop frais et trop abondamment. Alors commença son calvaire : incapable d'accompagner Indurain, Leblanc, Virenque, De Las Cuevas, Tonkov, Ugrumov et tant d'autres dans la montée initiale d'Hautacam, la veille du jour de repos, il lâcha encore 2 min 21 s. Moins que Chiappucci, sans doute, celui-ci vomissant et repoussé à près de 24 minutes – alors que Boardman venait d'abandonner –, mais beaucoup trop néanmoins pour être à même de persister dans son rêve élyséen.

La dégringolade allait tout naturellement s'accélérer au cours de la grande et incandescente étape des Pyrénées, les 8 derniers kilomètres de la montée vers Luz-Ardiden le rejetant à près de 12 minutes de Richard Virenque, le vainqueur, mais également à plus de 3 minutes du Maillot jaune. Certes, il occupait toujours la 2e place au classement général, mais son retard passait à près de 8 minutes ; en outre, rien n'annonçait une amélioration de son état général, bien au contraire. Et, le lendemain, il abandonnait à bout de forces, au kilomètre 183 de l'étape Bagnères-Albi, gagnée par le Danois Bjärne Rijs, et faisait de l'équipe Mapei-Clas un groupe d'orphelins.

La chaleur languedocienne, ajoutée aux fortes moyennes réalisées chaque jour depuis Lille, ruinait les organismes et conduisait les plus vulnérables au découragement. De sorte que dix-huit concurrents allaient quitter la course entre Castres et Montpellier, parmi lesquels, lisez bien : Jacky Durand, admirable vainqueur à Cahors, cinq jours plus tôt ; Tonkov ; Madouas ; Scirea et Capelle. Ce matin-là, Bugno, Sierra et Edwig Van Hooydonck n'avaient pas pris le départ.

Nalini

Il fallait un homme de caractère pour relancer la course dans la canicule, entre Bergerac et Cahors, au lendemain du raid somptueux d'Indurain contre la montre. Ce fut le champion de France Jacky Durand, l'un des grands animateurs de la première partie du Tour.

Banesto

On ne gagne jamais le Tour sans une équipe dévouée et, si le pape a ses gardes suisses, Miguel Indurain a ses « Suisses » français : Jean-François Bernard (à gauche) et Gérard Rué, (ci-dessus), qui ont œuvré jour après jour pour la réussite du champion navarrais, neutralisant l'opposition durant les étapes de plaine et assurant le rythme dans la montagne. Dans cette double et très difficile fonction, ils collaboraient avec Gonzalez-Arrieta, Jose-Ramon Uriarte, Melchior Mauri, Vicente Aparicio et Erwin Nijboer.

Un Virenque pétillant mais en état de surchauffe.

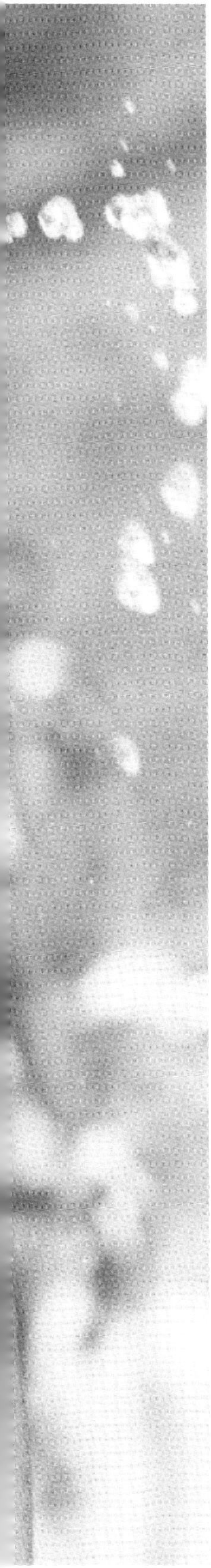

Pour avoir mal calculé sa trajectoire dans la descente du Ventoux, Indurain faillit plonger dans le ravin, cela sous l'œil de Conti, dossard 72 : dans le Tour, le danger est partout.

répondaient à toutes les sollicitations. Déjà, De Las Cuevas allait déclinant, souffrant d'un début de bronchite. Il suivrait le Maillot jaune à l'énergie au Ventoux, mais céderait du temps dans la montée d'Alpe-d'Huez, le lendemain. Puis, ce serait l'effondrement sans rémission dans le cours de la grande étape alpestre Bourg-d'Oisans-Val-Thorens, par les cols du Glandon et de la Madeleine : 20 minutes de retard à l'arrivée, une fièvre de cheval, bref, l'obligation de renoncer. Ce jour-là, 68 concurrents arrivés hors les délais furent repêchés, parmi lesquels Abdoujaparov, porteur du maillot vert.

Mais, ce jour-là également, Ugrumov – battu par le Colombien Sierra à l'arrivée – avait réalisé un raid magnifique, aidé longtemps par l'obstiné Bjärne Rijs ; enfin, Marco Pantani s'était classé bon troisième de l'étape, après avoir failli abandonner pour s'être blessé au genou lors d'une chute au col du Glandon. Un Pantani superbe, pas toujours bien inspiré dans ses options tactiques, mais qui n'en confirmait pas moins avec éclat ses exceptionnels talents d'escaladeur, déjà entrevus au Giro et dans les Pyrénées. Ce jour-là encore, Pantani avait ravi à Luc Leblanc la 3e place au classement général, Richard Virenque occupant le second poste et défendant bec et ongles le maillot blanc à pois rouges des grimpeurs.

La spectaculaire remontée de Piotr Ugrumov ne faisait que commencer et nous sûmes dès le lendemain, entre Moûtiers et Cluses par les cols du Marais, de la Croix-Fry et de la Colombière, que les chances de voir Virenque et Leblanc monter sur le podium aux Champs-Elysées étaient en train de s'estomper. L'attaque du Letton au col de la Croix-Fry, à cinquante-deux kilomètres du but, condamna tout d'abord Kasputis et Breukink, échappés un peu plus tôt. De même fut enrayée une contre-offensive solitaire de Pascal Lino. Les Festina se battaient avec ardeur,

ON S'ENGAGE
champion
A FOND
LE TOUR
FESTINA
FESTINA

Dans la montée du Ventoux, Indurain et Virenque devant De Las Cuevas et Conti. À l'arrière-plan, Pascal Lino.

mais la lutte devenait sévère. A l'arrivée, Ugrumov avait repris 2 min 39 s à Indurain et Virenque, 3 min 13 s à Pantani, distancé dans l'ultime descente, et 3 min 30 s à Leblanc, retardé par un saut de chaîne et une crevaison, lequel perdait encore une place au classement général. Il était dit que Piotr Ugrumov serait le grand vainqueur de la traversée des Alpes, Marco Pantani lui tenant lieu de dauphin. Car il se disposait à réaliser encore, et pour la troisième fois en trois jours, une performance de grande envergure, dans le cadre de l'épreuve contre la montre en montagne, Cluses-Morzine-Avoriaz (47,5 kilomètres), par la côte de Chatillon et la rampe de seize kilomètres qui conduit de Morzine à Avoriaz : 1er Ugrumov ; 2e Pantani, à

Ci-dessus : *un incident mécanique au col de la Colombière coûtera un temps précieux à Leblanc (Moutiers-Cluses, 18e étape). Devant lui, avec près d'une minute d'avance, Indurain contrôle Virenque, alors second au classement général (à gauche).*

)u jamais vu : ·inq coureurs ·chappés aux Champs-Élysées, qui résistent usqu'au bout à la poursuite du peloton : Eddy Seigneur, Arturas Kasputis, Jorg Müller, Bo Hamburger et Frankie Andreu. Seigneur offrira, n extremis, une quatrième victoire l'étape à l'effectif rançais.

1 min 38 s ; 3e Indurain, à 3 min 16 s ! Suivaient Leblanc, 4e, à 3 min 50 s ; Mottet, 5e, à 4 min 12 s… et Virenque, 18e, à 6 min 4 s. Ce dernier conservait la première place au Grand Prix de la montagne, mais il abandonnait à Ugrumov le premier accessit au classement général et tombait à la 4e place, derrière Leblanc. Le classement définitif était établi : Miguel Indurain gagnait son quatrième Tour de France d'affilée, comme Jacques Anquetil (1961-1962-1963-1964) et Eddy Merckx (1969-1970-1971-1972), avec 5 min 39 s d'avance sur Ugrumov. Enfin, pour la cinquième année consécutive, aucun Français ne gravirait le podium à Paris.

Ainsi, nous retombions, à quelques nuances près, dans un scénario identique à celui de l'année précédente, avec un Indurain dominateur lors de la première épreuve contre la montre, excellent colmateur dans les cols, parfaitement homogène dans la distribution de ses efforts, mais jamais vainqueur d'une étape en ligne significative et largement battu dans l'ultime épreuve de vérité, courue en montagne. Sans doute n'était-il pas surmotivé, dès lors que son avance sur le deuxième au classement général approchait les sept minutes et demie, mais, sur les trois minutes passées perdues au sommet d'Avoriaz, quelle aura été la part de la sous-motivation et celle d'une infériorité athlétique ponctuelle face à Ugrumov ?

Un beau sujet de débat dans la perspective du Tour 1995.

Un début de journée sous les ombrages (ci-dessus) *avant l'éclatante lumière du mont Ventoux* (à gauche).

Marco Pantani en recherche de vitesse, l'abdomen en appui sur la selle et… les fesses dans le vide : un exercice à déconseiller aux débutants !

CARRERA

Boardman et Abdoujaparov avaient sorti le turbo !

Le samedi 2 juillet, à Lille, Chris Boardman parcourut les 7,2 km du prologue à 55,152 km/h de moyenne horaire, rejetant Indurain à quinze secondes et Tony Rominger à dix-neuf secondes : le Tour démarrait sur les chapeaux de roues.

Il n'a pas accompli la totalité du périple et s'est arrêté alors que les contours brumeux d'Hautacam se profilaient dans le lointain horizon. C'est-à-dire dans le cours de la onzième étape. Ceux qui souhaiteraient le voir évoluer demain au diapason des plus grands lui ont d'ailleurs reproché cet abandon, selon eux prématuré. Il eut, sans doute, été bon que Chris Boardman passât au moins les Pyrénées, et cela à n'importe quel rang, en sorte de conserver des images et des sensations pour l'an prochain. A la vérité, il n'en avait plus les moyens, ayant jeté ce qui lui restait d'influx dans l'épreuve contre la montre Périgueux-Bergerac, où il s'était classé 5e.

Boardman avait interprété sa performance comme un échec, ayant accumulé près de cinq minutes et demie de retard sur Indurain, lui, un ex-recordman du monde de l'heure ! C'était oublier qu'il n'était qu'un débutant, tout à la fois néophyte chez les professionnels et dans le Tour ; oublier que le métier de coureur professionnel est toujours une longue patience ; oublier, enfin, que la course venait

:ncore un sprint
ɩouleux à
3oulogne-sur-Mer
ɔù le Maillot vert
ɔroteste contre
ɩn adversaire non
dentifié, tandis
ɥue Olaf Ludwig
ɩttaque sur
·a gauche.
.a victoire sera
ɔour Van Poppel

d'évoluer à une moyenne très élevée, dix jours durant. Autrement dit, beaucoup trop de duretés pour un jeune champion qui, l'an passé encore, se produisait presque exclusivement sur la piste. L'école de la souffrance n'épargne jamais personne dans le Tour, même pas un ancien champion du monde de poursuite, et il faut s'y soumettre si l'on veut apprendre, et progresser, et durer.

Il reste que Chris Boardman s'était comporté avec un rare brio durant les premiers jours, ayant réalisé la moyenne époustouflante de 55,152 kilomètres sur 7,2 kilomètres, à Lille. Jamais un prologue n'avait été couru aussi rapidement et, ce jour-là, l'Anglais de Roger Legeay avait coupé la ligne avant un Luc Leblanc parti une minute avant. Puis il donna une formidable impulsion à son groupe durant l'épreuve par équipes, qui lui coûta néanmoins le Maillot jaune. Bref, on souhaiterait un pareil début à tous les néophytes ! L'autre coureur-turbo, Djamolidine Abdoujaparov, avait, quant à lui, ramené pour la troisième fois le maillot vert du classement par points : deux étapes gagnées (Armentières, Lac Saint-Point) ; deux places de deuxième (Rennes, Futuroscope), et toujours des places parmi les premiers arrivants, sauf en haute montagne. Il faisait partie du peloton des soixante-huit éliminés à Val-Thorens, ces derniers repêchés par le jury international. Une décision qui provoqua la colère de Silvio Martinello, adversaire direct de l'Ousbek et son Dauphin aux Champs-Élysées. Le Maillot vert s'était laissé gagner par la léthargie du « gruppetto » des attardés, mais son métier lui avait permis de comprendre que l'on n'éliminerait pas un aussi grand nombre de concurrents, alors qu'il fallait encore assurer le spectacle aux Champs-Élysées ! Au reste, nous l'avions vu batailler souvent avec opiniâtreté durant certaines étapes de montagne, dans les descentes et dans les vallées, afin de se donner quelque avance au pied des cols et préserver ainsi son classement final. En l'absence de Frédéric Moncassin et de Wilfried Nelissen, il fut bien le meilleur parmi les seuls routiers-sprinters qui parvinrent à tirer leur épingle du jeu, Martinello, Svorada et Bortolami.

DE LAS CUEVAS EN CHAMPION

Avec Bernard Quilfen, l'agent de renseignements.

Avant son succès « espagnol et dans le cour de la saison 1994 De Las Cueva avait remporté Paris-Camembert le prologue du Tour de Romandie la première étape contre la montre du Tour d'Italie e le Tour de Burgo (deux étape victorieuses,

Un Français vainqueur d'une épreuve de la Coupe du monde, l'événement ne s'est pas produit si souvent. Surtout dans le cours d'une année où les Italiens insatiables et les ressortissants des anciens pays de l'Est ont entrepris d'asservir ensemble le peloton. Tout cela pour dire combien fut apprécié le succès obtenu par Armand De Las Cuevas à la Clasica San Sebastian. Organisée au Pays basque espagnol depuis 1981, l'épreuve ne jouit sans doute pas du prestige que l'on accorde, par exemple, à Milan-San Remo, au Tour des Flandres et à Paris-Roubaix, mais elle n'en recèle pas moins de très respectables difficultés et motive les meilleurs à l'approche du Championnat du monde. A son palmarès, Marino Lejarreta, Claude Criquielion, Adri Van der Poel, Miguel Indurain, Gianni Bugno, Raul Alcala, Claudio Chiappucci, bref, du beau monde !

A dire vrai, cette victoire opportune d'Armand De Las Cuevas ne fut pas une surprise dans la mesure où elle était attendue, espérée en tout cas. Le Bordelais venait de s'imposer avec aisance

au Tour de Burgos, où il avait gagné deux étapes, s'étant dégagé chaque fois dans la montagne, et tout le monde savait qu'il s'était présenté au départ porteur de grandes ambitions. Il désirait démontrer que son abandon durant le Tour de France, alors qu'il occupait une place de choix au classement général, relevait d'une forte bronchite et non point d'un quelconque fléchissement psychologique, ainsi que cela avait été suggéré. De plus, il savait qu'un exploit lui assurerait le poste de leader dans l'équipe de France au Championnat du monde. Or, Armand De Las Cuevas, s'il est un garçon secret, certains jours insaisissable, reste un exemple pour ce qui est de programmer sa préparation et d'atteindre à son meilleur rendement au jour nommé.

Son démarrage au bas de l'Alto Jaizkibel, à trente-neuf kilomètres de l'arrivée, fut un modèle du genre et ses dix-sept accompagnateurs restèrent sur place. Seuls Poulnikov et Sunderland avaient tenté de le suivre, très brièvement d'ailleurs. On trouvait également dans ce groupe Bobrik, Den Bakker, Virenque, Tchmil, Hölm, Sörensen, Bartoli, Gotti, Elli, Chiappucci, Armstrong, Dufaux, Ghirotto, Heppner et Cubino. Dans la canicule régnant au Pays basque, ils allaient tous déclinant, l'Alto Jaizkibel – qui n'est pas une amusette en raison de ses pourcentages – leur paraissant aussi difficultueux que le Tourmalet lui-même !

En ces instants cruciaux, le « gros calibre » de Cyrille Guimard et Bernard Quilfen puisa largement dans son énergie, nez au ras du guidon, lunettes sur son front dégarni, un rictus de souffrance témoignant de l'intensité de son effort : « Je savais que si je parvenais à franchir le sommet une minute avant les autres, ils ne me rejoindraient plus », déclara-t-il après l'arrivée. Au sommet du piton, son avance était de cinquante-huit secondes et il franchit la ligne près de deux minutes avant Armstrong et Della Santa, lesquels s'étaient dégagés dans la descente.

Une précision encore : la course, lancée très tôt par Stenersen, Richard, Virenque, Pulnikov, Bortolami, Indurain et quelques autres, s'était déroulée à 43,975 km/h de moyenne !

LA LIBÉRATION DE BORTOLAMI

C'est bien connu, le malheur des uns fait souvent le bonheur des autres ! S'il est aujourd'hui un homme, un coureur cycliste, pour témoigner de cette obsédante réalité, c'est bien Gianluca Bortolami, vainqueur de la Leeds International Classic au terme de sa vingt-cinquième année. Jusqu'en 1993, ce Lombard rapide aux arrivées, mais également capable de s'extraire d'un groupe dans les derniers kilomètres, avait sacrifié l'essentiel de son talent au profit de Maurizio Fondriest, son leader. Et, quand d'aventure l'ancien champion du monde n'était pas en mesure de gagner, il se mettait aussitôt au service d'Abdoujaparov, le routier-sprinter de l'équipe Lampre. Un peu las de jouer les faire-valoir, Bortolami émigra chez Mapei-Clas au seuil de la présente saison. Là, il aurait pour mission d'aider Tony Rominger dans les principales épreuves par étapes, mais il jouirait d'une plus large liberté d'action partout ailleurs. Cette liberté de mouvement, à laquelle il aspirait depuis son passage chez les professionnels, en 1990, allait lui permettre de gagner à Rennes, durant le Tour de France, où il ratait pour une petite seconde le maillot jaune conquis par Sean Yates ! Sur ce, Rominger avait connu les ennuis que l'on sait, qui le condamnèrent à l'abandon après le franchissement des Pyrénées. Dès lors, Bortolami assuma totalement sa destinée, terminant au douzième rang à Paris et quatrième au classement par points : ainsi venait de naître un nouveau coureur.

A la Leeds International Classic, septième épreuve de la Coupe du monde, organisée par l'Angleterre, il fallait être costaud, et très impétueux, pour s'évader, à douze kilomètres de l'arrivée, d'un groupe de onze rescapés, dont Sciandri et Vanzella (GB-MG), Swart et Andreu (Motorola), Ghirotto (ZG), Faresin (Lampre), Hamburger (TVM), Ekimov (WordPerfect), Heppner (Telekom) et Dufaux (Once). Jusque-là, l'épreuve avait donné lieu à une succession de chassés-croisés, le vent et les deux escalades du Holme Moss ayant éparpillé l'effectif. Un seul Français, Ronan Pensec, restait présent dans un second groupe au côté de Skibby, Yates, Aldag, Gianetti, Axel Merckx, Tchmil, Museeuw et Armstrong, ces trois derniers s'épiant l'un l'autre. Il restait huit kilomètres à parcourir quand Viatcheslav Ekimov, le poursuiteur type, rejoignit Gianluca Bortolami. La menace du groupe de chasse restant très pres-

sante, les deux attaquants décidèrent tout naturellement de collaborer jusqu'à la flamme du dernier kilomètre, après quoi prévalut la rapidité de l'Italien.
Cette belle épreuve avait réuni une participation honnête, sans plus, mais elle avait été en grande partie hypothéquée par la rivalité aiguë de Tchmil, leader de la Coupe du monde, Museeuw et Armstrong, tous trois intéressés par la victoire finale. Le vainqueur de Paris-Roubaix avait pour seul objectif de neutraliser le Belge et l'Américain, autrement dit de favoriser l'action des tiers. De sorte qu'aucun des cinq premiers de la Coupe du monde ne parvint à marquer un seul point : la Leeds International Classic venait de mettre en évidence l'aspect négatif de la compétition mondiale.
A Palerme, les pistards sélectionnés pour les Championnats du monde s'apprêtaient pour les premiers affrontements.

CHAMPIONNAT DE ZURICH

LA RÉCIDIVE

Une semaine après qu'il eut gagné la Leeds International Classic, Giancarlo Bortolami récidiva au Championnat de Zurich, huitième épreuve de la Coupe du monde. En Angleterre, il avait battu au sprint Viatcheslav Ekimov, son unique compagnon d'échappée ; à Zurich, il allait disposer d'une vingtaine de concurrents, dont Museeuw, Fondriest, Chiappucci et Rijs, les mieux placés derrière lui. Pour la circonstance, l'arrivée étant jugée au vélodrome d'Oerlikon, le meilleur Italien du moment exploita sa parfaite connaissance de la piste, lui qui fut vice-champion du monde de la poursuite chez les juniors. En effet, quand Museeuw, attaqué par Fondriest sur sa droite, s'écarta légèrement pour gêner son adversaire, Bortolami s'engagea délibérément à la corde, comme le faisait jadis son compatriote le sprinter Turrini. Au passage sur la ligne, il s'était donné une avance de trente centimètres environ.

Il devait toutefois une part de sa nouvelle victoire à Tony Rominger, lequel s'était dévoué pour mener à son terme une longue poursuite derrière l'Italien Roscioli et l'Espagnol Ahedo, ce « tandem » qui avait compté jusqu'à vingt minutes d'avance après la mi-parcours. Par la suite, les Gewis-Ballan avaient encore accéléré, Pascal Richard s'étant chargé de bien placer Museeuw avant l'entrée sur la piste. Le rythme imposé dans les rampes avait provoqué de très nombreux lâchages, interdisant par ailleurs la formation d'une échappée durant les cinquante derniers kilomètres. Dans le groupe de tête figuraient, outre les premiers classés, Armstrong, Cenghialta, Casagrande, Bugno, Sörensen, Colage, Roux, Lino, Pensec et Leblanc, dont on reparlerait bientôt. Au soir de ce Championnat de Zurich, Tony Rominger annonçait qu'il ne participerait pas au Championnat du monde, jugeant sa condition physique insuffisante.

Après qu'il eut répondu du tac au tac aux démarrages de Chiappucci et Sörensen, Luc Leblanc condamna Ghirotto et s'en fut vers la victoire. Cette dernière consacrait la supériorité collective de l'équipe de France.

N.I.
SMS
99

À gauche : *Florian Rousseau dans la lignée des plus grands.*

À droite : *deux manches suffirent à Colas-Magné pour battre les très redoutables Allemands Raash-Glucklich.*

À gauche : *Boardman ou l'incarnation du poursuiteur-type.*

Ci-dessous : *Marion Clignet a repris le flambeau lâché par Jeannie Longo.*

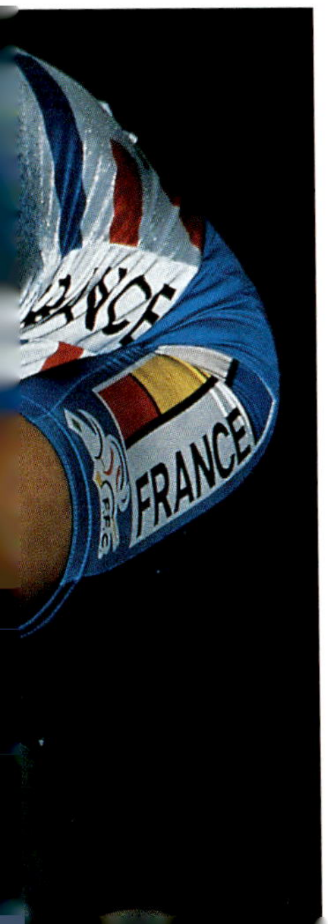

À gauche : l'Américain Martin Nothstein est un superbe athlète : 1,90 m, 80 kilos. Il a mis un terme à l'hégémonie des sprinters allemands.

des relais ; aucun fléchissement en cours de route ; aucune faiblesse individuelle sur la fin. Un sans-faute réalisé à 51,93 km/h de moyenne, dans la canicule et en dépit du vent de la mer qui soufflait sans relâche !
Derrière ces « invincibles », les Allemands et les Français s'étaient entrebattus avec âpreté dans la perspective d'une médaille d'argent. Les premiers conservèrent longtemps l'avantage, mais les tricolores, Bozzi, Christian Moreau, Deramé et Auti, allaient réaliser une fin de course éblouissante pour arracher le premier accessit avec une avance de treize secondes. Ils avaient terminé au complet, alors que les Suédois, classés troisièmes, avaient perdu un élément durant les ultimes kilomètres.
L'an prochain, cette belle épreuve n'aura pas lieu, sacrifiée sur l'autel des prochains J. O. d'Atlanta et au profit d'on ne sait plus exactement quelle spécialité mineure !
Il reste à souhaiter que le bon sens revienne vite aux responsables de ce très mauvais coup porté au cyclisme !

PISTE

KILOMÈTRE

SIGNÉ ROUSSEAU

Il est incontestablement de la lignée des grands spécialistes du kilomètre, les Lothar Thoms, Sergeiev Kopylov, Jens Glucklich, Maik Malchov, Aleks Kiritchenko, tous ces maîtres de la spécialité aux temps pas si lointains où les pays de l'Est cumulaient outrageusement les titres mondiaux. Au vrai, il est mieux que cela encore, dans la mesure où il dispose d'une évidente marge de perfectibilité, son talent chaque jour cultivé devant lui permettre de s'exprimer demain, avec un égal succès, dans les tournois de vitesse pure. Bref, Florian Rousseau, c'est un pur diamant de la piste, un « monstre » redoutable dans la compétition, qui s'est acquis l'admiration de Daniel Morelon, c'est tout dire. Celle, aussi, de Gérard Quityn, son entraîneur, lequel se réjouit de disposer, ainsi, d'un athlète naturel de fort calibre, capable de supporter les lourdes charges de travail imposées, un garçon tout à la fois réceptif aux conseils, appliqué dans la répétition des durs efforts quotidiens et à la tête suffisamment bien faite pour résister aux multiples tentations de la gloire.
Un sujet d'élite, en somme.
Sur la piste de Palerme, il n'évoluait pas dans des conditions idéales, ses adversaires non plus, d'ailleurs, le revêtement inégal de la piste provoquant des vibrations à grande vitesse. De plus, on l'attendait au tournant, après son succès au championnat junior de la spécialité en 1992, et sa victoire chez les seniors, l'an passé à Hammar (Norvège) : le dompteur serait-il, cette fois, dévoré cru ? Avant qu'il ne monte en piste, il savait déjà, compte tenu de la qualité moyenne de l'anneau palermitain, que le record de Malchow (1 min 2 s 91, réalisé à Colorado Springs) ne lui serait pas accessible. Sa motivation n'en était pas moindre pour autant, car il était là essentiellement pour conquérir la médaille d'or.
Quand il se présenta sur la ligne de départ, casqué et moulé dans une combinaison collante, sur le coup de 23 heures, l'Américain Erin Hartwel venait de réaliser une performance de

très haut niveau, eu égard aux conditions extérieures : 1 min 3 s 795. Alors, il rassembla toute son énergie, mémorisant une dernière fois la course à venir et dominant son extrême tension. Ce fut un kilomètre d'anthologie, un kilomètre d'enfer, mais un kilomètre de rêve pour les témoins. Son temps : 1 min 3 s 163. Il battait l'Américain de 632 millièmes de seconde, ce dernier précédant de 49 millièmes l'Australien Shane Kelly !
L'exploit accompli, il fut contraint de s'asseoir sur la première marche du podium, à cet instant inutilisé, le souffle court et « la tête prise dans un étau », selon sa propre expression.
Mais, déjà, il était prêt à recommencer l'an prochain.

PISTE

POURSUITE

EN UN COMBAT FRATRICIDE

D'un côté de la piste, Chris Boardman, troisième l'an passé derrière Graham Obree et Philippe Ermenault ; de l'autre, Francis Moreau, champion de la spécialité en 1991. Tous deux membres de l'équipe Gan et commensaux durant le dernier Tour de France. Le premier avait éliminé l'Espagnol Martinez en quart de finale et l'Allemand Lehmann en demi-finale. Le Français s'était débarrassé de l'Allemand Fulst dans un premier temps ; après quoi, il avait condamné Ermenault. Dans l'esprit de Boardman, auteur des meilleurs chronos depuis le début du tournoi, le titre ne pouvait lui échapper ; mais, il avait dû puiser dans ses réserves pour sortir Lehman et il y avait là une raison d'espérer pour Moreau.
De fait, celui-ci fut le plus rapide durant les trois premiers tours mais, à partir de là, Boardman commença à combler son retard, avant de prendre l'avantage et d'améliorer sans cesse sa position. Il allait l'emporter en 4 min 27 s 742 (53,783 km/h), par une avance de douze secondes sur Moreau.
Cette rencontre s'était déroulée dans une situation de déséquilibre technique, le nordiste portant encore les dernières traces de fatigue, après son Tour de France totalement accompli ; alors que le Britannique, lui, s'était retiré avant les Pyrénées, se donnant, ainsi, un temps de récupération prolongé, en même temps qu'un plus long délai concernant sa préparation spécifique.
Ce tournoi avait commencé par un incident, le jury ayant sommé Graeme Obree de renoncer à son vélo habituel, en application du nouveau règlement. L'Écossais modifia, alors, le recul de sa selle – cinq centimètres en retrait de l'axe du pédalier – et monta sur sa « bécane » un guidon de triathlète. Le départ du test de qualification donné, deux coups de pistolet retentirent : le commissaire de course disqualifiait Obree parce qu'il avait pris appui de la poitrine sur le guidon :
– J'ai bien le sentiment que l'on s'acharne sur moi !, s'indigna le malheureux. Dans ces conditions, j'ai décidé de renoncer à la piste désormais. Mais l'affaire n'est peut-être pas encore terminée, car mon sponsor, s'estimant lésé, envisage maintenant d'attaquer l'U.C.I. en justice. Enfin, on verra bien…
Le recordman du monde de l'heure semblait déconcerté, mais point abattu.

RECORD DE L'HEURE (BIS)

INDURAIN SUR UNE NOUVELLE PLANÈTE

Le 2 septembre dernier, au cœur de l'après-midi, le vélodrome de Bordeaux était devenu une enclave espagnole : Miguel Indurain s'y attaquait au record du monde de l'heure et son public l'avait accompagné. De sorte que l'on s'exprimait beaucoup plus en basque qu'en français dans l'enceinte du « Stadium » où la chaleur s'était également installée. Ces *aficionados* enthousiastes, et mobilisés autour du drapeau, avaient franchi la frontière pour assister à un exploit et y participer en quelque manière. Ils furent comblés. Leur champion allait parcourir 53,040 kilomètres dans le temps imparti, ajoutant 327 mètres – presque un tour de piste – à la performance réalisée en ces mêmes lieux par Graeme Obree quatre mois auparavant.

Cette tentative pleinement réussie avait reproduit exactement le scénario que l'on avait pu imaginer, dès lors que la préparation d'Indurain s'était inscrite dans un laps de temps restreint – une quinzaine de jours –, que son adaptation à l'effort particulier du « pistard » restait incomplète et que son profil à vélo n'excluait pas l'apport d'un certain nombre d'améliorations. Il avait donc réalisé une authentique prouesse, cela grâce à son « fond » de routier, à ses qualités spécifiques pour ce qui est de pédaler longtemps d'une façon uniforme et à son immense énergie.

Son départ s'était révélé extrêmement prudent, José-Miguel Echevarri, son directeur sportif, et le docteur Padilla l'invitant à la modération à chacun de ses passages sur la ligne. Au terme du premier kilomètre, parcouru en 1 min 14 s, il accusait une seconde de retard sur les « temps » de Graeme Obree. Après trois kilomètres, son déficit était passé à six secondes, pour tomber à deux secondes au dixième kilomètre. Puis, il stabilisa la situation, pour faire, enfin, jeu égal avec Obree à l'approche immédiate du vingtième kilomètre. Dans le vélodrome, chauffé à blanc par les incantations du speaker basque, le public se mit à frapper des mains en cadence.

Après la demi-heure, Indurain commença à s'avancer inperceptiblement vers le bec de selle, signe d'un effort total. Sa combinaison le blessait à l'entrejambe, ses bras révélaient une

Au terme d'un exploit acquis grâce à un immense déploiement d'énergie.

certaine raideur et il éprouvait une difficulté croissante à respecter la bonne trajectoire sur la bande de roulement, mais il conservait néanmoins le bon rythme, augmentait par touches successives son avance sur Obree. Son énorme potentiel physique et son orgueil lui permettaient, alors, de combler ses notables imperfections techniques.
Peu après seize heures, la messe était dite et nous quittions le « stadium » avec le sentiment que ce record restait très perfectible. Ici même, mais beaucoup plus encore en altitude, perfectible pour Indurain, s'il acceptait d'y sacrifier plus de son temps ; pour Chris Boardman également, lequel reste un « pistard » naturel, bien que s'exprimant désormais sur la route.
Deux précisions encore : Indurain avait employé un « braquet » de 59 × 14, soit 8,765 m de développement ; et ses trente ans le désignaient comme le plus âgé des trente et un recordmen figurant au palmarès.

L'Europe condamnée

Ayant porté le record de l'heure à la cote 53,040 Miguel Indurain considérait sa saison comme terminée : pas de Paris-Tours, pas de Grand Prix des Nations, pas de Tour de Lombardie. Après sa performance bordelaise, qu'il jugeait lui-même comme « une expérience encourageante », dans la perspective d'une tentative future et déjà programmée, il était appelé à rester pour un temps le dernier coureur ayant battu le record sur une piste européenne. Ce qui était monnaie courante jusqu'en 1968, quand le Danois Ole Ritter s'en fut le premier à Mexico, à l'approche des J.O., pour y bénéficier des avantages procurés par l'altitude. Ces avantages multiples, combinés à une spectaculaire avancée des technologies, qui permirent à un Moser déjà prédéclinant de porter le record à 51,151 km, en 1984, ajoutant la bagatelle de 1720 mètres à la performance de Merckx (1972) ! Lequel restera le dernier coureur ayant battu le record sur un vélo disons classique. Il était évident, alors, que l'Italien avait laissé au record une marge importante de perfectibilité. Dans laquelle se sont ensuite engouffrés Obree, Boardman, Obree encore, puis Indurain, sans qu'ils aient eu besoin de recourir à l'altitude. Désormais, la barre est plus élevée, rendant à nouveau très aléatoire une tentative au niveau de la mer. De sorte que les pistes européennes risquent d'être exclues des projets.
A l'inverse, les vélodromes américains seront très fréquentés dans un proche avenir : Bogota ou Mexico pour Indurain en octobre prochain ; peut-être La Paz pour Boardman. Deux postulants auxquels on pourrait ajouter Berzin, si ses proches parviennent à le conditionner. Celui qui a battu deux fois Indurain au cours du dernier Giro est ce qu'il est convenu d'appeler une « bête du contre la montre » et, comme Boardman, il est un « pistard » accompli. Ceux qui l'ont vu devenir champion du monde de poursuite des amateurs, à Maebachi (Japon), en 1990, sont convaincus de ses chances dans une tentative livrée en altitude, où le « plafond » provisoire doit se situer actuellement aux environs de 54,500-54,900 km/h. Ce n'est pas nous qui le disons, mais les calculs effectués par les techniciens, en fonction des multiples paramètres proposés.
L'exaltante aventure du record de l'heure continue.

HOMMAGE

LES DISPARUS DE L'ANNÉE

BELGIQUE

Kamiel Beeckman, né à Meerbeke le 25 février 1910 – Coureur résistant mais peu rapide à l'arrivée, il s'était fait une spécialité du Tour des Flandres et des classiques ardennaises. Professionnel de 1935 à 1951. Décédé à Ninove, le 2 mars.

Georges Claes, né le 7 janvier 1920 à Lovenjoel (Brabant) – Il fut un coureur racé, pétri de talent, rapide aux arrivées, mais également capable de mener à bien une échappée solitaire. Il s'était révélé durant la guerre, ayant remporté le Tour de Hesbaye (1941-42) et le Grand Prix du 1er mai (1942). Puis il gagna Paris-Roubaix deux fois consécutivement, en 1946 et en 1947, pour le compte de l'équipe Rochet. Deux ans plus tard, il inscrivit à son palmarès le circuit des Flandres orientales et le circuit des Monts du Sud-Ouest. Il s'est éteint durant l'hiver 1994, dans sa soixante-quatorzième année.

Alfred De Bruyne, né le 21 octobre 1930 à Berlare – Pour tous ses compatriotes et ses amis, il était « Fred ». Un coureur véritablement exceptionnel, contemporain de Van Steenbergen, Van Looy et Louison Bobet, dont il fut le compagnon dans l'équipe Mercier, dirigée par Antonin Magne. À la fois intelligent et opiniâtre, doué pour les langues, excellent routier-sprinter et puncher redoutable, il remporta trois fois consécutivement le Challenge Desgrange-Colombo (1956, 1957, 1958), celui-ci considéré à juste titre comme l'officieux mais très significatif Championnat du monde par points. À son palmarès : circuit de la Flandre orientale et trois victoires d'étapes dans le Tour de France (1954) ; Milan-San Remo, Liège-Bastogne-Liège, Paris-Nice et trois étapes du Tour de France (1956) ; Paris-Roubaix, Paris-Tours, Tour des Flandres, Sassari-Cagliari (1957) ; Liège-Bastogne-Liège, Flèche wallonne, Paris-Nice (1958) ; Liège-Bastogne-Liège, Six Jours de Gand, en compagnie de Van Steenbergen (1959), Kuurne-Bruxelles-Kuurne (1961). Un accident de voiture, survenu à Paris au soir du Critérium des As, alors qu'il circulait avec Willy Vannitsen, interrompit sa carrière en 1960. Il devint téléreporter d'expression néerlandaise dans son pays ; puis directeur sportif chez Daf-Truck ; enfin, public-relation du groupe Panasonic. Cet épicurien s'était installé à Seillans (Var) – de même que Raphael Geminiani et Maurice De Muer – où sa bonne humeur avait fait la conquête de tous les habitants. Atteint d'un cancer, il devait mourir le 5 février 1994.

Noël Foré, né le 23 décembre 1932 à Adegem – Un coureur élégant, extrêmement courageux, qui savait arriver en condition au jour nommé. Vainqueur de Paris-Roubaix (1959) et du Tour des Flandres (1953), il a aussi remporté Mandel-Lys-Escaut, le circuit des Ardennes flamandes, A Travers la Belgique (1957) ; Gand-Wevelgem et le Tour de Belgique (1958) ; Bruxelles-Ingooigem (1959) ; Bruxelles-Saint-Trond (1960) ; le Grand Prix de la Banque (1961) ; le Tour de Belgique, le circuit des Monts du Sud-Ouest (1962) ; le Grand Prix d'Harelbeke (1963) ; le circuit de la Flandre orientale (1967) ; Bruxelles-Meulebeke (1967 et 1968). Il devint ensuite moniteur de cyclisme à l'Institut national belge des Sports néerlandophone et directeur technique du Tour des Flandres. Il est décédé le 16 février 1994, onze jours après Fred De Bruyne.

Theo Van Griethuysen – Il fut le successeur de Pierre Stasse à la direction du journal *Les Sports* et assura un temps la continuité de la Flèche wallonne. À ce titre, il fut le président de l'AIOCC (Association des organisateurs de courses cyclistes). Décédé le 14 mai, des suites d'une longue maladie.

Noël Vantyghem, né en 1948 – Il est décédé au mois de juin, au terme d'une cruelle maladie. En 1972, il avait gagné Paris-Tours devant ses compatriotes Jos Huysmans et Willy De Geest, de même qu'une étape aux Quatre Jours de Dunkerque. Cet équipier dévoué avait mis fin à sa carrière en 1974. Ces dernières années, il était le mécanicien de Walter Godefroot au sein de l'équipe Telekom.

Edouard Vissers, né le 4 juillet 1912 – L'un des meilleurs professionnels belges de l'entre-deux-guerres. À la fois résistant et bon grimpeur, il remporta la grande étape des Pyrénées du Tour de France en 1939. À son palmarès : une étape du Tour de Suisse (1936) ; une étape du Tour de France, 6e au classement général final (1937) ; Paris-Belfort, une étape du Tour de France (1939). Il cessa la compétition en 1943. Décédé à Anvers, le 2 avril.

ESPAGNE

Luis Ocaña, né le 9 juin 1945 à Priego (Castille) – Décédé tragiquement le 19 mai 1994 à Caupenne-d'Armagnac, dans le département du Gers. Les obsèques ont eu lieu le 24 mai, à la chapelle des cyclistes de La Bastide d'Armagnac, où Eddy Merckx, Bernard Thévenet, Roland Berland, André Darrigade, Jacky Favreau et Jean Stablinski portaient le cerceuil. Inciné à Tarbes.

Son palmarès :

1967 (amateur) : *GP des Nations (1er), Tour du Roussillon (1er), Tour du Béarn-Aragon (1er), Tour de Bidassoa (1er).*

1968 : *champion d'Espagne, Tour d'Espagne (abandon), GP des Nations (4e), Tour d'Italie (37e), Trophée Baracchi avec Aranzaball (3e), Tour d'Andalousie (3e), Tour de Catalogne (4e), GP Llodio (1er).*

1969 : *Tour de France (abandon), Semaine Catalane (1er), GP Midi libre (1er), Tour du Rioja (1er), Trophée Dicen clm (1er), Tour d'Espagne (2e).*

1970 : *Tour d'Espagne (1er), Tour de France (31e, 1 étape), Paris-Nice (2e), Critérium Dauphiné-Six-Provinces (1er), Trophée Dicen clm (1er), Semaine catalane (3e), GP des Nations (3e), Trophée Super-Prestige Pernod (3e).*

1971 : *Tour de France (abandon, 2 étapes), Tour d'Espagne (3e, 1 étape), GP des Nations (1er), Paris-Nice (3e), Critérium du Dauphiné (2e), Tour de Catalogne (1er), GP Eibar (1er), Diessenhoffen (1er), GP de Lugano (1er), Trophée Baracchi avec Mortensen (1er), À travers Lausanne (1er), Critérium de Châteaulin (1er), Trophée Super-Prestige Pernod (2e).*

1972 : *champion d'Espagne, Tour de France (abandon), Critérium du Dauphiné (1er), Paris-Nice (3e), Quatre Jours de Dunkerque (2e).*

1973 : *Tour de France (1er, 6 étapes), Tour d'Espagne (2e), Championnat du monde (3e), Critérium du Dauphiné (1er), GP des Nations (2e), Tour du Pays basque (1er), Tour c Catalogne (4e), Tour de Cantabrique (2e), Semaine Cat lane (1er), Polymultipliée (1er), Trophée Super-Prestic Pernod (2e).*

1974 : *Tour d'Espagne (4e), Tour du Pays basque (3e).*

1975 : *Semaine catalane (2e), Tour de France (abandor Tour des Asturies (3e), Tour des vallées minières (3e).*

1976 : *Paris-Nice (3e), Tour de France (14e), Tou d'Espagne (2e).*

1977 : *Tour de France (25e), Tour d'Espagne (22e), Chan pionnat d'Espagne (4e), Tour de Suisse (abandon).*

Delio Rodriguez, né en 1916 – Vainqueur du Tou d'Espagne en 1945 devant Julian Berrendero et premi au classement par points. Il avait également gagné Prix de la Viscaye en 1940, 1941, 1944, le Tour de Cant brique en 1942 et la course de côte d'El Naranc (Oviedo) en 1943. En cinq participations au Tou d'Espagne, il avait remporté quarante étapes. Il e décédé dans les derniers jours du mois de janvier 199

Antonio Velasco Martin, né le 24 mai 1970 à Madrid – portait sur ses jeunes épaules une part de l'avenir d cyclisme espagnol. En 1992, pour ses débuts chez le professionnels, il avait gagné le Prix de Villalba et s'était classé douzième au Tour de France 1993, term nant premier au classement des jeunes devant le Colom bien Oliverio Rincon et Richard Virenque. Il portait alo le maillot Amaya, mais se disposait à courir au côté d Miguel Indurain. Un camion l'a fauché le 11 février 199 dans la banlieue de Madrid, à quatre kilomètres de sc domicile, alors qu'il partait pour l'entraînement.

FRANCE

Bruno Archambaud, né le 12 février 1940 à Nanco (Cher) – Il était l'aîné des quatre fils de Maurice Archam baud, ex-recordman du monde de l'heure et vainqueu du Grand Prix des Nations. Dès l'âge de quinze an après le décès de son père, il devint chef de famille et pr en charge ses frères Denis, François et Alain. Après avo participé à quelques courses d'amateurs, il devint dir geant de l'AS Franco-Belge et s'orienta vers le com merce du cycle. Il dirigeait plusieurs magasins impo tants en qualité de concessionnaire Peugeot, dont l'un Saint-Germain-en-Laye. D'une nature conviviale, il ava une âme de mécène et soutint de nombreuses associa tions en Ile-de-France. Enfin, il était le trésorier du Gu don d'Or. Il s'est éteint le samedi 15 janvier 1994.

Thierry Arnould, né en 1964 à Luxeuil-les-Bains (Haute Saône) – Frère aîné du professionnel Dominiqu Arnould (Castorama), il participait encore aux épreuve de première catégorie chez les amateurs. Il s'y était sou vent distingué, gagnant, entre autres, Paris-Troyes et l Tour de Franche-Comté. Le 3 avril 1994, il participait une épreuve organisée à Montbozon (Haute-Saône sous les couleurs de l'AC Val d'Ajol, quand un chien pro voqua une chute collective. Aussitôt transporté à l'hôp tal de Vesoul, puis transféré d'urgence à Besançon, sombra dans le coma pour mourir deux jours plus tard

Serge Blusson, né le 7 mai 1928 à Paris – Un petit gabo rit riche d'une force explosive exceptionnelle, capable d briller indifféremment sur la piste et la route. Il était u produit de la célèbre école du VCL (Vélo-club de Leva lois) et fut plusieurs années durant pensionnaire d camp de Paul Ruinard, à la Celle-Saint-Cloud. Cham pion olympique de poursuite à Londres, en 1948. Se coéquipiers étaient le Toulonnais Charles Coste, le Mar seillais Fernand Decanali et le Parisien Pierre Adam Vainqueur de la « Médaille » du Vel'd'hiv, il devint pro fessionnel en 1950. À son palmarès : Paris-Limoge (1950) ; Grand Prix de Plouay (1952) ; circuit du Che (1954) ; Tour de Picardie (1957). Il s'était classé troisième

Milan-San Remo, en 1952, derrière Loretto Petrucci et iiuseppe Minardi ; puis cinquième de Paris-Roubaix en 954, derrière Raymond Impanis, Stan Ockers, Marcel Ryckaert et Ferdi Kubler. Dans les Six Jours, il fut souvent équipier de Robert Chapatte. Après avoir cessé la compétition, il s'installa à Chantilly. Plusieurs infarctus cardiaques lui avaient imposé des interventions chirurgicales. Il est décédé à la mi-mars.

ean Carmet, né le 25 avril 1920 à Bourgueil (Indre-et-Loire) – Ce grand comédien s'était éveillé jeune au cyclisme en voyant passer Paris-Tours dans sa région. Plus tard, il avait été un spectateur assidu des Six Jours de Paris et des réunions dominicales au Vel'd'hiv de Grenelle, en compagnie de ses amis Jacques Grello et Michel Audiard. Il portait une grande admiration aux coureurs et retenait tous les palmarès. Il avait suivi plusieurs étapes du Tour de France, du Critérium du Dauphiné-Libéré, du Grand Prix du Midi libre et fut le parrain de l'équipe Gan quand Greg Lemond gagna son troisième Tour de France, en 1990. Il a succombé à une crise cardiaque, à son domicile de Sèvres, le 21 avril, avant-veille de l'Amstel Gold Race.

douard Delberghe, né le 4 octobre 1935 à Solesme (Nord) – Routier élégant et au coup de pédale onctueux, excellent grimpeur, très bon équipier et toujours courtois. Le milieu l'avait familièrement surnommé « Doudou ». Il fut l'équipier de Louison Bobet et de Jacques Anquetil, en même temps que le grand ami de Jean Stablinski. Il avait couru le Tour de France à huit reprises entre 1958 et 1969. À son palmarès : deuxième au Tour de Romandie (1960), deuxième au Tour du Var (1961), deuxième au Grand Prix du Midi-Libre (1963), et troisième l'année suivante ; vainqueur du Circuit d'Auvergne (1967). Il fut ensuite directeur sportif adjoint du groupe Sololor-Lejeune, placé sous l'autorité de Jean Stablinski ; puis directeur adjoint de Maurice De Muer chez « Bic ». Après quoi, il collabora avec la Société du Tour de France, où il conduisait la voiture de Jean-Claude Hérault, directeur commercial. Il a trouvé la mort dans un accident de la route, le 2 septembre dans la soirée, alors qu'il venait de quitter la permanence du « Masters Féminin », à Épernay, pour regagner son hôtel à Reims. On lui avait remis, cette année à Lille, la plaquette de la Fidélité au Tour pour ses trente-cinq années de présence.

Albert De Wetter, né en 1920 à Courtrai (Belgique) – Il fut un bon pistard amateur au Vel'd'hiv parisien dans les années 40. Devenu journaliste, il dirigea la rubrique cyclisme de *L'Équipe* jusqu'en 1952. L'année suivante, il avait en charge la publicité du secteur cycle de ce quotidien. Plus tard, il s'intégra au secteur publicitaire d'Adidas. Il assura également, durant de longues années, l'organisation et la direction technique de Paris-Limoges. Il s'est éteint à la mi-avril 1994.

Marcel Laurent, né le 6 juin 1913 à Lapoutroie, Haut-Rhin – Cet athlète de haute taille et bien charpenté était tout à la fois souple et résistant. Venu tard au cyclisme, il se signala chez les amateurs, remportant Paris-Moret et Paris-Montereau en 1934. Puis il devint professionnel en 1937 sous les couleurs d'Alcyon et gagna Bordeaux-Paris deux fois consécutivement, en 1938-1939. En 1938, l'épreuve se déroulait entièrement derrière un cyclomoteur et, l'année suivante, les entraîneurs entrèrent en lice à Saint-Maure seulement. Par la suite, Marcel Laurent devint commerçant en cycles à Maisons-Alfort (Val-de-Marne). Il est décédé le 7 août 1994.

Jean Maréchal, né le 27 février 1910 à Orléans – Un surdoué au caractère abrupt, dont la carrière fut tout à la fois éblouissante, mouvementée et des plus brèves. Il fut champion de France des amateurs en 1928, à l'âge de dix-huit ans, mais l'Union vélocipédique de France le priva du titre pour fait de professionnalisme ! Le titre lui fut rendu cinquante ans plus tard ! En 1930, il enleva Paris-Roubaix mais fut déclassé au profit de Julien Vervaecke. Dans cette course mémorable, il était l'unique représentant d'un modeste marchand de cycles parisien – les cycles Colin – et sa bonne foi resta sans effet face aux accusations de Ludovic Feuillet : le directeur sportif de la puissante équipe Alcyon lui reprochait d'avoir provoqué la chute du Belge Julien Vervaeke. À l'inverse, les témoins affirmaient que celui-ci était tombé seul, après une fausse manœuvre sur le trottoir cyclable. Quinze jours plus tard, Maréchal gagnait Paris-Tours devant Marcel Bidot et Frans Bonduel ! L'année suivante, il s'adjugea le Critérium des As, couru derrière entraîneurs. Par la suite, il s'orienta vers les courses de demi-fond ; puis fonda une auto-école. Il s'est éteint à la fin du mois de janvier 1994.

Fernand Mithouard, né le 23 mai 1909 à Chevreuse (Yvelines) – Ses surnoms : « Mithou » et « La Mithe ». Il fut remarqué par Francis Pélissier, qui lui inculqua ses méthodes d'entraînement et lui fit gagner Bordeaux-Paris en 1932. Chez les amateurs, il avait seulement remporté Paris-Évreux. Ce « rouleur de caisse » termina sa carrière de professionnel par une victoire dans Paris-Saint-Étienne 1939. Il faut dire que Mithou, fin manœuvrier en course, avait surtout une âme d'équipier. Il fut l'auxiliaire, ô combien apprécié, des Lucien Vlaemynck, Paul Maye, Georges Speicher, Maurice de Simpelaere, Lucien Teisseire, Émile Idée, etc. En 1936, il fut sélectionné pour l'équipe de France du Tour aux côtés de Magne, Speicher, Archambaud, Le Grevès, Maye, Cogan, Tanneveau, Debruyckère et Lesueur. Il rompit avec la compétition en 1947 et ouvrit un café à Saint-Rémy-les-Chevreuse. Par ailleurs, il dirigea à plusieurs reprises des équipes régionales du Tour de France, dont celle de Paris-Ile-de-France en 1949. Cette année-là, Jacques Marinelli termina troisième derrière Fausto Coppi et Gino Bartali. Décédé en décembre 1993 à l'âge de quatre-vingt-quatre ans.

Élie Wermelinger, né en 1907 à Tonnerre (Yonne) – Quand il fut terrassé par une attaque d'hémiplégie le 2 décembre 1993, Jacques Goddet reprit la plume pour écrire ces lignes dans *L'Équipe* : « Très cher Élie, homme de cœur, homme d'esprit, personne ne le remplacera pour la raison qu'il reste absolument irremplaçable. Je l'avais appelé près de moi lorsque je redonnais naissance au Tour de France, dans la fin des années 40. Commissaire général itinérant, il m'aida à inventer des itinéraires, à ouvrir des lieux d'étapes sur des points de chute nouveaux. Il inventait, puis créait. Il connaissait tout sur tout et savait se servir de ces acquis. » Au vrai, celui que ses amis surnommaient familièrement « Vermeul » était une sorte d'homme universel. Ses pôles d'intérêt étaient multiples. Il avait parcouru le Sahara sur son chameau de méhariste, dirigé le casino de Biarritz avant de se consacrer au Tour, à la conduite du Parc des Princes et de s'impliquer dans la gestion de L'Équipée blanche et de la Route du Rhum. Il écrivait des livres sur Tonnerre, sur sa jeunesse ; il réalisait chaque année un exceptionnel guide touristique pour les suiveurs du Tour. À quatre-vingt-sept ans, il contrôlait toujours les archives d'Issy-les-Moulineaux, rédigeait des poèmes, offrait du pouilly fuissé aux jeunes copains, conduisait encore sa voiture et multipliait les bons mots ! Au vrai, cet humaniste à la fois sceptique et optimiste était un puits de science, une force de la nature et un parangon d'amitié.

LUXEMBOURG

Jean Goldschmit, né le 20 février 1924 à Weimerskirsch – Il était le contemporain de « Bim » Diédérich et des frères Jim et Jean Kirchen. Il appréciait surtout les épreuves par étapes où il s'illustrait par des fins de courses tonitruantes et des descentes de cols véritablement extraordinaires. Il termina vingtième du Tour de la reprise en 1947 ; huitième en 1949, après avoir gagné l'étape Nîmes-Marseille ; et dixième en 1950, où il remporta la première étape, Paris-Metz. Il gagna également des étapes au Tour d'Italie, de même qu'au Tour de Suisse, et remporta le Tour du Luxembourg en 1945 et 1948. Depuis sa retraite, il se consacrait à sa brasserie de Luxembourg et conduisait chaque année pendant le Tour la voiture du radio-reporter luxembourgeois Pilo Fonk. Dans les années 1958-1959, il avait dirigé l'équipe néerlando-luxembourgeoise de la Grande Boucle. Très affaibli depuis plusieurs mois, il s'est éteint dans les premiers jours de 1994.

PAYS-BAS

Wout Wagtmans, né le 10 novembre 1929 à Rucphen, Pays-Bas – Coureur de petit gabarit, bon grimpeur et résistant, il fut un membre à part entière de l'équipe des Pays-Bas pour le Tour de France dans les années 50. À ce titre, il fut l'adversaire de Louison Bobet, puis de Jacques Anquetil, et porta le maillot jaune en 1954-1955-1956. Au cours de ces campagnes, il avait gagné quatre étapes et s'était classé cinquième à Paris en 1953, sixième en 1956. En 1952, il avait gagné le Tour de Romandie. Il termina sa carrière en 1961 sous le casque des stayers. Décédé au mois d'août des suites d'une longue maladie, il était l'« oncle » de Rinni Wagmans, également coureur du Tour dans les années 70.

Cornelis Wals, né le 26 février 1912 – Il fut l'un des plus grands six-daymen de l'entre-deux-guerres, à partir de 1932, et partagea souvent le destin de Pijnenburg, son compatriote. Il remporta sept Six-Jours, ce qui était considérable à l'époque : Amsterdam en 1933 (Pijnenburg), Bruxelles, Anvers et Paris en 1934 (Pijnenburg), Rotterdam en 1936 (Pijnenburg), Paris en 1937 (Billiet) et Saint-Étienne en 1938 (Guimbretière). En 1940, il s'engagea dans la Waffen SS des Pays-Bas et partit pour le front de l'Est. Condamné ensuite à quinze ans de détention, libéré en 1955, il épousa la fille de l'ancien recordman du monde de l'heure, Jan Van Hout, lequel était décédé dans un camp de concentration nazi en 1945.

POLOGNE

Joaquim Halupzok, né le 3 juin 1968 – Très apprécié dans les pays de l'Est, il était pratiquement inconnu du public français quand il devint champion du monde des amateurs sur route à Chambéry, en 1989. Il avait distancé sur la fin les Français Éric Pichon et Christophe Manin. L'année suivante, il passait professionnel en Italie. Après un malaise au cours d'une sortie d'entraînement, les examens détectèrent chez lui une grave maladie cardiaque. Il interrompit aussitôt sa carrière et rentra en Pologne, sans renoncer toutefois aux exercices sportifs, qu'il pratiquait en dilettante. C'est alors qu'il s'échauffait avant un match de football en salle, à Opole, que survint l'infarctus fatal. Il s'en est allé en même temps que Fred De Bruyne, le samedi 5 février 1994.

SUISSE

Stéphan Maurer, né le 6 octobre 1960 – Professionnel en 1984, il fit une chute au Tour de Sicile l'année suivante, dans le cours d'une étape gagnée par Bruno Wojtinek, et resta paralysé des jambes. Il a trouvé la mort au mois de février, au cours d'une plongée en Thaïlande.

Walter Richli, né le 29 avril 1913 – Champion suisse de poursuite par équipes en 1935-1936. Décédé au mois de février.

courses en ligne

1993

RÉSULTATS
PROFESSIONNELS

• **CIRCUIT MANDEL-LYS-ESCAUT (Belgique)**
(4 septembre)

1. Frank VAN DEN ABBEELE (Bel./Lotto) les 199 km en 4 h 53' ; 2. Ekimov (Rus.) à 20'' ; 3. Haghedooren (Bel.) m.t. ; 4. Van Bon (P.-B.) à 33'' ; 5. Museeuw (Bel.) ; 6. Heyndericks (Bel.) ; 7. Vermote (Bel.) ; 8. Capiot (Bel.) ; 9. Verhoeven (P.-B.) ; 10. Alvis (É.-U.).

• **GRAND PRIX SCHERENS À LOUVAIN (Belgique)**
(5 septembre)

1. Frans MAASSEN (P.-B.) les 174 km en 4 h 12' 50'' ; 2. Frison (Bel.) à 45'' ; 3. Peeters (Bel.) ; 4. Meijs (P.-B.) ; 5. Corvers (Bel.) t.m.t. ; 6. Herinne (Bel.) à 1' 4'' ; 7. Patry (Bel.) ; 8. Hennebert (Bel.) ; Henn (Al.) ; 10. Mulders (P.-B.) t.m.t.

• **TROPHÉE MASFERRER (Espagne)**
(8 septembre)

1. José RODRIGUEZ (Esp./Deportpublic) les 172 km en 5 h 58' ; 2. Gutierrez (Esp.) ; 3. Saitov (Rus.) ; 4. K. Garcia (Esp.) ; 5. *Jalabert* ; 6. Edo (Esp.) ; 7. Mauri (Esp.) ; 8. Chujda (Uk.) ; 9. Anguita (Esp.) ; 10. Maier (Aut.) t.m.t.

• **GRAND PRIX EDDY MERCKX C.L.M. À BRUXELLES (Belgique)**
(12 septembre)

1. Chris BOARDMAN (G.-B./Gan) les 62 km en 1 h 16' 38'' ; 2. Lance à 1' 2'' ; 3. Nijdam (P.-B.) à 2' 9'' ; 4. Maassen (P.-B.) à 2' 12'' ; 5. Museeuw (Bel.) à 2' 22'' ; 6. Yates (G.-B.) à 2' 51'' ; 7. Frison (Bel.) à 3' 2'' ; 8. Aldag (Al.) à 3' 15'' ; 9. Rijs (Dan.) à 3' 27'' ; 10. Obree (G.-B.) à 3' 27''.

• **GRAND PRIX DE FOURMIES**
(12 septembre)

1. Maximilian SCIANDRI (It./Motorola) les 211,8 km en 5 h 13' ; 2. Zhdanov (Rus.) à 22'' ; 3. Madouas à 23'' ; 4. P. de Clercq (Bel.) à 42'' ; 6. Fleischer (Al.) m.t. ; 7. Heyndericks (Bel.) à 8' 35'' ; 8. Van den Abbeele (Bel.) ; 9. Ekimov (Rus.) ; 10. Hennebert (Bel.) t.m.t.

PARIS-BRUXELLES (Belgique)
(15 septembre)

1. *Francis MOREAU* (Gan) les 251,2 km en 6 h 8' 9'' ; 2. Nijdam (P.-B.) à 7' 5'' ; 3. Museeuw (Bel.) ; 4. Capiot (Bel.) ; 5. Verhoeven (P.-B.) ; 6. Holm (Dan.) ; 7. Heyndericks (Bel.) à 7' 36'' ; 8. Zamana (Pol.) ; 9. Moreels (Bel.) ; 10. Sciandri (It.) ; 11. Ballerini (It.) ; 12. Van Roosbroeck (Bel.) ; 13. Ludwig (Al.) ; 14. E. Van Hooydonck (Bel.) ; 15. Van der Poel (P.-B.) ; 16. Bartoli (It.) ; 17. Szostek (Bel.) ; 18. Tebaldi (It.) ; 19. De Wilde (Bel.) ; 20. Planckaert (Bel.) ; 21 Van de Laer (Bel.) ; 22. Henn (Al.) ; 23. Fidanza (It.) t.m.t. ; 24. Baldato (It.) à 12' ; 25. Martinello (It.) m.t.

Succès de Francis Moreau après une échappée solitaire de 210 km. Cela faisait trente ans qu'un Français n'avait remporté l'épreuve (Jean Stablinski en 1963).

• **GRAND PRIX IMPANIS À SAINT-NICOLAS (Belgique)**
(18 septembre)

1. Phil ANDERSON (Aus./Motorola) les 193 km en 4 h 31' ; 2. Ekimov (Rus.) m.t. ; 3. Harmeling (P.-B.) à 37 '' ; 4. Nelubin (Rus.) ; 5. Biets (Bel.) ; 6. Stenersen (Nor.) ; 7. Leysen (Bel.) t.m.t. ; 8. Heyndericks (Bel.) à 46'' ; 9. Vandenbossche (Bel.) ; 10. Vanhaecke (Bel.) t.m.t.

• **TOUR DU LATIUM (Italie)**
(18 septembre)

1. Pascal RICHARD (Sui./Ariostea) les 197 km en 5 h 27' 32'' ; 2. G. Furlan (It.) m.t. ; 3. Caruso (It.) à 22'' ; 4. Bortolami (It.) à 27'' ; 5. Chiappucci (It.) ; 6. Elli (It.) ; 7. Dotti (It.) ; 8. Della Santa (It.) ; 9. Mejia (Col.) t.m.t. ; 10. Trepin (It.) à 37''.

• **GRAND PRIX D'ISBERGUES**
(19 septembre)

1. Iaan Kirsipuu (Est./Chazal) les 207 km en 4 h 32' 48'' ; 2. *Seigneur* à 1'' ; 3. Haghedooren (Bel.) à 3'' ; 4. Patry (Bel.) à 9'' ; 5. Van den Abbeele (Bel.) à 37'' ; 6. Alvis (É.-U.) à 39'' ; 7. Van Loenhout (P.-B.) à 42'' ; 8. Hennebert (Bel.) m.t. ; 9. Bouwmans (P.-B.) m.t. ; 10. *Desbiens* à 47''.

• **G.P. TELEKOM À BADEN-BADEN (Allemagne), C.L.M. à deux.**
(19 septembre)

1. Gianni BUGNO (It./Gatorade) et Maurizio FONDRIEST (It./Lampre) les 73,6 km en 1 h 28' 4'' ; 2. Boardman (G.-B.) et Chiappucci (It.) à 47'' ; 3. *Lino* et *Marie* à 1' 56'' ; 4. Zülle (Sui.) et Bruyneel (Bel.) à 2' 47'' ; 5. Ludwig (Al.) et Rominger (Sui.) à 3' 20''.

• **SUBIDA AL NARANCO (Espagne)**
(19 septembre)

1. Jésus MONTOYA (Esp./Amaya) les 162 km en 4 h 17' 2'' ; 2. Rincon (Col.) m.t ; 3. J.-M. Jimenez (Esp.) à 12'' ; 4. Félix Garcia (Esp.) à 16'' ; 5. Triana (Col.) à 58'' ; 6. A. Gonzalez (Esp.) à 1' 11'' ; 7. Gaston (Esp.) à 1' 50'' ; 8. M. Zarrabeitia (Esp.) à 2' 7'' ; 9. K. Garcia (Esp.) à 4' 37'' ; 10. Federico Garcia (Esp.) à 4' 47''.

• **TOUR D'ÉMILIE (Italie)**
(25 septembre)

1. Maurizio FONDRIEST (It./Lampre) les 205 km en 5 h 7' 59'' ; 2. Richard (Sui.) ; 3. Chiappucci (It.) t.m.t. ; 4. Ugrumov (Let.) à 4'' ; 5. Gotti (It.) à 26'' ; 6. Maier (Aut.) à 2' 10'' ; 7. Elli (It.) ; 8. Bottaro (It.) ; 9. *Magnien* ; 10. *Delion* t.m.t.

• **COUPE PLACCI (Italie)**
(26 septembre)

1. Maximilian SCIANDRI (It./Motorola) les 206 km en 5 h 13' ; 2. Furlan (It.) m.t. ; 3. Ugrumov (Let.) à 10'' ; 4. Hamburger (Dan.) à 16 '' ; 5. *Thibout* m.t. ; 6. Gotti (It.) à 28'' ; 7. Giovannetti (It.) à 1' 15'' ; 8. Citracca (It.) à 1' 35'' ; 9. Rebellin (It.) à 2' 6'' ; 10. Zberg (Sui.) m.t.

• **COUPE SABATINI (Italie)**
(28 septembre)

1. Claudio CHIAPPUCCI (It./Carrera) les 203 km en 4 h 33' ; 2. Furlan (It.) ; 3. Ugrumov (Let.) ; 4. Bottaro (It.) t.m.t ; 5. Zanini (It.) à 18'' ; 6. Gotti (It.) m.t ; 7. Bobrik (Rus.) à 36'' ; 8. Citracca (It.) à 47'' ; 9. Bartoli (It.) à 50'' ; 10. Faresin (It.) m.t.

• **PARIS-BOURGES**
(1er octobre)

1. *Bruno CORNILLET* (Novemail) les 217 km en 6 h 5' 13'' ; 2. Frison (Bel.) à 33'' ; 3. *Desbiens* à 35'' ; 4. Aldag (Al.) ; 5. Redant (Bel.) ; 6. Kelly (Irl.) ; 7. Peers (Bel.) ; 8. Stenersen (Nor.) ; 9. *Bourgeot* ; 10. *Pineau* t.m.t.

PARIS-TOURS
(3 octobre)

1. Johan MUSEEUW (Bel./GB-MG) les 251 km en 6 h 34' 50'' ; 2. Fondriest (It.) m.t ; 3. Gontchenkov (Uk.) à 5'' ; 4. Kelly (Irl.) ; 5. Van der Poel (P.-B.) ; 6. Vandenbossche (Bel.) ; 7. Van Steen (P.-B.) ; 8. Heyndericks (Bel.) ; 9. Skibby (Dan.) ; 10. Baffi (It.) ; 11. Ferrigato (It.) ; 12. Planckaert (Bel.) ; 13. Kirsipuu (Est.) ; 14. Redant (Bel.) ; 15. Zberg (Sui.) ; 16. Sciandri (It.) ; 17. Sorensen (Dan.) ; 18. Nijdam (P.-B.) ; 19. Fidanza (It.) ; 20. Willems (Bel.) ; 21. Ludwig (Al.) ; 22. Petito (It.) ; 23. *Pillon* ; 24. Lauritzen (Nor.) ; 25. Frison (Bel.) ; 26. Furlan (It.) ; 27. Martinello (It.) ; 28. Ballerini (It.) ; 29. Haghedooren (Bel.) ; 30. Tebaldi (It.) ; 31. Maassen (P.-B.) ; 32. Bolts (Al.) ; 33. Peron (It.) ; 34. De Wilde (Bel.) ; 35. Fornaciari (It.) ; 36. Bartoli (It.) ; 37. Ekimov (Rus.) ; 38. Van den Abbeele (Bel.) ; 39. Holm (Dan.) ; 40. Anderson (Aus.) ; 41. Chiappucci (It.) ; 42. Chiurato (It.) ; 43. *Desbiens* ; 44. *Cornillet* ; 45. Kummer (Al.) ; 46. Willems (Bel.) ; 47. Schur (Al.) t.m.t. ; 48. Zabel (Al.) à 13'' ; 49. Henn (Al.) à 26'' ; 50. *Davy* m.t ; 51. *Pineau* à 31'' ; 52. *Simon* ; 53. *Mottet* ; 54. *Thibout* ; 55. *Capelle* ; 56. Stenersen (Nor.) ; 57. *Chanteur* ; 58. E. Van Hooydonck (Bel.) ; 59. *Seigneur* ; 60. Rijs (Dan.) ; 61. Bortolami t.m.t. ; 62. *Currit* à 1' ; 63. *Bezault* ; 64. E. Dekker (P.-B.) ; 65. Alcala (Mex.) ; 66. *Colotti* ; 67. Jaermann (Sui.) ; 68. Mantovan (It.) ; 69. Hennebert (Bel.) ; 70. Elli (It.) ; 71. Bishop (É.-U.) ; 72. Cenghialta (It.) ; 73. *Moreau* ; 74. *Magnien* ; 75. Van den Akker (P.-B.) ; 76. Hoffman (P.-B.) ; 77. Harmeling (P.-B.) ; 78. *Delphis* ; 79. Peers (Bel.) ; 80. Yates (G.-B.) ; 81. M. de Clercq (Bel.) ; 82. Wust (Al.) ; 83. Farazijn (Bel.) ; 84. *Marie* ; 85. Verdonck (Bel.) ; 86. Bouwmans (P.-B.) ; 87. Abdoujaparov (Ouz.) à 1' 8'' ; 88. P. de Clercq (Bel.) à 1'16'' ; 89. Artunghi (It.) à 1' 18'' ; 90. Poli (It.) à 1' 23'' ; 91. Bomans (Bel.) m.t. ; 92. *Bourgeot* m.t. ; 93. Bramati (It.) à 1' 26'' ; 94. Svorada (Slo.) m.t. ; 95. Moreels (Bel.) à 3' 19'' ; 96. Verstrepen (Bel.) m.t. ; 97. Scirea (It.) à 4' 2'' ; 98. Koerts (P.-B.) ; 99. Wegmuller (Sui.) ; 100. Mulders (P.-B.) ; 101. Daelman (Bel.) ; 102. Herinne (Bel.) ; 103. Santaromita (It.) ; 104. *Talmant* ; 105. *Lance* t.m.t.

137 partants, 105 arrivants.

Johan Museeuw, déjà vainqueur en début d'année du Tour des Flandres, s'impose dans Paris-Tours.

• MILAN-TURIN (Italie)
(6 octobre)

1. Rolf SORENSEN (Dan./Carrera) les 206 km en 4 h 6' 37'' ; 2. Fornaciari (It.) ; 3. Frattini (It.) ; 4. Barbero (It.) t.m.t. ; 5. Krieger (Al.) à 15'' ; 6. Bortolami (It.) à 45'' ; 7. Daelman (Bel.) à 1' 36'' ; 8. Meier (Sui.) à 1' 38'' ; 9. Van de Wouver (Bel.) à 1' 53'' ; 10. Sciandri (It.) à 2' 3''.

• TOUR DU PIÉMONT (Italie)
(7 octobre)

1. Beat ZBERG (Sui./Carrera) les 199 km en 4 h 29' 20'' ; 2. Dufaux (Sui.) ; 3. F. Bontempi (It.) ; 4. Millar (G.-B.) ; 5. Konyshev (Rus.) ; 6. Zhdanov (Rus.) ; 7. Faresin (It.) ; 8. Tonetti (It.) t.m.t. ; 9. E. Dekker (P.-B.) à 2' 48'' ; 10. Peron (It.) m.t.

TOUR DE LOMBARDIE (Italie)
(9 octobre)

1. Pascal RICHARD (Sui./Ariostea) les 242 km en 6 h 4' 38'' ; 2. G. Furlan (It.) m.t. ; 3. Sciandri (It.) à 7'' ; 4. Chiappucci (It.) m.t. ; 5. *Mottet* à 1'13'' ; 6. Skibby (Dan.) ; 7. Ugrumov (Let.) ; 8. Podenzana (It.) t.m.t. ; 9. Konyshev (Rus.) à 1' 14'' ; 10. Ekimov (Rus.) à 1' 19'' ; 11. Fondriest (It.) à 1' 22'' ; 12. *Delion* ; 13. Zberg (Sui.) ; 14. Dufaux (Sui.) ; 15. Rebellin (It.) ; 16. Roosen (Bel.) ; 17. Zanini (It.) ; 18. Hamburger (Dan.) ; 19. Guerini (It.) ; 20. Bobrik (Rus.) ; 21. Faresin (It.) ; 22. Bolts (Al.) ; 23. Giovannetti (It.) ; 24. Millar (G.-B.) ; 25. Gotti (It.) t.m.t. ; 26. Yates (G.-B.) à 2' 23'' ; 27. Tonetti (It.) à 6' 51'' ; 28. Trumheller (Al.) m.t. ; 29. Hampsten (É.-U.) à 9' 50'' ; 30. *Pensec* m.t. ; 31. *Magnien* à 10' 4'' ; 32. E. Dekker (P.-B.) ; 33. Larsen (Nor.) ; 34. Kelly (Irl.) ; 35. Dotti (It.) ; 36. Casagrande (It.) ; 37. Canzonieri (It.) ; 38. Peron (It.) ; 39. *Pillon* ; 40. Den Bakker (P.-B.) ; 41. *Bezault* ; 42. Berzin (Rus.) ; 43. Gusmeroli (It.) ; 44. Alvis (É.-U.) ; 45. *Thibout* ; 46. *Cornillet* ; 47. Bartoli (It.) ; 48. Bouwmans (P.-B.) ; 49. Heppner (Al.) ; 50. Imboden (Sui.) ; 51. Noel (It.) ; 52. Giraldi (It.) ; 53. Pelicioli (It.) ; 54. Alcala (Mex.) ; 55. Schur (Al.) ; 56. Hodge (Aus.) ; 57. Puttini (Sui.) ; 58. Zhdanov (Rus.) t.m.t. ; 59. Henn (Al.) à 11' 10'' ; 60. Zabel (Al.) ; 61. Holm (Dan.) ; 62. Lauritzen (Nor.) ; 63. Santaromita (It.) ; 64. Kummer (Al.) ; 65. In't Ven (Bel.) ; 66. Cattai (It.) ; 67. F. Bontempi (It.) ; 68. Ballerini (It.) ; 69. Citracca (It.) ; 70. Chiurato (It.) ; 71. Zanolini (It.) ; 72. Caruso (It.) ; 73. Meinert (Dan.) ; 74. Jaskula (Pol.) t.m.t.

167 partants, 74 arrivants.

Doublé des Ariostea, le Suisse Pascal Richard (2e de l'épreuve en 1990) devance son équipier l'Italien Giorgio Furlan.

• GRAND PRIX DES NATIONS À MADINE
(16 octobre)

1. *Armand DE LAS CUEVAS* (Castorama), les 62,5 km en 1 h 20' 54'' ; 2. Hodge (Aus.) à 1' 21'' ; 3. *Seigneur* à 1' 27'' ; 4. Boardman (G.-B.) à 2' 39'' ; S. Nijdam (P.-B.) à 2' 51'' ; 6. *Lance* à 3' 7'' ; 7. Fondriest (It.) à 3' 33'' ; 8. Van Hooydonck (Bel.) ; 9. Meinert (Dan.) à 4' 31'' ; 10. *Bezault* à 4' 34'' ; 11. Maassen (P.-B.) à 4' 44'' ; 12. Svorada (Slo.) à 5' 31'' ; 13. Faresin (It.) à 5' 32'' ; 14. Gontchenkov (Uk.) à 5' 40'' ; 15. Obree (G.-B.) à 5' 59'' ; 16. *Davy* à 7' 33'' ; 17. *Teyssier* à 8' ; 18. Van den Akker (P.-B.) à 8' 2'' ; 19. Museeuw (Bel.) à 8' 51'' ; 20. Volpi (It.) à 9' 56''.

20 partants, 20 classés.

COUPE DU MONDE (classement final individuel)

1. Maurizio FONDRIEST (It./Lampre) 287 points ; 2. Museeuw (Bel.) 172 pts ; 3. Sciandri (It.) 114 pts ; 4. Volpi (It.) et Chiappucci (It.) 100 pts ; 6. Furlan (It.) 75 pts ; 7. Ballerini (It.) 73 pts ; 8. Sorensen (Dan.) 68 pts ; 9. Van der Poel (P.-B.) 52 pts ; 10. Heppner (Al.) 51 pts ; 11. Maassen (P.-B.) 40 pts ; 12. Bugno (It.) 35 pts ; 13. Sergeant (Bel.) 24 pts ; 14. Theunisse (P.-B.) 33 pts ; 15. *Jalabert* et Van Hooydonck (Bel.) 30 pts ; 17. Ekimov (Rus.) 27 pts ; 18. Bottaro (It.) 25 pts ; 19. Kelly (Irl.) 20 pts ; 20. Armstrong (É.-U.) 18 pts.

COUPE DU MONDE (classement final par équipes)

1. GB-MG 73 points ; 2. Novemail 68 pts ; 3. Ariostea 53 pts ; 4. TVM 45 pts ; 5. Motorola 39 pts ; 6. Lampre 32 pts ; 7. Telekom 30 pts ; 8. Mecair 28 pts ; 9. Mapei 26 pts ; 10. WordPerfect 23 pts ; 11. Carrera 22 pts ; 12. Clas 17 pts ; 13. Mercatone 16 pts ; 14. Collstrop 15 pts ; 15. Once et Castorama 13 pts ; 17. ZG 12 pts ; 18. Lotto et Banesto 10 pts ; 20. Gan 20 pts ; 21. Gatorade 7 pts. 22. Subaru 6 pts ; 23. Festina 4 pts ; 24. Jolly 2 pts.

CLASSEMENT FICP (au 31 décembre 1993)

1. Indurain Miguel (Esp.)	2 583,50
2. Rominger Tony (Sui.)	2 117,00
3. Fondriest Maurizio (It.)	1 962,30
4. Chiappucci Claudio (It.)	1 659,80
5. Zülle Alex (Sui.)	1 539,98
6. Museeuw Johan (Bel.)	1 274,20
7. Sörensen Rolf (Dan.)	1 041,00
8. Breukink Erik (P.-B.)	1 006,40
9. Sciandri Maximilian (It.)	998,60
10. Bugno Gianni (It.)	907,40
11. Ludwig Olaf (Al.)	899,40
12. Furlan Giorgio (It.)	878,60
13. Ekimov Vjatceslav (Rus.)	866,90
14. *Jalabert Laurent*	865,32
15. Richard Pascal (Sui.)	780,80
16. Cipollini Mario (It.)	775,60
17. Hampsten Andrew (É.-U.)	738,20
18. Alcala Raul (Mex.)	724,30
19. Ugrumov Piotr (Let.)	659,20
20. Argentin Moreno (It.)	646,20

1994

• GRAND PRIX D'OUVERTURE « LA MARSEILLAISE »
(1er février)

1. *Gilles DELION* (Castorama) les 135 km en 3 h 33' 10'' ; 2. W. Nelissen (Bel.) à 12'' ; 3. *Simon* ; 4. Tchmil (Rus.) ; 5. Van Petegem (Bel.) ; 6. Hoffman (P.-B.) ; 7. Desmet (Bel.) ; 8. *Chaubet* ; 9. *Heulot* ; 10. *Aubier*.

• TROPHÉE LAIGUEGLIA (Italie)
(15 février)

1. Rolf SÖRENSEN (Dan. / GB-MG) les 158 km en 4 h 1' 35'' ; 2. Chiurato (It.) ; 3. Berzin (Rus.) ; 4. Vandenbroucke (Bel.) ; 5. Cassani (It.) ; 6. Belli (It.) ; 7. Bugno (It.) à 5'' ; 8. Della Santa (It.) ; 9. Armstrong (É.-U.) à 49'' ; 10. Museeuw (Bel.) à 1' 31''.

• MONTE-CARLO-ALASSIO (Italie)
(16 février)

1. Adriano BAFFI (It. / Mercatone) les 175,5 km en 4 h 35' ; 2. Zanini (It.) ; 3. Anderson (Aus.) ; 4. Calcaterra (It.) ; 5. Bortolami (It.) ; 6. Colage (It.) ; 7. Frattini (It.) ; 8. Casagrande (It.) ; 9. *Simon* ; 10. Schur (Al.).

• CLASSIQUE HARRIBO (France)
(17 février)

1. Éric ZABEL (Al. / Telekom) les 162 km en 3 h 59' 59'' ; 2. Abdoujaparov (Ouz.) ; 3. Museeuw (Bel.) ; 4. Hincapie (É.-U.) ; 5. W. Nelissen (Bel.) ; 6. Koerts (P.-B.) ; 7. Hoffman (P.-B.) ; 8. *Bolay* ; 9. *Leroscouet* ; 10. Van Steen (P.-B.).

• TOUR DU HAUT-VAR
(19 février)

1. *Laurent BROCHARD* (Castorama) les 199 km en 5 h 19' 10'' ; 2. *Seigneur* à 1' 20'' ; 3. *Pensec* à 1' 26'' ; 4. *Delion* à 1' 38'' ; 5. *Manin* ; 6. Pellicioli (It.) ; 7. *Virenque* à 1' 44'' ; 8. Van Hooydonck (Bel.) ; 9. *M. Madiot* ; 10. Armstrong (É.-U.).

• TROPHÉE LUIS PUIG (Espagne)
(20 février)

1. Adriano BAFFI (It. / Mercatone) les 201 km en 5 h 28' 6'' ; 2. *Jalabert* ; 3. Anderson (Aus.) ; 4. Edo (Esp.) ; 5. Frattini (It.) ; 6. F. Bontempi (It.) ; 7. Gutierrez (Esp.) ; 8. Dekker (P.-B.) ; 9. Chujda (Uk.) ; 10. *Lino*.

• CIRCUIT DU HET VOLK (Belgique)
(26 février)

1. Wilfried NELISSEN (Bel.) les 200 km en 4 h 48'' ; 2. *Moncassin* ; 3. Kappes (Al.) ; 4. Museeuw (Bel.) ; 5. Tchmil (Rus.) ; 6. *Virenque* ; 7. Zabel (Al.) ; 8. M. de Clercq (Bel.) ; 9. Capiot (Bel.) ; 10. Redant (Bel.).

• TROPHÉE PANTALICA (Italie)
(26 février)

1. Giorgio FURLAN (It. / Gewiss-Ballan) les 194 km en 5 h 30' ; 2. Spruch (Pol.) à 1' 18'' ; 3. Bugno (It.) ; 4. Richard (Sui.) ; 5. Berzin (Rus.) ; 6. D. Rebellin (It.) ; 7. Cassani (It.) ; 8. Giovanetti (It.) ; 9. Roscioli (It.) ; 10. Tonkov (Rus.) à 1' 30''.

• KUURNE-BRUXELLES-KUURNE (Belgique)
(27 février)

1. Johan MUSEEUW (Bel. / GB-MG) les 206 km en 5 h 2' 20'' ; 2. Capiot (Bel.) ; 3. Ludwig (Al.) ; 4. Eeckhout (Bel.) ; 5. Redant (Bel.) ; 6. Koerts (P.-B.) ; 7. M. de Clercq (Bel.) ; 8. Van Looy (Bel.) ; 9. Van Steen (Bel.) ; 10. *Gouvenou*.

• TOUR DE L'ETNA (Italie)
(27 février)

1. Stefano ZANINI (It.) les 170 km en 4 h 16' ; 2. Fondriest (It.) ; 3. Rebellin (It.) ; 4. Molinari (It.) ; 5. Bugno (It.) ; 6. Giovanetti (It.) ; 7. Ballerini (It.) ; 8.

Chiappucci (It.) ; 9. Pierdomenico (It.) ; 10. Colage (It.).

• GRAND PRIX DE FAYT-LE-FRANC (Belgique) (2 mars)

1. Johan CAPIOT (Bel. / TVM) les 170 km en 4 h 26' ; 2. P. de Clercq (Bel.) ; 3. Dierckssens (Bel.) ; 4. Nijdam (P.-B.) ; 5. Leysen (Bel.) à 10'' ; 6. Cornelisse (P.-B.) à 24'' ; 7. Wauters (Bel.) ; 8. Talen (P.-B.) ; 9. Van de Laer (Bel.) ; 10. Hoffman (P.-B.) à 36''.

• CIRCUIT DES ARDENNES FLAMANDES (Belgique) (6 mars)

1. Bo HAMBURGER (Dan. / TVM) les 174 km en 4 h 27' ; 2. Van Bon (P.-B.) ; 3. De Baets (Bel.) ; 4. Dierckssens (Bel.) ; 5. Van Roosbroeck (Bel.) à 1' 38'' ; 6. Steels (Bel.) ; 7. Eeckhout (Bel.) ; 8. Moreels (Bel.) ; 9. Van Lancker (Bel.) à 2' 18'' ; 10. Dauwe (Bel.).

• CLASICA D'ALMERIA (Espagne) (6 mars)

1. Johan CAPIOT (Bel. / TVM) les 172 km en 4 h 54' 37'' ; 2. Saitov (Rus.) ; 3. Koerts (P.-B.) ; 4. Gualdi (It.) ; 5. Gutierrez (Esp.) ; 6. K. Garcia (Esp.) ; 7. Edo (Esp.) ; 8. Edo (Esp.) ; 9. Cornelisse (P.-B.) ; 10. Vermote (Bel.).

MILAN-SAN REMO (Italie)

(19 mars)

1. Giorgio Furlan (It. / Gewiss-Ballan) les 294 km en 7 h 5' 37'' (moyenne : 41,445 km/h) ; 2. Cipollini (It.) à 20'' ; 3. Baffi (It.) ; 4. Zanini (It.) ; 5. Hundertmarck (Al.) ; 6. Baldato (It.) ; 7. Edo (Esp.) ; 8. Fontanelli (It.) ; 9. Tchmil (Rus.) ; 10. *Jalabert* ; 11. Konychev (Rus.) ; 12. Museeuw (Bel.) ; 13. Sörensen (Dan.) ; 14. Spruch (Pol.) ; 15. Bortolami (It.) ; 16. Zabel (Al.) ; 17. Ballerini (It.) ; 18. *Pensec* ; 19. Gelfi (It.) ; 20. Calcaterra (It.) ; 21. *Delion* ; 22. Citracca (It.) ; 23. Alcala (Mex.) ; 24. *Virenque* ; 25. Dufaux (Sui.) ; 26. Della Santa (It.) ; 27. Sciandri (It.) ; 28. Ekimov (Rus.) ; 29. Bugno (It.) ; 30. Fondriest (It.) ; 31. M. Indurain (Esp.) ; 32. Gaston (Esp.) ; 33. Roosen (Bel.) ; 34. Casagrande (It.) ; 35. Rooks (P.-B.) ; 36. Chiurato (It.) ; 37. Chiappucci (It.) ; 38. G. Petito (It.) ; 39. *Cornillet* à 58'' ; 40. Hodge (Aus.) ; 41. *Mottet* ; 42. Rominger (Sui.) ; 43. Berzin (Rus.) ; 44. Elli (It.) ; 45. Hamburger (Dan.) ; 46. Biasci (It.) ; 47. Skibby (Dan.) ; 48. Abdoujaparov (Ouz.) à 1' 13'' ; 49. Lauritzen (Nor.) ; 50. Ferrigato (It.) ; 51. Martinello (It.) ; 52. Van de Laer (Bel.) ; 53. Farazijn (Bel.) ; 54. Lecchi (It.) ; 55. Podenzana (It.) ; 56. Coppolillo (It.) ; 57. Andreu (É.-U.) à 1' 40'' ; 58. Vanderaerden (Bel.) ; 59. Nulens (Bel.) ; 60. Pellicioli (It.) ; 61. Raab (Al.) ; 62. Uriarte (Esp.) ; 63. Capiot (Bel.) ; 64. Volpi (It.) ; 65. Cassani (It.) ; 66. Peron (It.) ; 67. Perona (It.) ; 68. Sunderland (Aus.) ; 69. Rué à 3' 50'' ; 70. Colage (It.) à 4' 18'' ; 71. *Capelle* à 4' 37'' ; 72. Jeker (Sui.) à 4' 47'' ; 73. Zarrabeitia (Esp.) à 5' 10'' ; 74. Zamana (Pol.) à 5' 13'' ; 75. Zberg (Sui.) ; 76. Leali (It.) ; 77. Zanatta (It.) ; 78. Chiesa (It.) ; 79. Redant (Bel.) ; 80. Bordonali (It.) ; 81. Molinari (It.) ; 82. Anderson (Aus.) ; 83. Holm (Dan.) ; 84. Theunisse (P.-B.) ; 85. Diaz Zabala (Esp.) ; 86. Zülle (Sui.) ; 87. Mulders (P.-B.) ; 88. Tafi (It.) ; 89. *Brochard* ; 90. Den Bakker (P.-B.) ; 91. Tcherkassov (Rus.) ; 92. *Thibout* ; 93. Aldag (Al.) ; 94. *Bagot* ; 95. Richard (Sui.) ; 96. Giupponi (It.) ; 97. Schur (Al.) ; 98. *Gouvenou* ; 99. Armstrong (É.-U.) ; 100. Zhdanov (Rus.) ; 101. *Simon* ; 102. *Casero* ; 103. Cordes (P.-B.) ; 104. *De Las Cuevas* ; 105. Guerini (It.) ; 106. Kvalsvoll (Nor.) ; 107. Gusmeroli (It.) ; 108. Gorini (It.) ; 109. Lezaun (Esp.) ; 110. Chioccioli (It.) ; 111. Bonca (Slo.) ; 112. Forconi (It.) ; 113. Massi (It.) ; 114. Ang. Camargo (Col.) ; 115. *Lino* ; 116. Jimenez (Esp.) ; 117. *Seigneur* ; 118. I. Garcia (Esp.) ; 119. Cadena (Col.) ; 120. Belli (It.) à 6' 54'' ; 121. Wesemann (Al.) à 9' 13'' ; 122. Sergeant (Bel.) ; 123. Martinez (Esp.) ; 124. Sypytkowski (Pol.) à 9' 17'' ; 125. Ludwig (Al.) ; 126. Kummer (Al.) ; 127. R. Sierra (Esp.) ; 128. Van Lancker (Bel.) ; 129. Poli (It.) ; 130. Checchin (It.) ; 131. Cepele (Lit.) ; 132. *Colotti* ; 133. Tebaldi (It.) ; 134. *Moreau* ; 135. De Wolf (Bel.) ; 136. Saitov (Rus.) ; 137. Santaromita (It.) ; 138. Namtvedt (Nor.) ; 139. Bauer (Can.) ; 140. LeMond (É.-U.) ; 141. Tonkov (Rus.) ; 142. Bertolini (It.) ; 143. Bramati (It.) ; 144. Pagnin (It.) ; 145. Scirea (It.) à 11' 59'' ; 146. Gontchenkov (Uk.) ; 147. De Vries (P.-B.) ; 148. Manzoni (It.) ; 149. Botarelli (It.) ; 150. Leoni (It.) ; 151. Fidanza (It.) ; 152. Yates (G.-B.) ; 153. Frison (Bel.) ; 154. Breukink (P.-B.) ; 155. Maassen (P.-B.) ; 156. Ghirotto (It.) ; 157. Pierobon (It.) à 17' 16'' ; 158. *Durand* ; 159. Diaz de Otazu (Esp.) ; 160. M. de Clercq (Bel.) ; 161. Trumheller (Al.) ; 162. Martinelli (It.) ; 163. Arrieta (Esp.) ; 164. P. de Clercq (Bel.).

191 partants, 164 classés.

• GRAND PRIX CHOLET-PAYS-DE-LOIRE (20 mars)

1. *Laurent MADOUAS* (Castorama) les 207 km en 5 h 26' 59'' ; 2. *Leroscouet* à 2'' ; 3. Van Roosbroeck (Bel.) à 4'' ; 4. Vandenbroucke (Bel.) à 5'' ; 5. Peers (Bel.) ; 6. *Heulot* ; 7. Van Petegem (Bel.) à 9'' ; 8. Kappes (Al.) ; 9. Van der Poel (P.-B.) ; 10. Vermote (Bel.).

• À TRAVERS LA BELGIQUE (23 mars)

1. Carlo BOMANS (Bel. / GB-MG) les 207 km en 5 h 29' ; 2. Sergeant (Bel.) à 20'' ; 3. Willems (Bel.) à 28'' ; 4. Van Slijcke (Bel.) à 2' 4'' ; 5. Ludwig (Al.) à 2' 21'' ; 6. P. de Clercq (Bel.) ; 7. Hoffman (P.-B.) ; 8. Den Bakker (P.-B.) ; 9. Mulders (P.-B.) à 2' 22'' ; 10. Peers (Bel.) à 9' 1''.

• GRAND PRIX « E-3 » À HARELBEKE (Belgique) (26 mars)

1. Andrei TCHMIL (Rus. / Lotto) les 206 km en 5 h 15' 30'' ; 2. Ekimov (Rus.) à 8'' ; 3. Martinello à 10'' ; 4. Museeuw (Bel.) ; 5. Bortolami (It.) ; 6. Planckaert (Bel.) ; 7. Baldato (It.) ; 8. Bauer (Can.) ; 9. Hoffman (P.-B.) ; 10. Ludwig (Al.).

• FLÈCHE BRABANÇONNE (Belgique) (27 mars)

1. Michele BARTOLI (It.) les 185 km en 4 h 36' ; 2. Den Bakker (P.-B.) ; 3. Bugno (It.) à 10'' ; 4. Tchmil (Rus.) ; 5. Van Hooydonck (Bel.) ; 6. Skibby (Dan.) ; 7. Bortolami (It.) ; 8. Baguet (Bel.) à 1' 8'' ; 9. De Wolf (Bel.) ; 10. Lauritzen (Nor.) à 2' 15''.

• GRAND PRIX DE NAVARRE (Espagne) (2 avril)

1. Marino ALONSO (Esp. / Banesto) les 206 km en 5 h 34' 15'' ; 2. Olano (Esp.) ; 3. Uriarte (Esp.) à 1' 9'' ; 4. Dufaux (Sui.) à 2' 1'' ; 5. Galarreta (Esp.) à 2' 5''.

• GRAND PRIX DE RENNES (3 avril)

1. *Gilles DELION* (Castorama) les 193 km en 5 h 4' 17'' ; 2. *Aubier* à 2'' ; 3. *Pensec* à 28'' ; 4. *Davy* à 1' 35'' ; 5. Vandenbroucke (Bel.) à 2' 53'' ; 6. Fleischer (Al.) à 2' 59'' ; 7. Hennebert (Bel.) à 9' 29'' ; 8. *Brochard* ; 9. *Robin* ; 10. Biets (Bel.) à 9' 35''.

TOUR DES FLANDRES (Belgique)

(3 avril)

1. Gianni BUGNO (It. / Polti) les 268 km en 6 h 45' 20'' (moyenne : 39,671 km/h) ; 2. Museeuw (Bel.) ; 3. Tchmil (Rus.) ; 4. Ballerini (It.) ; 5. Capiot (Bel.) à 1' 11'' ; 6. Baldato (It.) à 1' 54'' ; 7. G. Bontempi (It.) ; 8. Sergeant (Bel.) ; 9. Van Hooydonck (Bel.) ; 10. Corvers (Bel.) ; 11. Skibby (Dan.) ; 12. Konichev (Rus.) ; 13. Abdoujaparov (Ouz.) ; 14. Bomans (Bel.) ; 15. Spruch (Pol.) ; 16. *Jalabert* ; 17. Van Petegem (Bel.) ; 18. Cenghialta (It.) ; 19. Schurer (P.-B.) à 4' 3'' ; 20. Harmeling (P.-B.) ; 21. Peron (It.) ; 22. Zabel (Al.) à 4' 35'' ; 23. Hoffman (P.-B.) ; 24. Schur (Al.) ; 25. *Simon* ; 26. Van der Poel (P.-B.) ; 27. Kappes (Al.) ; 28. M. de Clercq (Bel.) ; 29. Verhoeven (P.-B.) ; 30. Citracca (It.) ; 31. Maassen (P.-B.) ; 32. Nulens (Bel.) ; 33. Leali (It.) ; 34. Bottaro (It.) ; 35. *Magnien* ; 36. Martinello (It.) ; 37. Planckaert (Bel.) ; 38. Andreu (É.-U.) ; 39. Van Slijke (Bel.) ; 40. Farazijn (Bel.) ; 41. Bartoli (It.) ; 42. Den Bakker (P.-B.) ; 43. Jaerman (Sui.) ; 44. Scirea (It.) ; 45. *Desbiens* ; 46. Yates (G.-B.) ; 47. Roscioli (It.) à 8' 6'' ; 48. Ekimov (Rus.) à 10' 28'' ; 49. Nijdam (P.-B.) ; 50. Wauters (Bel.) ; 51. Lauritzen (Nor.) à 11' 23'' ; 52. Zanatta (It.) ; 53. Colage (It.) ; 54. Hincapie (É.-U.) ; 55. Heynderickx (Bel.) ; 56. *Capelle* ; 57. Bertolini (It.) à 14' 13'' ; 58. Leysen (Bel.) ; 59. Zamana (Pol.) ; 60. Miceli (It.) ; 61. Verdonck (Bel.) ; 62. Zberg (Sui.) ; 63. *Duclos-Lassalle* ; 64. *Colotti* ; 65. Peeters (Bel.) ; 66. Diaz Zabala (Esp.) ; 67. Gontchenkov (Uk.) ; 68. Holm (Dan.) ; 69. Zanini (It.) ; 70. Hodge (Aus.) ; 71. Hundertmark (Al.) ; 72. Bauer (Can.) ; 73. Akkermans (P.-B.) ; 74. Redant (Bel.) ; 75. Van Camp (Bel.) ; 76. Aldag (Al.) ; 77. Van Bondt (Bel.) ; 78. F. Bontempi (It.) à 21' 2'' ; 79. Pelliconi (It.) ; 80. Gualdi (It.) ; 81. Van Roosbroeck (Bel.) ; 82. R. Sierra (Esp.) ; 83. Fornaciari (It.) ; 84. Gorini (It.) ; 85. D. Garcia (Esp.) ; 86. Raab (Al.) ; 87. Vignaduzzi (It.) ; 88. Minali (It.) ; 89. Shefer (Kaz.) ; 90. Caruso (It.) ; 91. Groene (Al.) ; 92. *Van Looy* ; 93. *Daelman* ; 94. *Thibout* ; 95. Ayarzaguena (Esp.) ; 96. Talen (P.-B.) ; 97. Desmet (Bel.) ; 98. P. de Clercq (Bel.) ; 99. Milesi (It.) à 21' 15''.

199 partants, 99 classés.

Il s'agit de la sixième victoire italienne dans le Tour des Flandres : Fiorenzo Magni 1949, 1950, 1951 ; Dino Zandegu 1967 ; Moreno Argentin 1990 ; Gianni Bugno 1994.

• PARIS-CAMEMBERT (5 avril)

1. *Armand DE LAS CUEVAS* (Castorama) les 200 km en 6 h 12' 40'' ; 2. *Mottet* ; 3. *Brochard* à 46'' ; 4. *Leroscouet* ; 5. Thijs (Bel.) ; 6. Szostek (Bel.) ; 7. *Pensec* ; 8. *Manin* ; 9. *Delion* ; 10. Fleischer (Al.).

GAND-WEVELGEM (Belgique)

(6 avril)

1. Wilfried PEETERS (Bel. / GB-MG) les 210 km en 5 h 8' ; 2. Ballerini (It.) ; 3. Museeuw (Bel.) à 16" ; 4. Tchmil (Rus.) ; 5. Abdoujaparov (Ouz.) ; 6. Spruch (Pol.) ; 7. Konichev (Rus.) ; 8. Sciandri (It.) ; 9. Roscioli (It.) ; 10. Nulens (Bel.) ; 11. Bomans (Bel.) à 37" ; 12. Planckaert (Bel.) à 41" ; 13. Ludwig (Al.) ; 14. Fidanza (It.) ; 15. Colage (It.) ; 16. *Moncassin* ; 17. Gorini (It.) ; 18. *Sergeant* ; 19. Bartoli (It.) ; 20. Peron (It.) ; 21. Jaermann (Sui.) ; 22. Lauritzen (Nor.) ; 23. Cenghialta (It.) ; 24. Chiurato (It.) ; 25. Farazijn (Bel.) ; 26. Bottaro (It.) ; 27. Willems (Bel.) ; 28. Bugno (It.) ; 29. Bugno (It.) ; 30. Dierckxsens (Bel.) à 6' 48" ; 31. Sypytkowski (Pol.) ; 32. M. Garcia (Esp.) ; 33. Svorada (Slo.) à 7' 38" ; 34. F. Bontempi (It.) ; 35. Saitov (Rus.) ; 36. Zabel (Al.) ; 37. Van Petegem (Bel.) ; 38. Zanini (It.) ; 39. Raab (Al.) ; 40. *Magnien* ; 41. M. de Clercq (Bel.) ; 42. Citracca (It.) ; 43. Van Camp (Bel.) ; 44. Zanatta (It.) ; 45. Kappes (Al.) ; 46. Daelman (Bel.) ; 47. Zberg (Sui.) ; 48. Dernies (Bel.) ; 49. *Rezze* ; 50. Vanderaerden (Bel.).

• GRAND PRIX DE DENAIN
(7 avril)

1. Jans KOERTS (P.-B.) les 191,5 km en 4 h 38' 25" ; 2. Michaelsen (Dan.) ; 3. Holm (Dan.) ; 4. Kappes (Al.) ; 5. *Aubier* ; 6. Vermote (Bel.) ; 7. Demeester (Bel.) à 6" ; 8. Akkermans (P.-B.) ; 9. *Laurent* ; 10. Van Lancker (Bel.).

• GRAND PRIX PINO CERAMI (Belgique) (7 avril)

1. Michele BARTOLI (It. / Mercatone) les 186,4 km en 4 h 33' ; 2. Scinto (It.) ; 3. Martinello (It.) à 1' 8" ; 4. Leysen (Bel.) ; 5. Dernies (Bel.) ; 6. Herinne (Bel.) ; 7. Bettin (It.) ; 8. Nelubin (Rus.) ; 9. Citracca (It.) ; 10. Meijs (P.-B.).

PARIS-ROUBAIX

(10 avril)

1. Andreï TCHMIL (Rus. / Lotto) les 270 km en 7 h 28' 2" (moyenne : 36,160 km/h) ; 2. Baldato (It.) à 1' 13" ; 3. Ballerini (It.) ; 4. Ludwig (Al.) à 1' 26" ; 5. Yates (G.-B.) ; 6. Capiot (Bel.) ; 7. *Duclos-Lassalle* ; 8. Willems (Bel.) ; 9. Andreu (É.-U.) ; 10. Verhoeven (P.-B.) ; 11. Scirea (It.) ; 12. Bottaro (It.) ; 13. Museeuw (Bel.) à 4' 24" ; 14. M. de Clercq (Bel.) à 6' 45" ; 15. *Mottet* ; 16. Van der Poel (P.-B.) à 9' 6" ; 17. Fidanza (It.) à 9' 36" ; 18. Corvers (Bel.) ; 19. Farazijn (Bel.) ; 20. *Moncassin* à 9' 46" ; 21. Harmeling (P.-B.) ; 22. Raab (Al.) à 11' 24" ; 23. *Marie* ; 24. Redant (Bel.) ; 25. Holm (Dan.) ; 26. Nulens (Bel.) ; 27. Heynderickx (Bel.) ; 28. *Gouvenou* ; 29. Peeters (Bel.) ; 30. P. de Clercq (Bel.) ; 31. Hincapie (É.-U.) ; 32. Dietz (Al.) ; 33. Hundertmarck (Al.) ; 34. De Wolf (Bel.) ; 35. *Seigneur* ; 36. Lauritzen (Nor.) à 13' 17" ; 37. Konichev (Rus.) ; 38. Frison (Bel.) ; 39. Maassen (P.-B.) ; 40. Van Hooydonck (Bel.) ; 41. Vermote (Bel.) ; 42. *Lemarchand* ; 43. Boscardin (It.) ; 44. Schur (Al.) ; 45. *Capelle* ; 46. Nijboer (P.-B.) ; 47. Peron (It.) à 20' 52" ; 48. Zamana (Pol.).
191 partants, 48 classés.
Andreï Tchmil est le premier Russe à remporter Paris-Roubaix.

• GRAND PRIX PRIMAVERA (Espagne)
(10 avril)

1. Melchor MAURI (Esp. / Banesto) les 196 km en 4 h 49' 52" ; 2. Montoya (Esp.) à 2" ; 3. Alcala (Mex.) ; 4. Edo (Esp.) à 11" ; 5. Escartin (Esp.) ; 6. Bobrik (Rus.) ; 7. Delgado (Esp.) ; 8. Barcino (Esp.) ; 9. S. Hernandez (Esp.) ; 10. Theunisse (P.-B.).

• GRAND PRIX DE L'ESCAUT (Belgique)
(13 avril)

1. Peter VAN PETEGEM (Bel. / Trident) les 195 km en 4 h 44' ; 2. De Wolf (Bel.) à 6" ; 3. Abdoujaparov (Ouz.) à 14" ; 4. Baffi (It.) ; 5. Nijdam (P.-B.) à 15" ; 6. Redant (Bel.) à 16" ; 7. Cornelisse (P.-B.) ; 8. Martinello (It.) ; 9. Vanhaecke (Bel.) ; 10. Omloop (Bel.).

LIÈGE-BASTOGNE-LIÈGE (Belgique)

(17 avril)

1. Evgueni BERZIN (Rus. / Gewiss-Ballan) les 268,5 km en 7 h 16' 30" ; 2. Armstrong (É.-U.) à 1' 37" ; 3. G. Furlan (It.) ; 4. Chiappucci (It.) ; 5. Della Santa (It.) ; 6. Rominger (Sui.) à 2' 3" ; 7. Sciandri (It.) à 5' 38" ; 8. Saligari (It.) à 5' 42" ; 9. Cenghialta (It.) à 5' 52" ; 10. Elli (It.) à 5' 58" ; 11. Tchmil (Rus.) ; 12. Ballerini (It.) ; 13. *Pensec* ; 14. Bolts (Al.) ; 15. Peron (It.) ; 16. Vona (It.) à 6' 5" ; 17. Casagrande (It.) à 6' 17" ; 18. Argentin (It.) ; 19. *Virenque* à 11' 2" ; 20. Gontchenkov (Uk.) ; 21. Gelfi (It.) ; 22. Aldag (Al.) ; 23. Nulens (Bel.) ; 24. Rooks (P.-B.) ; 25. Roosen (Bel.) ; 26. G. Petito (It.) ; 27. Volpi (It.) ; 28. *Rué* ; 29. *Heulot* ; 30. Verhoeven (P.-B.) ; 31. Hamburger (Dan.) ; 32. Zamana (Pol.) ; 33. Rebellin (It.) ; 34. Zberg (Sui.) ; 35. Peron (It.) ; 36. Van de Laer (Bel.) ; 37. *Jalabert* ; 38. Colage (It.) ; 39. *Madouas* ; 40. Alcala (Mex.) ; 41. Trumheller (Al.) ; 42. Mejia (Col.) ; 43. Bouwmans (P.-B.) ; 44. *Manin* ; 45. Namtvedt (Nor.) ; 46. Theunisse (P.-B.) ; 47. Van Hooydonck (Bel.) ; 48. Hampsten (É.-U.) ; 49. Lelli (It.) ; 50. Van Lancker (Bel.) ; 51. *Bourguignon* ; 52. Lecchi (It.) ; 53. *Cornillet* ; 54. Cassani (It.) ; 55. Farazijn (Bel.) ; 56. Stephens (Aus.) ; 57. Bugno (It.) ; 58. Museeuw (Bel.) ; 59. *De Las Cuevas* ; 60. Giovannetti (It.) ; 61. Dernies (Bel.) à 12' 12" ; 63. Miceli (It.) à 19' ; 64. *Pillon* ; 65. De Vries (P.-B.) ; 66. Henn (Al.) ; 67. Pantani (It.) ; 68. Outchakov (Uk.) ; 69. Alvis (É.-U.) ; 70. Heppner (Al.) ; 71. Kvalsvoll (Nor.) ; 72. Verdonck (Bel.) ; 73. Zhdanov (Rus.) ; 74. Jaskula (Pol.) ; 75. Ekimov (Rus.) ; 76. Dekker (P.-B.) ; 77. Fleischer (Al.) ; 78. Larsen (É.-U.).
187 partants, 78 classés.
Une semaine auparavant Andreï Tchmil avait été le premier Russe à remporter Paris-Roubaix. Evgueni Berzin est le premier Russe à s'imposer dans Liège-Bastogne-Liège.

FLÈCHE WALLONNE (Belgique)

(20 avril)

1. Moreno ARGENTIN (It. / Gewiss-Ballan) les 205 km en 4 h 56' ; 2. G. Furlan (It.) ; 3. Berzin (Rus.) à 22" ; 4. Bugno (It.) à 1' 14" ; 5. Della Santa (It.) ; 6. Casagrande (It.) à 1' 23" ; 7. Chiappucci (It.) ; 8. Cassani (It.) à 1' 29" ; 9. *Pensec* à 1' 35" ; 10. Giovannetti (It.) à 1' 39" ; 11. Alcala (Mex.) à 1' 43" ; 12. Ballerini (It.) à 1' 50" ; 13. Cenghialta (It.) à 1' 57" ; 14. Gelfi (It.) à 2' 9" ; 15. Van Lancker (Bel.) ; 16. Aldag (Al.) ; 17. Rebellin (It.) ; 18. Bouwmans (P.-B.) à 2' 11" ; 19. Roosen (Bel.) à 2' 13" ; 20. Jeker (Sui.) ; 21. Kvalsvoll (Nor.) à 2' 16" ; 22. Vandenbroucke (Bel.) ; 23. Dekker (P.-B.) ; 24. Gotti (It.) à 2' 19" ; 25. Theunisse (P.-B.) ; 26. Lelli (It.) ; 27. Rooks (P.-B.) ; 28. Gianetti (It.) ; 29. Maier (Aut.) ; 30. Totschnig (Aut.) ; 31. *Madouas* ; 32. G. Petito (It.) à 2' 25" ; 33. Breukink (P.-B.) à 2' 27" ; 34. *Rous* à 2' 29" ; 35. R. Gonzalez (Esp.) ; 36. Armstrong (É.-U.) ; 37. *Cornillet* à 2' 36" ; 38. Mejia (Col.) ; 39. Puttini (Sui.) à 2' 38" ; 40. Konychev (Rus.) ; 41. Chiurato (It.) ; 42. Sciandri (It.) ; 43. Outschakov (Uk.) à 2' 44" ; 44. Bzostek (Bel.) à 2' 47" ; 45. *Rué* à 2' 50" ; 46. Noé (It.) à 2' 52" ; 47. *Heulot* à 2' 56" ; 48. Tchercassov (Rus.) à 3' 6" ; 49. Boogerd (P.-B.) ; 50. Verdonck (Bel.) ; 51. Krieger (Al.) à 7' 24" ; 52. Bolts (Al.) ; 53. Saligari (It.) à 7' 24" ; 54. Perona (It.) à 7' 42" ; 55. Pellicioli (It.) à 20' 35" ; 56. Jaermann (Sui.).
67 concurrents arrivés hors délais n'ont pas été classés.
187 partants, 56 classés.
Trois Gewiss-Ballan (Argentin, Berzin, Furlan) se sont échappés à 72 km de l'arrivée, réalisant le triplé ; Moreno Argent remporte sa troisième Flèche wallonne (1990, 1991 et 1994).

AMSTEL GOLD RACE (Pays-Bas)

(23 avril)

1. Johan MUSEEUW (Bel. / GB-MG) les 250 km en 6 h 42' 34" ; 2. Cenghialta (It.) ; 3. Saligari (It.) à 7" ; 4. Volpi (It.) ; 5. Rebellin (It.) ; 6. Rooks (P.-B.) ; 7. Chiappucci (It.) ; 8. *Rué* ; 9. *Virenque* ; 10. *Rous* ; 11. Tchmil (Rus.) à 40" ; 12. Konychev (Rus.) ; 13. Armstrong (É.-U.) ; 14. Bugno (It.) ; 15. Furlan (It.) ; 16. Ballerini (It.) à 44" ; 17. Ludwig (Al.) à 46" ; 18. Skibby (Dan.) ; 19. Ekimov (Rus.) ; 20. *Pensec* ; 21. Rijs (Dan.) à 50" ; 22. Sciandri (It.) ; 23. Cassani (It.) ; 24. *Pillon* à 2' 19" ; 25. Bouwmans (P.-B.) ; 26. *Mottet* ; 27. Den Bakker (P.-B.) ; 28. Theunisse (P.-B.) ; 29. Outschakov (Uk.) à 3' 13" ; 30. Aldag (Al.) ; 31. Heppner (Al.) à 3' 15" ; 32. Ferrigato (It.) à 4' 25" ; 33. Imboden (Sui;) ; 34. Bartoli (It.) ; 35. Pellicioli (It.) ; 36. Casagrande (It.) ; 37. Gotti (It.) ; 38. Holm (Dan.) ; 39. Zberg (Sui.) à 7' 33" ; 40. Larsen (É.-U.) ; 41. Dernies (Bel.) ; 42. Fleischer (Al.) ; 43. *Bourguignon* ; 44. Gianetti (Sui.) à 7' 37" ; 45. Henn (Al.) ; 46. Bolts (Al.) ; 47. Van Hooydonck (Bel.) ; 48. Hamburger (Dan.).
180 partants, 48 classés.

• TOUR DE VENDÉE
(24 avril)

1. Patrick VAN ROOSBROECK (Bel. / Trident) les 205,3 km en 5 h 13' 51" ; 2. M. de Clercq (Bel.) ; 3. Spaenhoven (Bel.) ; 4. Haghedooren (Bel.) ; 5. Planckaert (Bel.) ; 6. Farazijn (Bel.) ; 7. *Roux* ; 8. *Lance* ; 9. Desmet (Bel.) ; 10. Kolzitine (Kaz.).

• TOUR DE BERNE (Suisse)
(24 avril)

1. Andreas KAPPES (Al. / Trident) les 206 km en 5 h 30' 45" ; 2. Richard (Sui.) à 14" ; 3. Vandenbroucke (Bel.) ; 4. Cattaneo (Sui.) à 21" ; 5. Peron (It.) à 26" ; 6. Krieger (Al.) ; 7. Runkel (Al.) ; 8. *Ledanois* à 35" ; 9. Pellicioli (It.) à 37" ; 10. De Koning (P.-B.).

• TOUR DES APENNINS (Italie)
(25 avril)

1. Evgueni BERZIN (Rus. / Gewiss-Ballan) les 209 km en 5 h 27' 1" ; 2. Chiappucci (It.) ; 3. Della Santa (It.) à 10" ; 4. Ghirotto (It.) à 27" ; 5. Perona (It.) ; 6. Faresin (It.) ; 7. Bobrik (Rus.) ;

8. Vona (It.) à 2' 5" ; 9. Citracca (It.) ; 10. Elli (It.).

• VEENENDAAL-VEENENDAAL (Pays-Bas) (27 avril)

1. Viatcheslav EKIMOV (Rus. / WordPerfect) les 240 km en 5 h 4' 50" ; 2. Kappes (Al.) à 2' 7" ; 3. Maassen (P.-B.) ; 4. Holm (Dan.) ; 5. Hampsten (É.-U.) ; 6. Planckaert (Bel.) ; 7. Vandenbroucke (Bel.) ; 8. De Koning (P.-B.) ; 9. Peeters (Bel.) ; 10. Bouwmans (P.-B.).

• GRAND PRIX DE L'INDUSTRIE ET DU COMMERCE À PRATO (Italie) (30 avril)

1. Marco SALIGARI (It. / GB-MG) les 204 km en 5 h 32' 11" ; 2. Cenghialta (It.) à 5" ; 3. Belli (It.) ; 4. Borgheresi (It.) ; 5. Pellicioli (It.).

GRAND PRIX DE FRANCFORT (Allemagne)

(1er mai)

1. Olaf LUDWIG (Al. / Telekom) les 209 km en 5 h 10' 17" ; 2. Kappes (Al.) ; 3. *Magnien* ; 4. Tchmil (Rus.) ; 5. Verhoeven (P.-B.) ; 6. Van Petegem (Bel.) ; 7. Planckaert (Bel.) ; 8. Konychev (Rus.) ; 9. Artunghi (It.) ; 10. Fidanza (It.) ; 11. Van de Laer (Bel.) ; 12. Van Steen (P.-B.) ; 13. Vandenbroucke (Bel.) ; 14. Holm (Dan.) ; 15. Dekker (P.-B.) ; 16. Rooks (P.-B.) ; 17. Sciandri (It.) ; 18. Hamburger (Dan.) ; 19. Larsen (É.-U.) ; 20. Cassani (It.) ; 21. *Cornillet* ; 22. Roosen (Bel.) ; 23. Kelly (Irl.) ; 24. *Brochard* ; 25. Ekimov (Rus.) ; 26. Thijs (Bel.) ; 27. *Pillon* ; 28. Fleischer (Al.) ; 29. Schur (Al.) ; 30. Poulnikov (Uk.) ; 31. Bouwmans (P.-B.) ; 32. Nulens (Bel.) ; 33. *Roux* ; 34. Trumheller (Al.) : 35. Bugno (It.) ; 36. Van Lancker (Bel.) ; 37. De Wolf (Bel.) ; 38. Kvalsvol (Nor.) ; 39. Maassen (P.-B.) ; 40. Rebellin (It.) ; 41. Smith (G.-B.) ; 42. Bolts (Al.) ; 43. Dernies (Bel.) ; 44. Kummer (Al.) ; 45. Museeuw (Bel.) ; 46. Zabel (Al.) ; 47. Chiesa (It.) ; 48. De Meester (Bel.) ; 49. *Virenque* ; 50. De Vries (P.-B.).

Depuis 1978 (Gregor Braun), aucun Allemand n'avait remporté le G.P. de Francfort.

• GRAND PRIX DE L'INDUSTRIE ET DE L'ARTISANAT À LARCIANO (Italie) (1er mai)

1. Francesco CASAGRANDE (It. / Mercatone) les 210 km en 5 h 41' 30" ; 2. Rijs (Dan.) à 6" ; 3. Ferrigato (It.) à 22" ; 4. Pantani (It.) ; 5. Rodriguez (Col.) à 27" ; 6. Borgheresi (It.) à 3' 37" ; 7. Chiappucci (It.) à 3' 41" ; 8. Cenghialta (It.) ; 9. Bartoli (It.) ; 10. Faresin (It.).

• GRAND PRIX DU CANTON D'ARGOVIE (Suisse) (1er mai)

1. Pascal RICHARD (Sui. / GB-MG) les 196 km en 4 h 54' 37" ; 2. *De Las Cuevas* ; 3. Verdonck (Bel.) à 25" ; 4. *Ledanois* ; 5. Verstrepen (Bel.) ; 6. *Simon* ; 7. Da Silva (Por.) ; 8. Mulders (P.-B.) ; 9. Farazijn (Bel.) ; 10. Van Looy (Bel.).

• GRAND PRIX DE WALLONIE (Belgique) (12 mai)

1. Peter FARAZIJN (Bel. / Lotto) les 194 km en 4 h 44' ; 2. Bolts (Al.) ; 3. Nevens (Bel.) ; 4. Kelly (Irl.) à 27" ; 5. Henn (Al.) ; 6. Janssens (Bel.) à 34" ; 7. Holm (Dan.) à 45" ; 8. Vandenbroucke (Bel.) ; 9. Van de Laer (Bel.) ; 10. Hennebert (Bel.).

• TOUR DE TOSCANE (Italie) (15 mai)

1. Francesco CASAGRANDE (It. / Mercatone) les 202 km en 5 h 1' 16" ; 2. Richard (Sui.) ; 3. Ghirotto (It.) ; 4. Pantani (It.) ; 5. Ferrigato (It.) à 31" ; 6. Bartoli (It.) ; 7. Scinto (It.) ; 8. Giovannetti (It.) ; 9. Bugno (It.) ; 10. Rodriguez (Col.) à 1' 26".

• TOUR DE COLOGNE (Allemagne) (15 mai)

1. Udo BOLTS (Al. / Telekom) les 209 km en 5 h 20' 10" ; 2. Jaermann (Sui.) à 1' 25" ; 3. Heppner (Al.) ; 4. Henn (Al.) à 1' 57" ; 5. Aldag (Al.) à 9' 4" ; 6. Nevens (Bel.) à 9' 40" ; 7. Holzmann (Al.) à 9' 50" ; 8. Kalin (Sui.) ; 9. Planckaert (Bel.) à 14' 20" ; 10. Remels (Bel.).

• TOUR DU FRIOUL (Italie) (18 mai)

1. Vladimir POULNIKOV (Uk. / Carrera) les 198,9 km en 5 h 12' ; 2. Sörensen (Dan.) ; 3. Chiesa (It.) à 2" ; 4. Volpi (It.) ; 5. Settembrini (It.) ; 6. Konychev (Rus.) à 14" ; 7. Bertolini (It.) ; 8. Martinello (It.) ; 9. Ferrigato (It.) ; 10. Checcin (It.).

• BINCHE-TOURNAI-BINCHE (Belgique) (18 mai)

1. Wilfried NELISSEN (Bel. / Novemail) les 204 km en 5 h 23' ; 2. Museeuw (Bel.) ; 3. Bomans (Bel.) ; 4. Redant (Bel.) ; 5. Cornelisse (P.-B.) ; 6. Kappes (Al.) ; 7. Patry (Bel.) ; 8. Van Steen (P.-B.) ; 9. Heynderickx (Bel.) ; 10. Smetanine (Rus.).

• CLASSIQUE DES ALPES (21 mai)

1. Oliveiro RINCON (Col. / Once) les 201 km en 5 h 48' 59" ; 2. *Roux* à 49" ; 3. *Pensec* à 4' 15" 4. Garcia Camacho (Esp.) ; 5. *Virenque* à 5' 30" ; 6. Meinert (Dan.) à 5' 35" ; 7. Dufaux (Sui.) ; 8. *Caritoux* ; 9. Runkel (Sui.) à 7' 45" ; 10. Voskamp (P.-B.) à 8' 35" ; 11. *Lebreton* à 8' 36" ; 12. De Vries (P.-B.) ; 13. Giannetti (Sui.) à 11' 56" ; 14. *Hervé* à 13' 21" ; 15. *Guazzini* ; 16. Jonker (P.-B.) à 14' 15" ; 17. *Esnault* à 16' 46" ; 18. *Seigneur* à 16' 47" ; 19. *Roux* ; 20. *Mottet*.

• TÉLÉPORT DERNY CRITÉRIUM (Pays-Bas) (22 mai)

1. Johan MUSEEUW (Bel. / GB-MG) les 120 km en 2 h 29' 19" ; 2. Nijdam (P.-B.) ; 3. Ekimov (Rus.) ; 4. Pieters (P.-B.) à 54" ; 5. Van Bon (P.-B.) à 1' 30".

• À TRAVERS LE MORBIHAN (28 mai)

1. Peter DE CLERCQ (Bel. / Lotto) les 199 km en 4 h 38' 1" ; 2. *Simon* ; 3. *Pensec* ; 4. Garcia Camacho (Esp.) ; 5. *Hervé* ; 6. *Aubier* ; 7. Van Itterbeeck (Bel.) à 33" ; 8. Michaelsen (Dan.) ; 9. Zamana (Pol.) ; 10. Desmet (Bel.).

• TOUR DE ZÉLANDE CENTRALE (Pays-Bas) (28 mai)

1. Maarten DEN BAKKER (P.-B.) les 210 km en 5 h 8' 16" ; 2. Nijdam (P.-B.) à 4" ; 3. Capiot (Bel.) ; 4. Planckaert (Bel.) ; 5. Veenstra (P.-B.) ; 6. Van Bon (P.-B.) ; 7. Voskamp (P.-B.) à 17" ; 8. W. Nelissen (Bel.) à 24" ; 9. *Moncassin* ; 10. Cornelisse (P.-B.).

• TOUR DU LIMBOURG (Belgique) (29 mai)

1. Marc WAUTERS (Bel. / Word Perfect) les 205 km en 5 h 18' ; 2. Hennebert (Bel.) ; 3. Corvers (Bel.) à 1' 25" ; 4. Liboton (Bel.) ; 5. Sherwin (Aus.) ; 6. Omloop (Bel.) à 1' 55" ; 7. Verheyen (Bel.) ; 8. Emonds (Bel.) ; 9. Jemison (É.-U.) à 2' ; 10. Cornelisse (P.-B.).

• CLASICA D'ALCOBENDAS (Espagne) (29 mai)

1. Abraham OLANO (Esp. / Mapei-Clas) les 182 km en 4 h 14' 37" ; 2. Leanizbarrutia (Esp.) ; 3. Lanfranchi (It.) ; 4. J.C. Gonzalez (Esp.) ; 5. Fagnini (It.) ; 6. Zberg (Sui.) ; 7. Bertolini (It.) ; 8. Irusta (Esp.) ; 9. *Leblanc* ; 10. M. Garcia (Esp.).

• NJNB CLASSIC (États-Unis) (2 juin)

1. Ron KIEFEL (É.-U. / Coors Light) les 145 km en 2 h 56' 16" ; 2. Anderson (Aus.) ; 3. Brasi (It.) ; 4. Andreu (É.-U.) ; 5. Minali (It.).

• ASSENEDE-OOSTEKLOO (Belgique) (17 juillet)

1. Adri VAN DER POEL (P.-B. / Collstrop) les 170 km en 3 h 54' ; 2. Van Steen (P.-B.) à 1' 10" ; 3. Roes (Bel.) ; 4. Den Bakker (P.-B.) ; 5. Knaven (P.-B.) ; 6. Cornelisse (P.-B.) ; 7. Patry (Bel.) ; 8. Omloop (Bel.) ; 9. Venstra (P.-B.) ; 10. Van den Akker (P.-B.).

• SARAGOSSE-SABINANIGO (Espagne) (23 juillet)

1. Serge BAGUET (Bel. / Lotto) les 187 km en 4 h 53' 26" ; 2. Zanatta (It.) ; 3. Vandenbroucke (Bel.) ; 4. Palacin (Esp.) ; 5. Saitov (Rus.) ; 6. Escartin (Esp.) ; 7. Coello (Esp.) ; 8. Espinosa (Esp.) ; 9. G. Gomez (Esp.) ; 10. Ruiz Cabestany (Esp.).

• CIRCUIT GUECHO (Espagne) (24 juillet)

1. Orlando RODRIGUES (Por. / Artiach) les 200,4 km en 4 h 34' 14" ; 2. J.-C. Gonzalez (Esp.) ; J. Rodriguez (Esp.) ; 4. Zanatta (It.) ; 5. Omloop (Bel.) ; 6. Van den Abbeele (Bel.) ; 7. Neves (Por.) ; 8. Taboas (Esp.) ; 9. Benito (Esp.) ; 10. Vidal (Esp.).

• GRAND PRIX VILLAFRANCA DE ORDIZIA (Espagne) (25 juillet)

1. Neil STEPHENS (Aus. / Once) les 177 km en 4 h 26'1" ; 2. Vandenbroucke (Bel.) à 3" ; 3. Jimenez (Esp.) à 1' 4" ; 4. Heulot ; 5. Garmendia (Esp.) ; 6. Ruiz Cabestany (Esp.) ; 7. Arenas (Esp.) ; 8. Neves (Por.) ; 9. Merckx (Bel.) ; 10. Palacio (Esp.).

• ACHT VAN CHAAM (Pays-Bas) (27 juillet)

1. Serguei OUTSCHAKOV (Uk. / Polti) les 156 km en 3 h 23' 13" ; 2. Redant (Bel.) à 3" ; 3. Den Bakker (P.-B.) ; 4. Van Aert (P.-B.) ; 5. Dietz (Al.)

• CRITÉRIUM DES ABRUZZES (Italie) (30 juillet)

1. Michele BARTOLI (It. / Mercatone) les 169 km en 4 h 37' 55" ; 2. Sciandri (It.) ; 3. Sorensen (Dan.) ; 4. Pellicioli (It.) ; 5. Santaromita (It.).

● **TROPHÉE MATTEOTTI (Italie)**
(31 juillet)

1. Rolf SORENSEN (It. / GB-MG) les 203 km en 5 h 10' ; 2. Bortolami (It.) à 52" ; 3. Cassani (It.) ; 4. Casagrande (It.) à 55" ; 5. Pellicioli (It.).

● **GRAND PRIX VAN STEENBERGEN À ARTSELAAR (Belgique)** (3 août)

1. Djamolidine ABDOUJAPAROV (Ouz./ Polti) les 220 km en 5 h 2' ; 2. Heyderickx (Bel.) ; 3. Steels (Bel.) ; 4. Omloop (Bel.) ; 5. Martinello (It.) ; 6. Dieckssens (Bel.) ; 7. Daelman (Bel.) ; 8. Blijlevens (P.-B.) ; 9. Willems (Bel.) ; 10. Kappes (Al.)

CLASICA SAN SEBASTIAN (Espagne)

(6 août)

1. *Armand DE LAS CUEVAS* (Castorama) les 238 km en 5 h 24' 44" ; 2. Armstrong (É.-U.) à 1' 56" ; 3. Della Santa (It.) à 1' 57" ; 4. Poulnikov (Uk.) à 2' 3" ; 5. Tchmil (Rus.) à 2' 9" ; 6. Bortolami (It.) ; 7. Ruiz Cabestany (Esp.) ; 8. Uriarte (Esp.) ; 9. Edo (Esp.) ; 10. Bugno (It.) ; 11. *Simon* ; 12. Cassani (It.) ; 13. *Virenque* ; 14. Faresin (It.) ; 15. Cenghialta (It.) ; 16. Konychev (Rus.) ; 17. Sunderland (Aus.) ; 18. *Heulot* ; 19. Miceli (It.) ; 20. *Madouas* ; 21. G. Furlan (It.) ; 22. Chiappucci (It.) ; 23. Heppner (Al.) ; 24. *Davy* ; 25. Bolts (Al.) ; 26. Olano (Esp.) ; 27. Ballerini (It.) ; 28. Peron (It.) ; 29. Dufaux (Sui.) ; 30. *Hervé* ; 31. Gonzalez (Esp.) ; 32. Sciandri (It.) ; 33. Pellicioli (It.) ; 34. Garcia (Esp.) ; 35. Escartin (Esp.) ; 36. Bartoli (It.) ; 37. Echave (Esp.) ; 38. Alcala (Mex.) ; 39. Zülle (Sui.) ; 40. Cubino (Esp.) ; 41. M. Indurain (Esp.) ; 42. Cuesta (Esp.) ; 43. R. Gonzalez (Esp.) ; 44. Gaston (Esp.) ; 45. *Pensec* ; 46. Gorini (It.) à 2' 16" ; 47. Schiavina (It.) à 7' 25" ; 48. Saligari (It.) ; 49. Martinello (It.) ; 50. Museeuw (Bel.) ; 51. Hincapie (É.-U.) ; 52. Elli (It.) ; 53. Sergeant (Bel.) ; 54. Nulens (Bel.) ; 55. Lelli (It.) ; 56. Jemison (É.-U.) ; 57. Meier (Sui.) ; 58. Den Bakker (P.-B.) ; 59. Cattai (It.) ; 60. Cepele (Lit.) ; 61. Merckx (Bel.) ; 62. Sherwin (Aus.) ; 63. Pillon ; 64. Simoni (It.) ; 65. *Cornillet* ; 66. S. Hernandez (Esp.) ; 67. Palacin (Esp.) ; 68. *Elissalde* ; 69. Boogerd (P.-B.) ; 70. Zanolini (It.) ; 71. Donati (It.) ; 72. Santaromita (It.) ; 73. Gotti (It.) ; 74. I. Gonzalez (Esp.) ; 75. Jaskula (Pol.) ; 76. Totschnig (Aut.) ; 77. Stephen (Aus.) ; 78. Mejia (Col.) ; 79. Alvis (É.-U.) ; 80. Cabello (Esp.) ; 81. Fondriest (It.) ; 82. I. Garcia Camacho (Esp.) ; 83. *Rué* ; 84. Uria (Esp.) ; 85. *Robin* ; 86. *Lino* ; 87. Sorensen (Dan.) ; 88. Dernies (Bel.) à 10' 54" ; 89. Barcina (Esp.) ; 90. Frattini (It.) ; 91. Mattan (Bel.) ; 92. Van de Wouwer (Bel.) ; 93. *Vasseur* ; 94. Ven den Bossche (Bel.) ; 95. Tcherkassov (Rus.) ; 96. Perini (It.) ; 97. Dietz (Al.) ; 98. Zen (It.) ; 99. Weltz (Dan.) ; 100. Krieger (Al.) ; 101. Clavero (Esp.) ; 102. Holm (Dan.) ; 103. Roosen (Bel.) ; 104. Larsen (É.-U.) ; 105. Vidal (Esp.) ; 106. Artunghi (It.) ; 107. Ferrigato (It.) ; 108. Millar (G.-B.) ; 109. Van Lancker (Bel.) ; 110. Bouwmans (P.-B.) ; 111. Casero (Esp.) ; 112. Sanchez (Esp.) ; 113. Hoffman (P.-B.) ; 114. Bobrike (Rus.) ; 115. Stenersen (Nor.) ; 116. Pinero (Esp.) ; 117. Namdvedt (Nor.) ; 118. Spruch (Pol.) ; 119. Bramati (It.) ; 120. Anguita (Esp.) ; 121. Colage (It.) ; 122. Jaermann (Sui.) ; 123. Fagnini (It.) ; 124. Knaven (P.-B.) à 17' 37" ; 125. Cordes (P.-B.) ; 126. Perez Font (And.) ; 127. Vicario (Esp.).

175 partants, 127 arrivants.

Armand De Las Cuevas est le premier Français à remporter la Clasica San Sebastian.

● **SUBIDA À URKIOLA (Espagne)**
(7 août)

1. José-Maria JIMENEZ (Esp. / Banesto) les 160 km en 4 h 2' 2" ; 2. Chiappucci (It.) à 5" ; 3. J.-L. Gonzales (Esp.) à 12" ; 4. Pellicioli (It.) ; 5. J. Garcia (Esp.) à 53" ; 6. J.-T. Martinez (Esp.) à 1' 26" ; 7. Miceli (It.) à 2' 3" ; 8. Uriarte (Esp.) à 2' 18" ; 9. Totschnig (Aut.) à 2' 30" ; 10. Simoni (It.).

● **GRAND PRIX DE CAMAIORE (Italie)**
(10 août)

1. Gianluca BORTOLAMI (It. / Mapei-Clas) les 209 km en 5 h 17' 32" ; 2. Ghirotto (It.) à 13" ; 3. Faresin (It.) ; 4. Bugno (It.) à 45" ; 5. Konychev (Rus.) ; 6. Colage (It.) ; 7. Elli (It.) ; 8. Conti (It.) ; 9. Caruso (It.) ; 10. Pellicioli (It.).

LEEDS INTERNATIONAL CLASSIC (Grande-Bretagne)

(14 août)

1. Gianluca BORTOLAMI (It. / Mapei-Clas) les 231,2 km en 6 h 3' 29" (moyenne : 38,2 km/h) ; 2. Ekimov (Rus.) ; 3. Hamburger (Dan.) à 11" ; 4. Andreu (É.-U.) ; 5. Dufaux (Sui.) ; 6. Ghirotto (It.) ; 7. Sciandri (It.) ; 8. Faresin (It.) ; 9. Swart (N.-Z.) ; 10. Vanzella (It.) à 15" ; 11. Heppner (Al.) à 1' 1" ; 12. Aldag (Al.) ; 13. Yates (G.-B.) à 2' 21" ; 14. Skibby (Dan.) à 2' 59" ; 15. *Pensec* ; 16. Bolts (Al.) ; 17. Gianetti (It.) ; 18. Rebellin (It.) ; 19. Merckx (Bel.) ; 20. Armstrong (É.-U.) à 3' 3" ; 21. Museeuw (Bel.) ; 22. Tchmil (Rus.) ; 23. Holzmann (Al.) ; 24. Zülle (Sui.) ; 25. Saligari (It.) à 4' 52" ; 26. Peron (It.) ; 27. Elli (It.) ; 28. Tebaldi (It.) ; 29. Den Bakker (P.-B.) ; 30. Cassani (It.) ; 31. Caruso (It.) ; 32. Fondriest (It.) ; 33. Bruyneel (Bel.) ; 34. Boogerd (P.-B.) ; 35. Tafi (It.) ; 36. Nevens (Bel.) ; 37. Gotti (It.) ; 38. Audhem (Al.) ; 39. Millar (G.-B.) ; 40. Ballerini (It.) ; 41. Bugno (It.) ; 42. Pellicioli (It.) ; 43. Beukink (P.-B.) ; 44. Belli (It.) ; 45. Perini (It.) ; 46. Bouwmans (P.-B.) ; 47. Van Hyfte (Bel.) à 14' 1" ; 48. *Redant* ; 49. Jonker (P.-B.) à 15' 32" ; 50. Noé (It.) à 24' 1" ; 51. Chiurato (It.) ; 52. *Bouvard* à 29' 36" ; 53. D. Nelissen (P.-B.) ; 54. Smith (G.-B.) ; 55. Santaromita (It.) ; 56. Van Lancker (Bel.) ; 57. Cordes (P.-B.) ; 58. *Cornillet* ; 59. Stenersen (Nor.) ; 60. Kappes (Al.) ; 61. De Vries (P.-B.) ; 62. Serpellini (It.) ; 63. Van de Laer (Bel.) ; 64. Nulens (Bel.) ; 65. Van Hooydonck (Bel.) ; 66. Totschnig (Aut.) ; 67. *Rous* ; 68. Earley (Irl.) ; 69. Van Bondt (Bel.) ; 70. *Lemarchand* ; 71. *Vasseur* ; 72. Piatek (Pol.) ; 74. Coltam (G.-B.) à 37' 25" ; 74. *Aubier*.

● **COUPE BERNOCCHI (Italie)**
(16 août)

1. Bruno CENGHIALTA (It. / Gewiss-Ballan) les 209 km en 4 h 59' 51" ; 2. Casagrande (It.) à 8" ; 3. Tafi (It.) ; 4. Pagnin (It.) ; 5. Lietti (It.) ; 6. Podenzana (It.) à 13" ; 7. Colage (It.) à 1' 6" ; 8. Chiappucci (It.) ; 9. Tebaldi (It.) ; 10. *Desbiens* à 1' 8".

● **COUPE AGOSTINI (Italie)**
(17 août)

1. Oscar PELLICIOLI (It. / Polti) les 205 km en 4 h 52' 30" ; 2. G. Furlan (It.) ; 3. Ghirotto (It.) ; 4. Faresin (It.) ; 5. Della Santa (It.) ; 6. Elli (It.) à 52" ; 7. Poulnikov (Uk.) ; 8. Casagrande (It.) ; 9. Bartoli (It.) ; 10. Bortolami (It.).

● **TROIS VALLÉES VARÉSINES (Italie)**
(19 août)

1. Claudio CHIAPPUCCI (It. / Carrera) les 209,2 km en 5 h 13' 46" ; 2. Bobrik (Rus.) ; 3. Zanini (It.) à 39" ; 4. Ghirotto (It.) ; 5. Ballerini (It.) ; 6. Pellicioli (It.) à 45" ; 7. Frattini (It.) à 4' 28" ; 8. Rebellin (It.) ; 9. Perona (It.) ; 10. Miceli (It.).

CHAMPIONNAT DE ZURICH (Suisse)

(21 août)

1. Gianluca BORTOLAMI (It. / Mapei-Clas) les 243,6 km en 6 h 14' 11" (moyenne : 39,61 km/h) ; 2. Museeuw (Bel.) ; 3. Fondriest (It.) ; 4. Chiappucci (It.) ; 5. Rijs (Dan.) ; 6. Puttini (Sui.) ; 7. Richard (Sui.) ; 8. G. Furlan (It.) ; 9. Armstrong (É.-U.) ; 10. Casagrande (It.) ; 11. Ghirotto (It.) ; 12. Bugno (It.) ; 13. Bolts (Al.) ; 14. *Virenque* ; 15. Poulnikov (Uk.) ; 16. Donati (It.) ; 17. Colage (It.) à 7" ; 18. Sorensen (Dan.) ; 19. Cassani (It.) à 17" ; 20. *Pensec* ; 21. *Roux* ; 22. Imboden (Sui.) ; 23. *Lino* ; 24. Heppner (Al.) ; 25. Faresin (It.) ; 26. Mejia (Col.) ; 27. Pellicioli (It.) ; 28. Cenghialta (It.) ; 29. *Leblanc* ; 30. Sunderland (Aus.) à 1' ; 31. *Brochard* ; 32. Hamburger (Dan.) ; 33. *Hervé* à 1' 48" ; 34. Zberg (Sui.) à 3' 37" ; 35. Miceli (It.) ; 36. Bouwmans (P.-B.) ; 37. Tonkov (Rus.) ; 38. Arroyo (Mex.) ; 39. *Heulot* ; 40. Jeker (Sui.) ; 41. Dufaux (Sui.) à 4' 44" ; 42. Konychev (Rus.) à 5' 25" ; 43. Tafi (It.) ; 44. Tieteriouk (Rus.) ; 45. Lafis (Suè.) ; 46. Jaermann (Sui.) ; 47. Yates (G.-B.) ; 48. Biasci (It.) ; 49. Lauritzen (Nor.) ; 50. Vandenbroucke (Bel.) ; 51. Caruso (It.) ; 52. *Thibout* ; 53. Tcherkassov (Rus.) ; 54. E. Dekker (P.-B.) ; 55. Cattai (It.) ; 56. *Cornillet* ; 57. Hernandez (Esp.) ; 58. Ugrumov (Rus.) ; 59. P. Indurain (Esp.) ; 60. *Bourgeot* ; 61. Bonca (Slo.) ; 62. D. Garcia (Esp.) ; 63. Bartoli (It.) ; 64. Dotti (It.) ; 65. Perona (It.) ; 66. Tchmil (Rus.) ; 67. Sciandri (It.) ; 68. Gianetti (Sui.) ; 69. Ballerini (It.) ; 70. Lecchi (It.) ; 71. Pantani (It.) ; 72. Millar (G.-B.) ; 73. Jaskula (Pol.) ; 74. *Desbiens* ; 75. Belli (It.) à 9' 25" ; 76. *Garel* ; 77. Baguet (Bel.) à 9' 45" ; 78. Simoni (It.) ; 79. *Simon* ; 80. Meier (Sui.) à 11' 16" ; 81. Fagnini (It.) ; 82. Sypytkowski (Pol.) ; 83. Uriarte (Esp.) ; 84. Martinez (Esp.) ; 85. Zamana (Pol.) ; 86. Rossi (It.) ; 87. Mulders (P.-B.) ; 88. Peron (It.) ; 89. Zülle (Sui.) ; 90. Boggerd (P.-B.) ; 91. *Manin* ; 92. Totschnig (Aut.) ; 93. *Teyssier* ; 94. Stenersen (Nor.) ; 95. *Rous* ; 96. Meinert-Nielsen (Dan.) ; 97. Ahedo (Esp.) ; 98. Werner (Al.) à 13' 4" ; 99. *Caritoux* ; 100. Audhem (Al.) ; 101. Dietz (Al.) ; 102. Kummer (Al.) ; 103. Diaz de Otazu (Esp.) ; 104. Bobrike (Rus.) ; 105. Mantovan (It.) ; 106. Verdonck (Bel.) ; 107. Voskamp (P.-B.) ; 108. *Bouvard* ; 109. Gotti (It.) ; 110. Muller (Sui.) ; 111. Lodge (G.-B.) ; 112. Elli (It.) ; 113. Zen (It.) ; 114. Bramati (It.) ; 115. Pierobon (It.) à 16' 13" ; 116. Outschakov (Uk.) à 21' 14".

189 partants, 116 classés.

● **GRAND PRIX DE PLOUAY**
(23 août)

1. Andreï TCHMIL (Rus.) les 209 km en 4 h 55' 2" ; 2. *Virenque* à 55" ; 3. Heppner (Al.) ; 4. *Cornillet* ; 5. *Hervé* à 1'

15'' ; 6. *Pensec* à 1' 28'' ; 7. *Brochard* ; 8. *Vasseur* ; 9. *Teyssier* à 4' 4'' ; 10. *Rous* à 4' 14''.

• TROPHÉE DES GRIMPEURS
(4 septembre)

1. *Richard VIRENQUE* (Festina) les 85,5 km en 2 h 12' 43'' ; 2. Sunderland (Aus.) ; 3. *Rous* à 2'' ; 4. Millar (G.-B.) à 9'' ; 5. *Madouas* à 15'' ; 6. Meinert-Nielsen (Dan.) à 4' 31'' ; 7. Voskamp (P.-B.) à 4' 35'' ; 8. *Lebreton* à 4' 48'' ; 9. *Simon* ; 10. *Pretot* à 4' 50''.

• GRAND PRIX DE FOURMIES
(11 septembre)

1. Andrea TAFI (It., Mapei-Clas) les 210 km en 5 h 4' 30'' ; 2. Bortolami (It.) à 9'' ; 3. Gorini (It.) à 11'' ; 4. Traversoni (It.) ; 5. Fidanza (It.) ; 6. *Moncassin* ; 7. Sciandri (It.) ; 8. Nelissen (Bel.) ; 9. Omloop (Bel.) ; 10. Van der Poel (P.-B.).

• GRAND PRIX EDDY-MERCKX C.L.M. (Belgique)
(11 septembre)

1. Tony ROMINGER (Sui., Mapei-Clas) les 63 km en 1 h 19' 37'' ; 2. *Lance* à 28'' ; 3. Chiurato (It.) à 58'' ; 4. Aldag (Al.) à 1' 3'' ; 5. *Marie* à 1' 44'' ; 6. Museeuw (Bel.) à 1' 53'' ; 7. Riis (Dan.) à 2' 12'' ; 8. Van Hooydonck (Bel.) à 3' 6'' ; 9. Yates (G.-B.) à 3' 8'' ; 10. Boardman (G.-B.) à 3' 20''.

COUPE DE FRANCE (après 11 épreuves)

1. Ronan PENSEC (Novemail-Laser), 130 (+0) ; 2. Virenque (Festina), 117 (+0) ; 3. Brochard (Castorama), 101 (+0) ; 4. Delion (Castorama), 80 (+0) ; 5. Aubier (Gan), 69 (+0) ; 6. Madouas (Castorama), 60 (+0) ; 7. Leroscouët (Aubervilliers), 55 (+0) ; 8. De Las Cuevas (Castorama), 50 (+0) ; 9. Roux (Castorama), 49 (+0) ; 10. Simon (Castorama), 45 (+0) ; ... 19. Moncassin (WordPerfect) 19 (0 + 19).

championnats nationaux

• CHAMPIONNAT DE FRANCE À FONTENAY-LE-COMTE
(26 juin)

1. Jacky DURAND (Castorama) les 255 km en 6 h 7' 52'' ; 2. Moncassin ; 3. Capelle ; 4. Jalabert ; 5. De Las Cuevas ; 6. Hervé ; 7. Caritoux ; 8. Magnien ; 9. Pensec ; 10. Jarno ; 11. Rous ; 12. Simon ; 13. Colotti ; 14. Chanteur ; 15. Desbiens ; 16. Auger ; 17. Cornillet ; 18. Thibout ; 19. Talmant ; 20. Marie ; 21. Gaumont ; 22. Duclos-Lassalle ; 23. Virenque ; 24. Delbove ; 25. Heulot ; 26. Bouvard ; 27. Elissalde ; 28. Bernard ; 29. Rué ; 30. Laurent ; 31. Goubert ; 32. Brochard ; 33. Arnould ; 34. Roux ; 35. Robin ; 36. Madouas ; 37. Boyer ; 38. Bourguignon ; 39. Davy ; 40. Dojwa ; 41. Louviot ; 42. Seigneur ; 43. Lemarchand ; 44. Leblanc ; 45. Bagot ; 46. Gouvenou ; 47. Lebreton ; 48. Bloy à 1' 56'' ; 49. Moreau à 2' 19'' ; 50. Bolay à 5' 37'' ; 51. Rubio à 7' 2'' ; 52. Teyssier ; 53. Esnault ; 54. Bourgeot ; 55. Guazzini ; 56. Delphis ; 57. Pontier ; 58. Boussard à 8' 2''.
86 partants, 58 classés.

• CHAMPIONNAT DE PHILADELPHIE / CHAMPIONNAT DES ÉTATS-UNIS
(5 juin)

1. Sean YATES (G.-B.) les 250 km en 6 h 4' 25'' ; 2. Boscardin (It.) à 56'' ; 3. Walton (Can.) ; 4. Miller (N.-Z.) à 2' 47'' ; 5. Hegg (É.-U.) ; 6. Fortner (É.-U.) à 3' 5'' ; 7. Engleman (É.-U.) ; 8. Fraga (É.-U.) ; 9. Alvis (É.-U.) ; 10. Bowen (É.-U.) à 4' 25''.

• CHAMPIONNAT DE BELGIQUE À LIEDEKERKE
(26 juin)

1. Wilfried NELISSEN (Novemail) les 208 km en 5 h 29'12'' ; 2. Van Haecke ; 3. Verbeken ; 4. Van Hooydonck ; 5. Redant ; 6. Van Petegem ; 7. De Wolf ; 8. Nevens ; 9. Van Itterbeeck à 1' 4'' ; 10. Leysen (Bel.) à 1' 10''.

• CHAMPIONNAT D'ESPAGNE À SABINANIGO
(26 juin)

1. Abraham OLANO les 239,4 km en 6 h 4' 19'' ; 2. Edo ; 3. Mauri ; 4. Rodriguez ; 5. Fernandez ; 6. Arenas ; 7. Coello ; 8. Uriarte ; 9. A. Gonzalez ; 10. P. Indurain.

• CHAMPIONNAT D'ITALIE À CLYES
(26 juin)

1. Massimo PODENZANA (Navigare) les 244,8 km en 6 h 6' 35'' ; 2. Casagrande à 3' 17'' ; 3. Faresin ; 4. Bortolami à 4' 35'' ; Bartoli ; 6. Gotti à 6' 27'' ; 7. Chiappucci ; 8. Cenghialta ; 9. Ghirotto ; 10. Pellicioli.

• CHAMPIONNAT DES PAYS-BAS À MEERSSEN
(26 juin)

1. Steven ROOKS (TVM) les 230 km en 5 h 39' 28'' ; 2. Theunisse à 9'' ; 3. Vermey à 13'' ; 4. Nijdam à 15'' ; 5. Jonker à 19'' ; 6. Maassen à 28'' ; 7. Breukink à 2' 47'' ; 8. Knaven ; 9. Van Den Akker à 4' 8'' ; 10. Cornelisse à 4' 21''.

• CHAMPIONNAT SUISSE-ALLEMAGNE À CHEMNITZ (Allemagne)
(26 juin)

1. Jens HEPPNER (Al. / Telekom, champion d'Allemagne) les 220 km en 5 h 51' 3'' ; 2. Henn (Al.) à 1' 8'' ; 3. Puttini (Sui.) Champion de Suisse à 1' 14'' ; 4. Kappes (Al.) à 9'36'' ; 5. Kaelin (Sui.) ; 6. Werner (Sui.) ; 7. Aldag (Al.) ; 8. Cattaneo (Sui.) ; 9. Kummer (Al.) ; 10. Bolts (Al.) à 9' 47''.

• CHAMPIONNAT DE RUSSIE
(26 juin)

1. Romes GAINETDINOV (Rotator) les 208 km en 5 h 49' 18'' ; 2. Gorgos à 3' 36'' ; 3. Botchkov ; 4. Smetanine à 3' 40'' ; 5. Bobrik ; 6. Dziouba à 4' 3'' ; 7. Konychev ; 8. Toukhvatouline à 4' 40''.

championnat du monde sur route

• Agrigente (Italie)
(28 août)

1. *Luc LEBLANC* (Festina) les 251,8 km en 6 h 33' 54'' ; 2. Chiappucci (It.) à 9'' ; 3. *Virenque* ; 4. Ghirotto (It.) ; 5. Konychev (Rus.) à 15'' ; 6. Sorensen (Dan.) à 42'' ; 7. Armstrong (É.-U.) à 48'' ; 8. Cubino (Esp.) à 52'' ; 9. Rijs (Dan.) ; 10. Ugrumov (Let.) à 59'' ; 11. *De Las Cuevas* à 1' 4'' ; 12. Puttini (Sui.) à 1' 27'' ; 13. *Madouas* à 1' 40'' ; 14. Breukink (P.-B.) à 1' 55'' ; 15. Cassani (It.) à 2' 41'' ; 16. Casagrande (It.) à 3' 49'' ; 17. Sunderland (Aus.) à 6' 7'' ; 18. Bolts (Al.) ; 19. *Heulot* ; 20. Dufaux (Sui.) à 6' 9'' ; 21. Cenghialta (It.) ; 22. Furlan (It.) à 6' 10'' ; 23. Fondriest (It.) à 6' 13'' ; 24. Dekker (P.-B.) à 10' ; 25. Bortolami (It.) ; 26. Bruyneel (Bel.) ; 27. Bobrik (Rus.) ; 28. Tchmil (Rus.) ; 29. Sherwin (Aus.) à 13' 50'' ; 30. Lauritzen (Nor.) ; 31. Jemison (É.-U.) ; 32. Zamana (Pol.) ; 33. Lafis (Suè.) ; 34. Heppner (Al.) ; 35. Cabello (Esp.) ; 36. Rodrigues (Por.) ; 37. Ruiz (Col.) ; 38. Edo (Esp.) ; 39. Jaskula (Pol.) ; 40. Sypsytkowski (Pol.) ; 41. Nevens (Bel.) ; 42. Henn (Al.) ; 43. Silva (Por.) ; 44. Gainetdinov (Rus.) ; 45. Aldag (Al.) ; 46. Kappes (Al.) ; 47. Hamburger (Dan.) ; 48. Cattaneo (Sui.) ; 49. Outchakov (Uk.) ; 50. Dietz (Al.) ; 51. Millar (G.-B.) ; 52. *Brochard* ; 53. Teteriuk (Kaz.) ; 54. *Hervé* ; 55. *Roux* ; 56. *Lino*.
170 partants, 56 classés.
Luc Leblanc est le septième Français à obtenir le titre mondial : Speicher 1933 ; Magne 1936 ; Bobet 1954 ; Darrigade 1959 ; Stablinski 1962 ; Hinault 1980 ; Leblanc 1994.

contre la montre open

• Catane (Italie)
(25 août)

1. Chris BOARDMAN (G.-B.) les 42 km en 49' 34'' ; 2. Chiurato (It.) à 48'' ; 3. Ullrich (Al., amat.) à 1' 50'' ; 4. Breukink (P.-B.) à 2' 2'' ; 5. Olano (Esp.) à 2' 16'' ; 6. Emonds (Bel.) à 2' 18'' ; 7. *Marie* à 2' 31'' ; 8. Vogels (Aus., amat.) à 2' 41'' ; 9. Jaskula (Pol.) à 2' 51'' ; 10. Rich (Al., amat.) à 3' 4''.

courses par étapes

1993

• TOUR DE CATALOGNE (Espagne)
(9-15 septembre)

Étapes remportées par : Fondriest (It.), Wust (Al.), *Jalabert*, *Jalabert*, A. Martin (Esp.), Fondriest (It.)
Classement général final : 1. Alvaro Mejia (Col./Motorola) 23 h 48' 26'' ; 2. Fondriest (It.) à 4'' ; 3. A. Martin (Esp.) à 35'' ; 4. M. Indurain (Esp.) à 40'' ; 5. Chiappucci (It.) à 43'' ; 6. Zülle (Sui.) à 50'' ; 7. Montoya (Esp.) à 1' 11'' ; 8. Rincon (Col.) à 1' 32'' ; 9. *Bernard* à 1' 44'' ; 10. Breukink (P.-B.) à 2' 8''.

• HERALD SUN TOUR (Australie)
(15-24 octobre)

Étapes remportées par : Mann (G.-B.), Wust (Al.), Miller (N.-Z.), Mc-

Farlane (Aus.), Fortner (É.-U.), Jocelyn Jolidon (Sui.), Mann (G.-B.), Walton (Can.), Wust (Al.), Swart (N.-Z.), Moninger (É.-U.), Bogaert (Bel.), McCaig (Aus.).
Classement général final : 1. Dave Mann (G.-B./Coors Light) 34 h 30' 18" ; 2. Walton (Can.) à 1' 22" ; 3. Bolts (Al.) à 2' 6" ; 4. Chiurato (It.) à 3' 3" ; 5. Moninger (É.-U.) à 3' 22" ; 6. Van Looy (Bel.) à 3' 38" ; 7. Henn (Al.) à 5' 28" ; 8. Roscioli (It.) à 5' 41" ; 9. Engleman (É.-U.) ; 10. Jacques Jolidon (Sui.) à 7' 10".

• MAZDA TOUR (Australie)
(1er-6 novembre)

Étapes remportées par : Gaggioli (It.), Moninger (É.-U.), Hughes (Aus.), Parsonage (Aus.), Moninger (É.-U.), Fortner (É.-U.), Roscioli (It.), Chiurato (It.).
Classement général final : 1. Roberto Gaggioli (It./Coors Light) 21 h 37' 42" ; 2. D. Dekker (P.-B.) à 26" ; 3. J. Kelly (Aus.) à 41" ; 4. Jocelyn Jolidon (Sui.) à 47" ; 5. Walton (Can.) à 47" ; 6. McCaig (Aus.) à 50" ; 7. Salas (Aus.) à 55" ; 8. Besanko (Aus.) à 59" ; 9. Pelicioli (It.) à 1' 2".

1994

• ÉTOILE DE BESSÈGES
(2-6 février)

Étapes remportées par : W. Nelissen (Bel.), Van Poppel (P.-B.), W. Nellissen (Bel.), Verhoeven (P.-B.), Heynderickx (Bel.).
Classement général final : 1. Jean-Paul VAN POPPEL (P.-B. / Festina) 16 h 50' 37" ; 2. *Leroscouet* ; 3. *Chaubet* ; 4. Van Petegem (Bel.) à 8" ; 5. *Duclos-Lassalle* ; 6. *Moreau* ; 7. *Manin* ; 8. *Mottet* ; 9. *Pontier* à 42" ; 10. Hoffman (P.-B.) à 57".

• GRAND PRIX PONY MALTA (Colombie) open
(2-6 février)

Étapes remportées par : Ferrigato (Col.), Colage (It.), Montana (Col.), Colage (It.).
Classement général final : 1. Angel CAMARGO (Col. / Kelme) 5 h 50' 44" ; 2. Bernal (Col.) à 34" ; 3. Becerra (Col.) à 1' 7" ; 4. Moncada (Col.) à 1' 8" ; 5. Ortegon (Col.) à 1' 10" ; 6. Colage (It.) à 1' 10".

• TOUR DE MAJORQUE (Espagne)
(2-6 février)

Étapes remportées par : Llaneras (Esp.), Edo (Esp.), Guenetxea (Esp.) ; Uriarte (Esp.), Gutierrez (Esp.).
Classement général final : 1. David GARCIA (Esp. / Banesto) 23 h 28' 28" ; 2. Llaneras (Esp.) à 4" ; 3. Casero (Esp.) ; 4. Ahedo (Esp.) ; 5. Gaston (Esp.) ; 6. K. Garcia (Esp.) à 30" ; 7. Fernandez (Esp.) à 39" ; 8. Escartin (Esp.) ; 9. R. Garcia (Esp.) ; 10. Diaz de Otazu (Esp.) à 42".

• TOUR MÉDITERRANÉEN (France)
(8-13 février)

Étapes remportées par : GB-MG (c.l.m. par équipes), Veenstra (P.-B.), W. Nelissen (Bel.), Cassani (It.), Cipollini (It.), Cipollini (It.), Cassani (It.), Vandenbroucke (Bel.).
Classement général final : 1. David CASSANI (It. / GB-MG) 17 h 23' 47" ; 2. Berzin (Rus.) à 53" ; 3. *Brochard* à 1' 28" ; 4. Noé (It.) à 1' 39" ; 5. *Mottet* à 1' 50" ; 6. Vandenbroucke (Bel.) à 1' 55" ; 7. Sciandri (It.) à 1' 57" ; 8. Bugno (It.) à 2' 4" ; 9. G. Petito (It.) à 2' 17" ; 10. *Lance* à 2' 22".

• RUTA DEL SOL (Espagne)
(8-13 février)

Étapes remportée par : Edo (Esp.), Baffi (It.), Baffi (It.), Della Santa (It.), Svorada (Slo.), Della Santa (It.), Baffi (It.).
Classement général final : 1. Stefano DELLA SANTA (It. / Mapei-Clas) 24 h 31' 14" ; 2. Roosen (Bel.) à 1' 7" ; 3. Cabello (Esp.) à 1' 17" ; 4. Hamburger (Dan.) à 1' 43" ; 5. Ekimov (Rus.) à 1' 50" ; 6. Sanchez (Esp.) à 3' 5" ; 7. Edo (Esp.) à 3' 26" ; 8. Fernandez (Esp.) à 3' 58" ; 9. Den Bakker (P.-B.) à 4' 17" ; 10. M. A. Martinez (Esp.) à 4' 28".

• GRANDE PREMIO A CAPITAL (Portugal)
(17-20 février)

Étape remportée par : J. Silva (Por.), Guenetxea (Esp.), Guenetxea (Esp.), Gamito (Por.), Serrano (Esp.).
Classement général final : 1. Aitor GARMENDIA (Esp.) 10 h 15' 55" ; 2. Llaneras (Esp.) à 18" ; 3. Santos (Esp.) à 29" ; 4. Rojas (Esp.) à 33" ; 5. O. Rodrigues (Por.) à 1' 15".

• SEMAINE SICILIENNE (Italie)
(19-24 février)

Étapes remportées par : Massi (It.), G. Furlan (It.), Fondriest (It.), Roscioli (It.), Cipollini (It.), Elli (It.).
Classement général final : 1. Rodolfo MASSI (It. / Amore e Vita) 24 h 35' 3" ; 2. Coppolillo (It.) à 27" ; 3. Berzin (Rus.) à 30" ; 4. Roscioli (It.) à 1' 30" ; 5. Elli (It.) à 2' 3" ; 6. Guerini (It.) à 3' 46" ; 7. Tebaldi (It.) à 4' ; 8. Calcaterra (It.) à 6' 19" ; 9. Casagrande (It.) à 7' 29" ; 10. Rebellin (It.) à 7' 31".

• TOUR DE VALENCE (Espagne)
(22-27 février)

Étapes remportées par : Baffi (It.), Ekimov (Rus.), Baffi (It.), Baffi (It.), Baffi (It.), M. Indurain (Esp.).
Classement général final : 1. Viatcheslav EKIMOV (Rus. / WordPerfect) 24 h 34' 6" ; 2. M. Indurain (Esp.) à 10" ; 3. Rominger (Sui.) à 11" ; 4. Mauri (Esp.) à 20" ; 5. G. Bontempi (It.) à 32" ; 6. H. Diaz Zabala (Esp.) à 53" ; 7. Baffi (It.) à 54" ; 8. Zülle (Sui.) ; 9. Alcala (Mex.) à 55" ; 10. Zberg (Sui.) à 1' 5".

• GUIMARAES-PONTEVEDRA-SANTIAGO (Portugal)
(4-5 mars)

Étapes remportées par : P. Silva (Por.), Pereira (Por.).
Classement général final : 1. Demino PEREIRA (Por. / Recer-Boavista) 7 h 33' 28" ; 2. Abreu (Por.) à 4" ; 3. Da Silva (Por.) à 6" ; 4. Cunha (Por.) à 12" ; 5. Mendes (Por.) à 13".

PARIS-NICE
(6-13 mars)

PREMIÈRE ÉTAPE
Fontenay-sous-Bois-Orléans
1. Mario CIPOLLINI (It. / Mercatone Uno) les 189 km en 5 h 5' 57" ; 2. Baldato (It.) ; 3. Leoni (It.) ; 4. *Jalabert* ; 5. Ludwig (Al.) ; 6. *Capelle* ; 7. *Moncassin* ; 8. *Jarno* ; 9. *Boucanville* ; 10. *Brochard*.

DEUXIÈME ÉTAPE
Gien-Nevers
1. Fabio BALDATO (It. / GB-MG) les 161 km en 3 h 40' 41" ; 2. Cipollini (It.) ; 3. Abdoujaparov (Ouz.) ; 4. *Jalabert* ; 5. *Capelle* ; 6. Leoni (It.) ; 7. Tchmil (Rus.) ; 8. Museeuw (Bel.) ; 9. Fidanza (It.) ; 10. Ludwig (Al.).
Classement général :
1. Fabio BALDATO (It. / GB-MG).

TROISIÈME ÉTAPE
Nevers-Clermont-Ferrand
1. Djamolidine ABDOUJAPAROV (Ouz. / Polti) les 202 km en 5 h 38' 4" ; 2. Baldato (It.) ; 3. Cipollini (It.) ; 4. Leoni (It.) ; 5. *Capelle* ; 6. *Jalabert* ; 7. *Moncassin* ; 8. *Boucanville* ; 9. Wesemann (Al.) ; 10. *Leroscouët*.
Classement général :
1. Fabio BALDATO (It. / GB-MG).

QUATRIÈME ÉTAPE
Clermont-Ferrand-Saint-Étienne
1. Fabio BALDATO (It. / GB-MG) les 156 km en 4 h 17' 11" ; 2. Fidanza (It.) à 1" ; 3. Biasci (It.) ; 4. Tchmil (Rus.) ; 5. Piccoli (It.) ; 6. *Jalabert* ; 7. *Pensec* ; 8. *Heulot* ; 9. Dufaux (Sui.) ; 10. Totschnig (Aut.).
Classement général :
1. Fabio BALDATO (It. / GB-MG).

CINQUIÈME ÉTAPE
Saint-Étienne-Vaujany
1. Pascal RICHARD (Sui. / GB-MG) les 189 km en 5 h 43' 17" ; 2. Ekimov (Rus.) à 21" ; 3. Rominger (Sui.) ; 4. Zülle (Sui.) ; 5. *Pensec* ; 6. *Roux* ; 7. Bugno (It.) ; 8. Montoya (Esp.) ; 9. Totschnig (Aut.) ; 10. Van de Laer (Bel.).
Classement général :
1. Pascal RICHARD (Sui. / GB-MG).

SIXIÈME ÉTAPE
Beaumes-de-Venise-Marseille
1. Mario CIPOLLINI (It. / GB-MG) les 195 km en 5 h 4' 33" ; 2. Abdoujaparov (Ouz.) ; 3. *Jalabert* ; 4. Baldato (It.) ; 5. Tchmil (Rus.) ; 6. Gorini (It.) ; 7. Zanatta (It.) ; 8. Cepele (Lit.) ; 9. Van de Laer (Bel.) ; 10. Dekker (P.-B.).
Classement général
1. Pascal RICHARD (Sui. / GB-MG).

SEPTIÈME ÉTAPE
Toulon-Mandelieu (Grand Duc)
1. Charly MOTTET (Novemail-laser) les 199 km en 5 h 04' 32" ; 2. Montoya (Esp.) à 13" ; 3. *Pensec* à 19" ; 4. Rominger (Sui.) ; 5. Ekimov (Rus.) à 25" ; 6. *Roux* à 31" ; 7. *Brochard* à 45" ; 8. Aparicio (Esp.) à 55" ; 9. *Cornillet* ; 10. Tchmil (Rus.).
Classement général :
1. Jesus MONTOYA (Esp. / Banesto).

HUITIÈME ÉTAPE (1er secteur)
Mandelieu-Nice
1. Djamolidine ABDOUJAPAROV (Ouz. / Polti) les 100 km en 2 h 19' 3" ; 2. Cipollini (It.) ; 3. *Jalabert* ; 4. Baldato (It.) ; 5. Sergeant (Bel.) ; 6. *Virenque* ; 7. *Moncassin* ; 8. *Leroscouët* ; 9. Bettin (It.) ; 10. Maier (Aut.).
Classement général :
1. Jesus MONTOYA (Esp. / Banesto).

HUITIÈME ÉTAPE (2e secteur)
Nice-Col d'Èze c.l.m. individuel
1. Tony ROMINGER (Sui. / Mapei-Clas) les 12,5 km en 22 h 6' 4" ; 2. Montoya (Esp.) à 42" ; 3. Zülle (Sui.) à 46" ; 4. *Bernard* à 1' 16" ; 5. Ekimov (Rus.) à 1' 23" ; 6. *Pensec* à 1' 41" ; 7. *Roux* à 1' 41" ; 8. Bugno (It.) à 1' 47" ; 9. Aparicio (Esp.) à 1' 47" ; 10. *Seigneur* à 1' 58".
Classement général final : 1. Tony ROMINGER (Sui. / Mapei-Clas) 37 h 16' 15" ; 2. Montoya (Esp.) à 36" ; 3. Ekimov (Rus.) à 1' 30" ; 4. *Pensec* à 1' 41" ; 5. *Roux* à 1' 53" ; 6. Aparicio

(Esp.) à 2' 38'' ; 7. Richard (Sui.) à 2' 47'' ; 8. *Bernard* à 2' 53'' ; 9. Bugno (It.) à 3' ; 10. *Seigneur* à 3' 11'' ; 11. *Brochard* à 3' 15'' ; 12. Tchmil (Rus.) à 3' 40'' ; 13. *Cornillet* à 3' 46'' ; 14. *Mottet* à 3' 59'' ; 15. *Lance* à 4' 8'' ; 16. *Goubert* à 4' 24'' ; 17. Van de Laer (Bel.) à 4' 47'' ; 18. Bouwmans (P.-B.) à 4' 56'' ; 19. Dufaux (Sui.) à 5' 39'' ; 20. *Robin* à 6' 12'' ; 21. Roosen (Bel.) à 6' 36'' ; 22. Piccoli (It.) à 6' 42'' ; 23. *Delion* à 6' 43'' ; 24. *Bourguignon* à 6' 59'' ; 25. *Virenque* à 7' 18'' ; 26. *Lino* à 7' 26'' ; 27. *Rezze* à 8' 52'' ; 28. Namdvedt (Nor.) à 9' 4'' ; 29. Escartin (Esp.) à 9' 34'' ; 30. Trumheller (Al.) à 11' 10''.

• TOUR DE MURCIE (Espagne)
(8-13 mars)

Étapes remportées par : Boardman (G.-B.), Lombardi (It.), Diaz Zabala (Esp.), Lombardi (It.), Colonna (It.), Boardman (G.-B.).
Classement général final : 1. Melchor MAURI (Esp. / Banesto) 17 h 52' 2'' ; 2. Garmendia (Esp.) à 23'' ; 3. Diaz Zabala (Esp.) à 31'' ; 4. Noé (It.) à 38'' ; 5. Rojas (Esp.) à 40'' ; 6. Mejia (Col.) à 43'' ; 7. Delgado (Esp.) à 51'' ; 8. Pascual (Esp.) à 1' 2'' ; 9. Tonkov (Rus.) à 1' 3'' ; 10. Camargo (Col.) à 1' 5''.

• TIRRENO-ADRIATICO (Italie)
(9-16 mars)

Étapes remportées par : Baffi (It.), G. Furlan (It.), Manzoni (It.), Skibby (Dan.), Zanini (It.), G. Furlan (It.), G. Furlan (It.), Pagnin (It.).
Classement général final : 1. Giorgio FURLAN (It. / Gewiss-Ballan) 34 h 52' 20'' ; 2. Berzin (Rus.) à 47'' ; 3. Colage (It.) à 53'' ; 4. Elli (It.) à 1' 7'' ; 5. Casagrande (It.) à 1' 10'' ; 6. Sorensen (Dan.) à 1' 21'' ; 7. Chiappucci (It.) à 1' 22'' ; 8. Massi (It.) à 1' 22'' ; 9. Della Santa (It.) à 1' 23'' ; 10. Zanini (It.) à 1' 24''.

• TOUR DE COLOMBIE open
(15-27 mars)

Étapes remportées par : Bernal (Col.), Guerrero (amat., Col.), Otalvaro (Col.), Ochoa (Col.), Palacio (Col.), J.-J. Gonzalez (Col.), J.-J. Gonzalez (Col.), L.-A. Gonzalez (Col.), J.-J. Gonzalez (Col.), Roncancio (Col.), Marin (Col.), Buenahora (Col.).
Classement général final : 1. José J. GONZALEZ (Col. / Postobon) 52 h 27' 57'' ; 2. A. Sierra (Col.) à 1' 18'' ; 3. C.-M. Jaramillo (Col.) à 1' 57'' ; 4. Roncancio (Col.) à 2' 6'' ; 5. Rico (Col.) à 3' 46'' ; 6. O. Vargas (Col.) à 5' 8'' ; 7. P. Rodriguez (amat., Col.) à 8' 51'' ; 8. Castillo (amat., Col.) à 11' 59'' ; 9. Palacio (Col.) à 12' 59'' ; 10. Lopez (Col.) à 14' 34''.

• SEMAINE CATALANE (Espagne)
(21-25 mars)

Étapes remportées par : Edo (Esp.), Minali (It.), Della Santa (It.), Baffi (It.), Baffi (It.), Montoya (Esp.).
Classement général final : 1. Stefano DELLA SANTA (It. / Mapei-Clas) 21 h 2' 19'' ; 2. Dufaux (Sui.) à 1' 30'' ; 3. Hampsten (É.-U.) à 1' 57'' ; 4. A.-Y. Camargo (Col.) à 2' 8'' ; 5. Aparicio (Esp.) à 2' 16'' ; 6. Bolts (Al.) à 2' 32'' ; 7. Alcala (Mex.) à 3' 1'' ; 8. Mejia (Col.) à 3' 11'' ; 9. Escartin (Esp.) à 3' 16'' ; 10. G. Petito (It.) à 3' 17''.

• CRITÉRIUM INTERNATIONAL (France) (26-27 mars)

PREMIÈRE ÉTAPE
Châteauneuf-du-Pape-Pertuis
1. Eddy BOUWMANS (P.-B. / Novemail-Laser) les 191,5 km en 4 h 41' 8'' ; 2. *Jalabert* à 4'' ; 3. *De Las Cuevas* ; 4. Citracca (It.) ; 5. Cassani (It.) ; 6. Chiappucci (It.) ; 7. Rominger (Sui.) ; 8. *Pensec* ; 9. G. Furlan (It.) ; 10. L. Furlan (It.) ; 11. Casagrande (It.).

DEUXIÈME ÉTAPE
Pernes-les-Fontaines-sommet de Vidauque
1. Giorgio FURLAN (It. / Gewiss-Ballan) les 94,5 km en 2 h 29' 8'' ; 2. Rominger (Sui.) à 35'' ; 3. Berzin (Rus.) ; 4. Elli (It.) ; 5. Casagrande (It.) ; 6. *Pensec* ; 7. Chiappucci (It.) ; 8. Colage (It.) ; 9. *Heulot* ; 10. Cassani (It.).
Classement général : 1. Giorgio FURLAN (It. / Gewiss-Ballan).

TROISIÈME ÉTAPE
Avignon-Avignon c.l.m. individuel
1. Evgueni BERZIN (Rus. / Gewiss-Ballan) les 12,5 km en 14' 22'' ; 2. Rominger (Sui.) à 3'' ; 3. *De Las Cuevas* à 8'' ; 4. *Seigneur* à 13'' ; 5. Chiappucci (It.) à 19'' ; 6. G. Furlan (It.) à 19' ; 7. Boardman (G.-B.) à 28'' ; 8. Casagrande (It.) à 30'' ; 9. Elli (It.) à 34'' ; 10. *Jalabert* à 35''.
Classement général final : 1. Giorgio FURLAN (It. / Gewiss-Ballan) 7 h 25' 1'' ; 2. Rominger (Sui.) à 16'' ; 3. Berzin (Rus.) à 16'' ; 4. Elli (It.) à 50'' ; 5. Chiappucci (It.) à 1' 22'' ; 6. *De Las Cuevas* à 1' 29'' ; 7. Casagrande (It.) à 1' 33'' ; 8. *Heulot* à 1' 47'' ; 9. *Jalabert* à 1' 53'' ; 10. Colage (It.) à 1' 59'' ; 11. *Pensec* à 2' 17'' ; 12. Zarrabeitia (Esp.) à 2' 17'' ; 13. *Seigneur* à 2' 19'' ; 14. Cassani (It.) à 2' 24'' ; 15. *Virenque* à 2' 54'' ; 16. Vandenbroucke (Belg.) à 2' 57'' ; 17. Argentin (It.) à 2' 57'' ; 18. Bouwmans (P.-B.) à 3' 2'' ; 19. *Roux* à 3' 2'' ; 20. Rebellin (It.)) 3' 4'' ; 21. Kvalsvoll (Nor.) à 3' 5'' ; 22. Totschnig (Aut.) à 3' 6'' ; 23. *Rous* à 3' 10'' ; 24. *Caritoux* à 3' 10'' ; 25. *Teyssier* à 3' 17''.

• TROIS JOURS DE LA PANNE (Belgique)
(29-31 mars)

Étapes remportées par : Abdoujaparov (Ouz.), Tchmil (Rus.), Abdoujaparov (Ouz.), Maassen (P.-B.).
Classement général final : 1. Fabio ROSCIOLI (It. / Brescialat) 12 h 57' 14'' ; 2. Abdoujaparov (Ouz.) à 10'' ; 3. Maassen (P.-B.) à 25'' ; 4. G. Bontempi (It.) à 28'' ; 5. Ekimov (Rus.) à 53'' ; 6. *Marie* à 1' 7'' ; 7. Ludwig (Al.) à 1' 9'' ; 8. Willems (Bel.) à 1' 11'' ; 9. Boscardin (It.) à 1' 14'' ; 10. Gontchenkov (Rus.) à 1' 19''.

• TOUR DU PAYS BASQUE (Espagne)
(4-8 avril)

Étapes remportées par : E. Dekker (P.-B.), *Jalabert*, Rominger (Sui.), Cassani (GB-MG), Sagasti (Esp.).
Classement général final : 1. Tony ROMINGER (Sui. / Mapei-Clas) 2 h 15' 4'' ; 2. Berzin (Rus.) à 43'' ; 3. Chiappucci (It.) à 58'' ; 4. Casagrande (It.) à 1' 35'' ; 5. Dufaux (Sui.) à 2' 6'' ; 6. Gelfi (It.) à 2' 12'' ; 7. *Jalabert* à 2' 20'' ; 8. Escartin (Esp.) à 2' 27'' ; 9. Bolts (Al.) à 2' 28'' ; 10. Bobrike (Rus.) à 2' 35''.

• TOUR D'ARAGON (Espagne)
(12-17 avril)

Étapes remportées par : Bobrik (Rus.), Zabel (Al.), Zabel (Al.), Pierobon (It.), Zabel (Al.), Zulle (Sui.), Ludwig (Al.).
Classement général final : 1. Marino ALONSO (Esp. / Banesto) 26 h 17' 2'' ; 2. Mauri (Esp.) à 7'' ; 3. J. Rodriguez (Esp.) à 13'' ; 4. Hodge (Austr.) à 15'' ; 5. Breukink (P.-B.) à 19'' ; 6. Diaz-Zabala (Esp.) à 26'' ; 7. Gainetdinov (Rus.) à 30'' ; 8. M. Fernandez (Esp.) à 35'' ; 9. Bobrik (Rus.) à 43'' ; 10. Kasputis (Lit.) à 2' 16''.

TOUR D'ESPAGNE
(25 avril-15 mai)

PREMIÈRE ÉTAPE
Valladolid c.l.m. individuel
1. Tony ROMINGER (Sui. / Mapei-Clas) les 9 km en 10' 35'' ; 2. Zülle (Sui.) à 20'' ; 3. Mauri (Esp.) à 24'' ; 4. Pierobon (It.) à 27'' ; 5. Alonso (Esp.) à 33'' ; 6. Olano (Esp.) à 34'' ; 7. Hodge (Aus.) à 34'' ; 8. Baffi (It.) à 35'' ; 9. Montoya (Esp.) à 38'' ; 10. Delgado (Esp.) à 39'' ; 11. Aparicio (Esp.) à 41'' ; 12. Breukink (Esp.) à 43'' ; 13. M. Zarrabeitia (Esp.) à 47'' ; 14. Rincon (Col.) à 49'' ; 15 Dos Santos (Esp.) à 50''.

DEUXIÈME ÉTAPE
Valladolid-Salamanque
1. *Laurent JALABERT* (Once) les 178,4 km en 4 h 34' 53'' ; 2. Edo (Esp.) ; 3. Leoni (It.) ; 4. Chujda (Uk.) ; 5. J.-C. Gonzalez ; 6. Fanelli (It.) ; 7. Hoffman (P.-B.) ; 8. Castignola (It.) ; 9. Sanchez (Esp.) ; 10. Forconi (It.) ; 11. Coppolillo (It.) ; 12. Davidenko (Géo.) ; 13. Gorini (It.) ; 14. De Santos (Esp.) ; 15. Harmeling (P.-B.).
Classement général : 1. Tony ROMINGER (Sui. / Mapei-Clas).

TROISIÈME ÉTAPE
Salamanque-Caceres
1. *Laurent JALABERT* (Once) les 239,5 km en 5 h 53' 27'' ; 2. Van Poppel (P.-B.) ; 3. Baffi (It.) ; 4. Edo (Esp.) ; 5. F. Bontempi (It.) ; 6. Leoni (It.) ; 7. J.-C. Gonzalez (Esp.) ; 8. Abreu-Campos (Por.) ; 9. Rominger (Sui.) ; 10. Di Basco (It.) ; 11. Ruiz Cabestany (Esp.) ; 12. Fanelli (It.) ; 13. Mauri (Esp.) ; 14. Olano (Esp.) à 4'' ; 15. Alonso (Esp.).
Classement général : 1. Tony ROMINGER (Sui. / Mapei-Clas).

QUATRIÈME ÉTAPE
Almendralejo-Cordoue
1. Endrio LEONI (It. / Jolly) les 235,6 km en 6 h 36' 33'' ; 2. Skibby (Dan.) ; 3. *Jalabert* ; 4. Edo (Esp.) ; 5. Van Poppel (P.-B.) ; 6. Chujda (Uk.) ; 7. F. Bontempi (It.) ; 8. Lom (Tch.) ; 9. Abreu-Campos (Por.) ; 10. J.-C. Gonzalez (Esp.) ; 11. Harmeling (P.-B.) ; 12. Neves Silva (Por.) ; 13. Theunisse (P.-B.) ; 14. Tcherkachine (Rus.) ; 15. Hoffman (P.-B.).
Classement général : 1. Tony ROMINGER (Sui. / Mapei-Clas).

CINQUIÈME ÉTAPE
Cordoue-Grenade
1. *Laurent JALABERT* (Once) les 166,9 km en 4 h 24' 10'' ; 2. Leoni (It.) ; 3. Edo (Esp.) ; 4. Roscioli (It.) ; 5. Fanelli (It.) ; 6. Biasci (It.) ; 7. J.-C. Gonzalez (Esp.) ; 8. Rominger (Sui.) ; 9. Skibby (Dan.) ; 10. Calcaterra (It.) ; 11. Abreu Campos (Por.) ; 12. Mauri (It.) ; 13. Lafis (Suè.) ; 14. Tcherkachine (Rus.) ; 15. Neves da Silva (Por.).
Classement général : 1. Tony ROMINGER (Sui. / Mapei-Clas).

SIXIÈME ÉTAPE
Grande-Sierra Nevada
1. Tony ROMINGER (Sui. / Mapei-Clas) les 151,7 km en 4 h 18' 9'' ; 2. Cubino (Esp.) à 54'' ; 3. M. Zarrabeitia (Esp.) ; 4. Rincon (Col.) à 1' 19'' ; 5. Zülle (Sui.) ; 6. *Leblanc* à 1' 27'' ; 7. Delgado (Esp.) à 1' 31'' ; 8. Unzaga (Esp.) à 1' 35'' ; 9. Lanfranchi (It.) à 2' 36'' ; 10. Uria (Esp.) ; 11. Alb. Camargo (Col.) ; 12. Escartin (Esp.) ; 13. Breukink (P.-B.) à 2' 41'' ; 14. Perez (Esp.) à 2' 45'' ; 15. Stephens (Aus.) à 2' 50''.
Classement général : 1. Tony ROMINGER (Sui. / Mapei-Clas).

SEPTIÈME ÉTAPE
Baza-Alicante
1. Simone BIASCI (It. / Mercatone) les

256,5 km en 6 h 8' 3" ; 2. A. Diaz (Esp.) ; 3. Vermote (Bel.) à 1' 9" ; 4. Strazzer (It.) ; 5. *Jalabert* ; 6. Leoni (It.) ; 7. Skibby (Dan.) ; 8. Roscioli (It.) ; 9. Lom (Tch.) ; 10. Chujda (Uk.) ; 11. Di Basco (It.) ; 12. Neves da Silva (Por.) ; 13. Edo (Esp.) ; 14. Harmeling (P.-B.) ; 15. Fornaciari (It.).

Classement général : 1. Tony ROMINGER (Sui. / Mapei-Clas).

HUITIÈME ÉTAPE

Benidorm-Benidorm c.l.m. individuel

1. Tony ROMINGER (Sui. / Mapei-Clas) les 39,5 km en 48' 44" ; 2. Mauri (Esp.) à 53" ; 3. M. Zarrabeitia (Esp.) à 2' 17" ; 4. Montoya (Esp.) à 2' 18" ; 5. Zülle (Sui.) à 2' 20" ; 6. Delgado (Esp.) à 2' 21" ; 7. Breukink (P.-B.) à 2' 37" ; 8. Aparicio (Esp.) à 2' 46" ; 9. Olano (Esp.) à 2' 56" ; 10. *Leblanc* à 3' 9" ; 11. Cuesta (Esp.) à 3' 36" ; 12. Hodge (Aus.) à 3' 37" ; 13. Lelli (It.) à 3' 39" ; 14. Muller (Sui.) à 3' 51" ; 15. Stephens (Aus.) à 3' 55".

Classement général : 1. Tony ROMINGER (Sui. / Mapei-Clas).

NEUVIÈME ÉTAPE

Benidorm-Valence

1. Jean-Paul VAN POPPEL (P.-B. / Festina) les 166 km en 3 h 55' 9" ; 2. J.-C. Gonzalez (Esp.) ; 3. Leoni (It.) ; 4. Fanelli (It.) ; 5. Vermote (Bel.) ; 6. *Jalabert* ; 7. Edo (Esp.) ; 8. Skibby (Dan.) ; 9. Roscioli (It.) ; 10. Fagnini (It.) ; 11. Di Basco (It.) ; 12. Castignola (It.) ; 13. Neves da Silva (Por.) ; 14. Abreu Campos (Por.) ; 15. Chujda (Uk.).

Classement général : 1. Tony ROMINGER (Sui. / Mapei-Clas).

DIXIÈME ÉTAPE

Igualada-Andorre

1. Angel-Yesid CAMARGO (Col. / Kelme) les 205 km en 5 h 18' 59" ; 2. Rominger (Sui.) à 23" ; 3. Zülle (Sui.) à 25" ; 4. M. Zarrabeitia (Esp.) ; 5. Cubino (Esp.) ; 6. Rincon (Col.) à 27" ; 7. *Leblanc* ; 8. L. Perez (Esp.) à 31" ; 9. Alb. Camargo (Col.) à 33" ; 10. Uria (Esp.) à 41" ; 11. Espinosa (Esp.) à 49" ; 12. Delgado (Esp.) à 53" ; 13. Escartin (Esp.) ; 14. Unzaga (Esp.) à 1' ; 15. Lanfranchi (It.).

Classement général : 1. Tony ROMINGER (Sui. / Mapei-Clas).

ONZIÈME ÉTAPE

Andorre-Cerler

1. Tony ROMINGER (Sui. / Mapei-Clas) les 195,3 km en 5 h 42' 50" ; 2. Rincon (Col.) à 1" ; 3. M. Zarrabeitia (Esp.) ; 4. L. Perez (Esp.) à 3" ; 5. Uria (Esp.) à 25" ; 6. Delgado (Esp.) à 26" ; 7. Unzaga (Esp.) ; 8. *Leblanc* ; 9. Zülle (Sui.) à 35" ; 10. Cubino (Esp.) ; 11. Lanfranchi (It.) à 41" ; 12. Escartin (Esp.) ; 13. Alb. Camargo (Col.) à 54" ; 14. Espinosa (Esp.) à 1' 9" ; 15. Garcia Camacho (Esp.) à 1' 16".

Classement général : 1. Tony ROMINGER (Sui. / Mapei-Clas).

DOUZIÈME ÉTAPE

Benasque-Saragosse

1. *Laurent JALABERT* (Once) les 226,7 km en 5 h 44' 39" ; 2. Van Poppel (P.-B.) ; 3. Pelliconi (It.) à 6" ; 4. Di Basco (It.) ; 5. Pagnin (It.) ; 6. G. Petito (It.) ; 7. Abreu Campos (Por.) ; 8. P. Silva (Por.) ; 9. Stephens (Aus.) ; 10. Davidenko (Géo.) ; 11. Neves da Silva (Por.) ; 12. Vanderaerden (Bel.) ; 13. J.-C. Gonzalez (Esp.) ; 14. Chujda (Uk.) ; 15. Leoni (It.).

Classement général : 1. Tony ROMINGER (Sui. / Mapei-Clas).

TREIZIÈME ÉTAPE

Saragosse-Pampelune

1. *Laurent JALABERT* (Once) les 201,6 km en 5 h 24' 29" ; 2. Leoni (It.) ; 3. Edo (Esp.) ; 4. J.-C. Gonzalez (Esp.) ; 5. Palacin (Esp.) ; 6. Fanelli (It.) ; 7. Chujda (Uk.) ; 8. G. Petito (It.) ; 9. Pagnin (It.) ; 10. Pelliconi (It.) ; 11. Neves da Silva (Por.) ; 12. Davidenko (Géo.) ; 13. P. Silva (Por.) ; 14. O. Rodriguez (Por.) ; 15. Meier (Sui.).

Classement général : 1. Tony ROMINGER (Sui. / Mapei-Clas).

QUATORZIÈME ÉTAPE

Pampelune-Cruz de la Demanda

1. Tony ROMINGER (Sui. / Mapei-Clas) les 174 km en 4 h 23' 42" ; 2. Rincon (Col.) à 37" ; 3. Zülle (Sui.) à 45" ; 4. M. Zarrabeitia (Esp.) ; 5. Delgado (Esp.) à 51" ; 6. Alb. Camargo (Col.) à 56" ; 7. Cuesta (Esp.) à 1' 2" ; 8. *Leblanc* à 1' 17" ; 9. L. Perez (Esp.) à 1' 20" ; 10. Uria (Esp.) à 1' 21" ; 11. Gomes (Por.) ; 12. Aparicio (Esp.) ; 13. Espinosa (Esp.) à 1' 31" ; 14. Irusta (Esp.) à 1' 35" ; 15. Lanfranchi (It.) à 1' 48".

Classement général : 1. Tony ROMINGER (Sui. / Mapei-Clas).

QUINZIÈME ÉTAPE

Santo Domingo-Santander

1. Alessio DI BASCO (It.) ; 2. *Jalabert* ; 3. Pagnin (It.) ; 4. Davidenko (Géo.) ; 5. Neves da Silva (Por.) ; 6. J.-C. Gonzalez (Esp.) ; 7. Emonds (Bel.) ; 8. G. Petito (It.) ; 9. Pierobon (It.) ; 10. Lanfranchi (It.) ; 11. Roscioli (It.) ; 12. Leali (It.) ; 13. Calcaterra (It.) ; 14. Pinho (Por.) ; 15. Lelli (It.).

Classement général : 1. Tony ROMINGER (Sui. / Mapei-Clas).

SEIZIÈME ÉTAPE

Santander-Lacs de Covadonga

1. *Laurent JALABERT* (Once) les 147,7 km en 3 h 42' 20" ; 2. R. Torres (Esp.) à 9" ; 3. Cepele (Lit.) à 1' 5" ; 4. J.-T. Martinez (Esp.) à 1' 16" ; 5. Galarreta (Esp.) à 1' 57" ; 6. Roscioli (It.) à 2' 9" ; 7. Weltz (Dan.) à 2' 22" ; 8. Rominger (Sui.) à 2' 47" ; 9. Rincon (Col.) à 2' 49" ; 10. M. Zarrabeitia (Esp.) à 2' 51" ; 11. Delgado (Esp.) à 3' 8" ; 12. Aparicio (Esp.) à 3' 10" ; 13. Espinosa (Esp.) ; 14. Cuesta (Esp.) à 3' 15" ; 15. *Bagot*.

Classement général : 1. Tony ROMINGER (Sui. / Mapei-Clas).

DIX-SEPTIÈME ÉTAPE

Cangas de Onis-Alto Naranco

1. Bart VOSKAMP (P.-B. /TVM) les 150,4 km en 3 h 52' 2" ; 2. Rominger (Sui.) à 23" ; 3. Delgado (Esp.) à 36" ; 4. M. Zarrabeitia (Esp.) ; 5. *Leblanc* à 38" ; 6. *Jalabert* à 43" ; 7. Zülle (Sui.) ; 8. Unzaga (Esp.) ; 9. Garcia Camacho (Esp.) ; 10. Escartin (Esp.) ; 11. Lanfranchi (It.) ; 12. L. Perez (Esp.) ; 13. Aparicio (Esp.) ; 14. Lelli (It.) ; 15. Rincon (Col.) à 56".

Classement général : 1. Tony ROMINGER (Sui. / Mapei-Clas).

DIX-HUITIÈME ÉTAPE

Avila-Avila

1. Giuseppe CALCATERRA (It. / Amore e Vita) les 189 km en 5 h 12' 53" ; 2. Coppolillo (It.) à 1" ; 3. Zülle (Sui.) à 1' 47" ; 4. J. Rodriguez (Esp.) à 2' 2" ; 5. Lelli (It.) à 2' 3" ; 6. Olano (Esp.) ; 7. Unzaga (Esp.) ; 8. Lanfranchi (It.) ; 9. *Lino* ; 10. Pondenzana (It.) ; 11. Rominger (Sui.) ; 12. Espinosa (Esp.) ; 13. Irusta (Esp.) ; 14. L. Perez (Esp.) ; 15. Rincon (Col.).

Classement général : 1. Tony ROMINGER (Sui. / Mapei-Clas).

DIX-NEUVIÈME ÉTAPE

Avila-Destilerias Dyc

1. Marino ALONSO (Esp. / Banesto) les 171 km en 4 h 21' 4" ; 2. Pagnin (It.) à 6' 49" ; 3. Forconi (It.) à 6' 51" ; 4. Lezaun (Esp.) à 6' 57" ; 5. Mora (Col.) à 7' 32" ; 6. Pascual (Esp.) ; 7. Rominger (Sui.) à 8' 5" ; 8. Zülle (Sui.) à 8' 10" ; 9. Delgado (Esp.) ; 10. M. Zarrabeitia (Esp.) ; 11. Voskamp (P.-B.) à 8' 14" ; 12. De Santos (Esp.) ; 13. Unzaga (Esp.) ; 14. Rincon (Col.) ; 15. *Leblanc*.

Classement général : 1. Tony ROMINGER (Sui. / Mapei-Clas).

VINGTIÈME ÉTAPE

Segovie-Destilerias Dyc c.l.m. individuel

1. Tony ROMINGER (Sui. / Mapei-Clas) les 52 km en 1 h 8' 59" ; 2. Mauri (Esp.) à 1' 35" ; 3. Olano à 2' 6" ; 4. Breukink (P.-B.) à 2' 6" ; 5. M. Zarrabeitia à 2' 8" ; 6. Delgado (Esp.) à 2' 14" ; 7. *Lino* à 2' 21" ; 8. Aparicio (Esp.) à 2' 31" ; 9. Chujda (Uk.) à 2' 43" ; 10. Escartin (Esp.) à 3' 6" ; 11. Zülle (Sui.) à 3' 15" ; 12. Vanderaerden (Bel.) à 3' 28" ; 13. Garcia Camacho (Esp.) à 3' 33" ; 14. Cuesta (Esp.) à 4' 11" ; 15. Rincon (Col.) à 4' 15".

Classement général : 1. Tony ROMINGER (Sui. / Mapei-Clas).

VINGT ET UNIÈME ÉTAPE

Destilerias Dyc-Madrid

1. *Laurent JALABERT* (Once) les 165,7 km en 4 h 26' 55" ; 2. Vanderaerden (Bel.) ; 3. Pelliconi (It.) ; 4. Fanelli (It.) ; 5. Pagnin (It.) ; 6. Meier (Sui.) ; 7. De Santos (Esp.) ; 8. Gorini (It.) ; 9. Di Basco (It.) ; 10. Fornaciari (It.) ; 11. Voskamp (P.-B.) ; 12. G. Petito (It.) ; 13. Chujda (Uk.) ; 14. Tcherkachine (Rus.) ; 15. P. Silva (Por.).

Classement général final : 1. Tony ROMINGER (Sui. / Mapei-Clas) les 3 531,60 km en 92 h 07' 48" (moyenne : 38,333 km/h) ; 2. M. Zarrabeitia (Esp.) à 7' 28" ; 3. Delgado (Esp.) à 9' 27" ; 4. Zülle (Sui.) à 10' 54" ; 5. Rincon (Col.) à 13' 9" ; 6. *Leblanc* à 15' 27" ; 7. Aparicio (Esp.) à 15' 48" ; 8. L. Perez (Esp.) à 16' 46" ; 9. Escartin (Esp.) à 16' 54" ; 10. Alb. Camargo (Col.) à 20' 35" ; 11. Unzaga (Esp.) à 20' 36" ; 12. Espinosa (Esp.) à 22' 43" ; 13. Lanfranchi (It.) à 22' 52" ; 14. *Lino* à 23' 14" ; 15. Cuesta (Esp.) à 23' 26" ; 16. Garcia Camacho à 24' 26" ; 17. Gomes (Por.) à 24' 51" ; 18. Mauri (Esp.) à 25' 11" ; 19. Breukink (P.-B.) à 29' 34" ; 20. Olano (Esp.) à 31' 11" ; 21. F. Garcia (Esp.) à 33' 9" ; 22. Echave (Esp.) à 41' 14" ; 23. Lelli (It.) à 41' 44" ; 24. A. Gonzalez (Esp.) à 43' 21" ; 25. Meinert (Dan.) à 45' 5" ; 26. Stephens (Aus.) à 46' 31" ; 27. Benitez (Esp.) à 49' 2" ; 28. Hervé à 49' 19" ; 29. Podenzana (It.) à 50' 28" ; 30. Ruiz Cabestany (Esp.) à 54' 18" ; 31. Hodge (Aus.) à 55' 16" ; 32. R. Sierra (Esp.) à 59' 19" ; 33. Miranda (Esp.) à 59' 29" ; 34. Alonso (Esp.) à 1 h 0' 23" ; 35. Pereira (Por.) à 1 h 0' 44" ; 36. Hernandez (Esp.) à 1 h 2' 7" ; 37. J. Rodriguez (Esp.) à 1 h 4' 15" ; 38. Voskamp (P.-B.) à 1 h 9' 21" ; 39. Pinho (Por.) à 1 h 10' 42" ; 40. Ang. Camargo (Col.) à 1 h 11' 45" ; 41. Serrano (Esp.) à 1 h 13' 16" ; 42. Coppolillo (It.) à 1 h 15' 39" ; 43. Cepele (Lit.) à 1 h 17' 49" ; 44. M. Fernandez (Esp.) à 1 h 18' 36" ; 45. De Santos (Esp.) à 1 h 20' 5" ; 46. Donati (It.) à 1 h 23' ; 47. Irusta (Esp.) à 1 h 24' 11" ; 48. Murguialday (Esp.) à 1 h 24' 14" ; 49. Lezaun (Esp.) à 1 h 26' 15" ; 50. Cadena (Col.) à 1 h 26' 36" ; 51. Weltz (Dan.) à 1 h 27' 42" ; 52. Sourkov (Bul.) à 1 h 27' 59" ; 53. Gelfi (It.) à 1 h 29' 57" ; 54. Laiseka (Esp.) à 1 h 31' 19" ; 55. Roscioli (It.) à 1 h 31' 24" ; 56. Massi (It.) à 1 h 32' 5" ; 57. J.-T. Martinez (Esp.) à 1 h 35' 28" ; 58. *Bagot* à 1 h 35' 32" ; 59. Gaston (Esp.) à 1 h 37' 50" ; 60. Mora (Col.) à 1 h 38' 8" ; 61. Abreu Campos (Por.) à 1 h 39' 43" ; 62. Q. Rodrigues (Por.) à 1 h 39' 52" ; 63. H. Diaz Zabala (Esp.) à 1 h 43' 4" ; 64. Lauritzen (Nor.) à 1 h 44' 50" ; 65. Muller (Sui.) à 1 h 46' 11" ; 66. Mota (Por.) à 1 h 48' 5" ; 67. D. Garcia (Esp.) à 1 h 49' 25" ; 68. Cabello (Esp.) à 1 h 50' 40" ; 69. Solaun (Esp.) à 1 h 52' 32" ; 70. Gainetdinov (Rus.) à 1 h 53' 18" ; 71. Chujda (Uk.) à 1 h 53' 22" ; 72.

Garmendia (Esp.) à 1 h 53' 38" ; 73. R. Petito (It.) à 1 h 54' 2" ; 74. Neves da Silva (Por.) à 1 h 55' 4" ; 75. *Jalabert* à 1 h 55' 15" ; 76. Pascual (Esp.) à 1 h 58' 27" ; 77. Calcaterra (It.) à 1 h 58' 29" ; 78. Emonds (Bel.) à 2 h 0' 39" ; 79. Freitas (Bré.) à 2 h 3' 47" ; 80. Galarreta (Esp.) à 2 h 4' 42" ; 81. A. Diaz (Esp.) à 2 h 5' 55" ; 82. Leanizbarrutia (Esp.) à 2 h 6' 57" ; 83. A. Rodrigues (Por.) à 2 h 7' 43" ; 84. Cerezo (Esp.) à 2 h 7' 54" ; 85. Forconi (It.) à 2 h 9' 31" ; 86. J. Silva (Por.) à 2 h 12' 35" ; 87. Espinosa (Esp.) à 2 h 15' 49" ; 88. R. Torres (Esp.) à 2 h 18' 32" ; 89. Cattai (It.) à 2 h 18' 36" ; 90. Anguita (Esp.) à 2 h 19' 11" ; 91. Blanco (Esp.) à 2 h 19' 44" ; 92. G. Petito (It.) à 2 h 22' 35" ; 93. Lafis (Suè.) à 2 h 23' 36" ; 94. Gilabert (Esp.) à 2 h 23' 45" ; 95. A. Gonzalez (Esp.) à 2 h 23' 47" ; 96. O. Rodrigues (Por.) à 2 h 24' 21" ; 97. Van Poppel (P.-B.) à 2 h 25' 4" ; 98. Dotti (It.) à 2 h 25' 27" ; 99. J.-C. Gonzalez (Esp.) à 2 h 26' 20" ; 100. Meier (Sui.) à 2 h 27' 13" ; 101. Diaz De Otazu (Esp.) à 2 h 28' 34" ; 102. Gorini (It.) à 2 h 30' 36" ; 103. Tcherkachine (Rus.) à 2 h 31' 45" ; 104. Pierobon (It.) à 2 h 31' 46" ; 105. Saitov (Rus.) à 2 h 34' 2" ; 106. Fornaciari (It.) à 2 h 34' 52" ; 107. *Foucachon* à 2 h 35' 25" ; 108. Pelliconi (It.) à 2 h 35' 33" ; 109. Vermote (Bel.) à 2 h 37' 27" ; 110. P. Silva (Por.) à 2 h 37' 28" ; 111. Fanelli (It.) à 2 h 41' 17" ; 112. Di Basco (It.) à 2 h 44' 10" ; 113. Garcia Espana (Esp.) à 2 h 48' 41" ; 114. Sanchez (Esp.) à 2 h 50' 33" ; 115. Anachkine (Rus.) à 2 h 51' 16" ; 116. Vanderaerden (Bel.) à 2 h 54' 11" ; 117. Pagnin (It.) à 2 h 56' 33" ; 118. Radaeli (It.) à 3 h 3' 23" ; 119. Casado à 3 h 4' 43" ; 120. Kliouchkine (Rus.) à 3 h 11' 59" ; 121. Vignaduzzi (It.) à 3 h 22' 30" ; 122. Abramov (Rus.) à 3 h 37'.
169 partants, 122 classés.
Classement par points :
1. *Laurent JALABERT* (Once).
Classement des grimpeurs :
1. *Luc LEBLANC* (Festina).
Classement par équipes :
1. BANESTO.
Tony Rominger est le premier coureur à réaliser le triplé dans la Vuelta, le Suisse a remporté l'épreuve en 1992, 1993 et 1994.

• TOUR DE ROMANDIE (Suisse)
(4-8 mai)

Prologue c.l.m. à Marin
1. *Armand DE LAS CUEVAS* (Castorama) les 5,8 km en 6' 51" ; 2. Saligari (It.) à 1" ; 3. M. Indurain (Esp.) à 3" ; 4. Bugno (It.) à 3" ; 5. Elli (It.) à 4" ; 6. Sorensen (Dan.) à 5" ; 7. Dufaux (Sui.) à 6" ; 8. Richard (Sui.) à 7" ; 9. Chiappucci (It.) à 10".

PREMIÈRE ÉTAPE
Neuchâtel-Le Sentier
1. Giorgio FURLAN (It. / Gewiss-Ballan) les 171 km en 5 h 30' 8" ; 2. Saligari (It.) ; 3. Richard (Sui.) ; 4. Belli (It.) ; 5. Della Santa (It.) ; 6. Chiappucci (It.) ; 7. Giovannetti (It.) ; 8. Vona (It.) ; 9. *De Las Cuevas* ; 10. Hampsten (É.-U.) à 3".
Classement général : 1. Marco SALIGARI (It. / GB-MG).

DEUXIÈME ÉTAPE
Le Sentier-Lausanne
1. Nicola MINALI (It. / Gewiss-Ballan) les 181 km en 4 h 56' 56" ; 2. Fidanza (It.) ; 3. Sorensen (Dan.) ; 4. Ruegg (Sui.) ; 5. Aldag (Al.) ; 6. Runkel (Al.) ; 7. Svorada (Slo.) ; 8. Bortolami (It.) ; 9. Schur (Al.) ; 10. Dekker (P.-B.).
Classement général : 1. Marco SALIGARI (It. / Gewiss-Ballan).

TROISIÈME ÉTAPE
Lausanne-La Tzoumaz
1. Pascal RICHARD (Sui. / GB-MG) les 160,1 km en 4 h 16' 5" ; 2. Hampsten (É.-U.) à 1' 17" ; 3. *De Las Cuevas* ; 4. Rebellin (It.) à 1' 33" ; 5. Gotti (It.) à 1' 38" ; 6. Tonkov (Rus.) à 2' 15" ; 7. Dufaux (Sui.) à 2' 42" ; 8. Gianetti (Sui.) à 3' 18" ; 9. Della Santa (It.) ; 10. Saligari (It.).
Classement général : 1. Pascal RICHARD (Sui. / GB-MG).

QUATRIÈME ÉTAPE (1er secteur)
La Tzoumaz-Bulle
1. Jan SVORADA (Slo. / Lampre) les 101 km en 2 h 31' 11" ; 2. Fidanza (It.) ; 3. Saligari (It.) ; 4. Van de Laer (Bel.) ; 5. Schur (Al.) ; 6. Sorensen (Dan.) ; 7. Zberg (Sui.) ; 8. Bortolami (It.) ; 9. Rampollo (It.) ; 10. *Simon*.
Classement général : 1. Pascal RICHARD (Sui. / GB-MG).

QUATRIÈME ÉTAPE (2e secteur)
Bulle-Bulle c.l.m.
1. Pascal RICHARD (Sui. / GB-MG) les 24 km en 32' 51" ; 2. *De Las Cuevas* à 22" ; 3. Faresin (It.) à 33" ; 4. M. Indurain (Esp.) à 37" ; 5. Saligari (It.) à 39" ; 6. Chiappucci (It.) à 40" ; 7. Argentin (It.) à 55" ; 8. Giovannetti (It.) à 1' ; 9. Hampsten (É.-U.) à 1' 10" ; 10. Boscardin (It.) à 1' 16".
Classement général : 1. Pascal RICHARD (Sui. / GB-MG).

CINQUIÈME ÉTAPE
Bulle-Genève
1. Nicola MINALI (It. / Gewiss-Ballan) les 175 km en 4 h 27' 42" ; 2. Svorada (Slo.) ; 3. Wesemann (Al.) ; 4. F. Garcia (Esp.) ; 5. Fidanza (It.) ; 6. Bortolami (It.) ; 7. Dekker (P.-B.) ; 8. *Simon* ; 9. Schur (Al.) ; 10. Van de Laer (Bel.).
Classement général final : 1. Pascal RICHARD (Sui. / GB-MG) 22 h 21' 37" ; 2. *De Las Cuevas* à 1' 42" ; 3. Hampsten (É.-U.) à 2' 53" ; 4. Giovannetti (It.) à 3' 34" ; 5. Saligari (It.) à 3' 53" ; 6. Rebellin (It.) à 4' 26" ; 7. Della Santa (It.) à 5' 11' ; 8. Tonkov (Rus.) à 5' 45" ; 9. Faresin (It.) à 6' 13" ; 10. Gotti (It.) à 6' 29" ; 11. Poulnikov (Uk.) à 6' 52" ; 12. Belli (It.) à 7' 48" ; 13. Chiappucci (It.) à 8' 15" ; 14. Bugno (It.) à 8' 25" ; 15. Dufaux (Sui.) à 8' 30" ; 16. Zberg (Sui.) à 8' 33" ; 17. Gianetti (It.) à 9' 13" ; 18. Bolts (Al.) à 9' 42" ; 19. Argentin (It.) à 10' 20" ; 20. Kvalsvoll (Nor.) à 10' 59".

• QUATRE JOURS DE DUNKERQUE
(4-8 mai)

PREMIÈRE ÉTAPE
Dunkerque-Fontaine-au-Pire
1. Wilfried NELISSEN (Bel. / Novemail-Laser) les 204 km en 6 h 3' 22" ; 2. Gontchenkov (Uk.) à 1" ; 3. Capiot (Bel.) ; 4. Kappes (Al.) ; 5. Tchmil (Rus.) ; 6. Van Petegem (Bel.) ; 7. Holm (Dan.) ; 8. Lombardi (It.) ; 9. Knaven (P.-B.) ; 10. *Magnien*.

DEUXIÈME ÉTAPE
Val Joly-Val Joly
1. Wilfried NELISSEN (Bel. / Novemail-Laser) les 96 km en 2 h 11' 3" ; 2. Capiot (Bel.) ; 3. Gontchenkov (Uk.) ; 4. Ludwig (Al.) ; 5. Kappes (Al.) ; 6. Van Steen (P.-B.) ; 7. *Magnien* ; 8. Koerts (P.-B.) ; 9. Van Bondt (Bel.) ; 10. *Boucanville*.
Classement général : 1. Wilfried NELISSEN (Bel. / Novemail-Laser).

TROISIÈME ÉTAPE
Val Joly-Val Joly c.l.m. individuel
1. *Eddy SEIGNEUR* (Gan) les 18,4 km en 23' 23" ; 2. Kasputis (Lit.) à 26" ; 3. *Marie* à 38" ; 4. *Durand* à 50" ; 5. *Moreau* à 58" ; 6. Ludwig (Al.) à 59" ; 7. *Rous* à 1' 5" ; 8. Lesniewski (Pol.) à 1' 6" ; 9. Tchmil (Rus.) à 1' 6" ; 10. *Arnould* à 1' 8".
Classement général : 1. *Eddy SEIGNEUR* (Gan).

QUATRIÈME ÉTAPE
Cambrai-Boulogne
11 Olaf LUDWIG (Al. / Telekom) les 201 km en 5 h 57' 41" ; 2. Kappes (Al.) ; 3. Capiot (Bel.) ; 4. Planckaert (Bel.) ; 5. Tchmil (Rus.) ; 6. Vandenbroucke (Bel.) à 4" ; 7. *Brochard* ; 8. Leysen (Bel.) ; 9. Gontchenkov (Uk.) ; 10. *Arnould* à 10".
Classement général : 1. *Eddy SEIGNEUR* (Gan).

CINQUIÈME ÉTAPE
Saint-Martin-lès-Boulogne-Dunkerque
1. Andreas KAPPES (Al. / Trident) les 161 km en 4 h 5' 31" ; 2. Nelissen (Bel.) ; 3. Ludwig (Al.) ; 4. Lombardi (It.) ; 5. Van Steen (Bel.) ; 6. *Magnien* ; 7. Vanhaecke (Bel.) ; 8. Van Petegem (Bel.) ; 9. Blijlevens (P.-B.) ; 10. De Wilde (Bel.).
Classement général : 1. *Eddy SEIGNEUR* (Gan).

SIXIÈME ÉTAPE
Lille-Cassel
1. *Emmanuel Magnien* (Castorama) les 184 km en 4 h 35' 26" ; 2. Tchmil (Rus.) à 11" ; 3. Ludwig (Al.) à 14" ; 4. Kappes (Al.) ; 5. *Seigneur* ; 6. Gontchenkov (Uk.) ; 7. Holm (Dan.) ; 8. Vandenbroucke (Bel.) ; 9. *Virenque* ; 10. *Arnould* à 18".
Classement général : 1. *Eddy SEIGNEUR* (Gan).

SEPTIÈME ÉTAPE
Dunkerque-Dunkerque
1. Jeroen BLIJLEVENS (P.-B. / TVM) les 170 km en 3 h 46' 45" ; 2. Zabel (Al.) ; 3. Lombardi (It.) ; 4. W. Nelissen (Bel.) ; 5. Koerts (P.-B.) ; 6. *Boucanville* ; 7. Heyndericku (Bel.) ; 8. Kirsipuu (Est.) ; 9. Tchmil (Rus.) ; 10. Vanhaecke (Bel.).
Classement général final : 1. *Eddy SEIGNEUR* (Gan) 27 h 3' 38" ; 2. Ludwig (Al.) à 24" ; 3. Tchmil (Rus.) à 44" ; 4. *Marie* à 48" ; 5. *Magnien* à 1' 06" ; 6. Gontchenkov (Ukr.) à 1' 09" ; 7. *Arnould* à 1' 13" ; 8. *Virenque* à 1' 13" ; 9. Vandenbroucke (Bel.) à 1' 14 ; 10. Capiot (Bel.) à 1' 23" ; 11. *Moreau* à 1' 26" ; 12. *Brochard* à 1' 28" ; 13. Holm (Dan.) à 1' 32" ; 14. *Laurent* à 1' 50" ; 15. Kasputis (Lit.) à 1' 55".

• TOUR DUPONT (États-Unis)
(5-15 mai)

Étapes remportées par : Alcala (Mex.), Veenstra (P.-B.), Teutenberg (amat., Al.), Bauer (Can.), Verbeken (Bel.), Ekimov (Rus.), Pellicioli (It.), Armstrong (É.-U.), Peron (It.), Abdoujaparov (Ouz.), Ekimov (Rus.).
Classement général final : 1. Viatcheslav EKIMOV (Rus. / WordPerfect) 47 h 14' 29" ; 2. Armstrong (É.-U.) à 1' 24" ; 3. Peron (It.) à 2' 43" ; 4. Chiurato (It.) à 2' 46" ; 5. Totschnig (Aut.) à 4' 38" ; 6. Bowen (É.-U.) à 5' 39" ; 7. Julich (É.-U.) à 6' 3" ; 8. Ozols (Let.) à 6' 12" ; 9. Alcala (Mex.) à 6' 13" ; 10. Baker (É.-U.) à 6' 13".

• TOUR DU TRENTIN (Italie)
(10-13 mai)

Étapes remportées par : Baffi (It.), Argentin (It.), Faresin (It.), Sciandri (It.).
Classement général final : 1. Moreno ARGENTIN (It. / Gewiss-Ballan) 18 h 25' 45" ; 2. Berzin (Rus.) à 19" ; 3. Casagrande (It.) à 28" ; 4. Pantani (It.) à 31" ; 5. Rodriguez (Col.) à 35" ; 6. *De Las Cuevas* à 1' 4" ; 7. Bartoli (It.) à 1' 35" ; 8. Rebellin (It.) à 1' 48" ; 9. Chiappucci (It.) à 1' 49" ; 10. Zaina (It.) à 1' 59".

• TOUR DE L'OISE
(13-15 mai)

PREMIÈRE ÉTAPE
Creil-Beauvais
1. *Emmanuel MAGNIEN* (Castorama) les 152 km en 3 h 34' 40" ; 2. *Capelle* ; 3. Capiot (Bel.) ; 4. De Wilde (Bel.) ; 5. Schur (Al.) ; 6. Cornelisse (P.-B.) ; 7. Van Bon (P.-B.) ; 8. Caruso (It.) ; 9. Koerts (P.-B.) ; 10. *Gouvenou*.

DEUXIÈME ÉTAPE
Beauvais-Noyon
1. Laurent DUFAUX (Sui. / Once) les 190 km en 4 h 22' 21" ; 2. M. de Clercq (Bel.) à 7" ; 3. *Magnien* ; 4. Capiot (Bel.) ; 5. Smetanine (Rus.) ; 6. Heynderickx (Bel.) ; 7. De Wilde (Bel.) ; 8. *Capelle* ; 9. Dierckssens (Bel.) ; 10. Omloop (Bel.).
Classement général : 1. *Emmanuel MAGNIEN* (Castorama).

TROISIÈME ÉTAPE
Compiègne-Nogent-sur-Oise
1. *Emmanuel MAGNIEN* (Castorama) les 101 km en 2 h 16' 48" ; 2. Heynderickx (Bel.) ; 3. Blijlevens (P.-B.) ; 4. Smetanine (Rus.) ; 5. *Capelle* ; 6. Koerts (P.-B.) ; 7. Schur (Al.) ; 8. Zamana (Pol.) ; 9. Capiot (Bel.) ; 10. Verstrepen (Bel.).
Classement général : 1. *Emmanuel MAGNIEN* (Castorama).

QUATRIÈME ÉTAPE
Verneuil-en-Halatte-Senlis c.l.m.
1. Miguel INDURAIN (Esp. / Banesto) les 12 km en 15' 1" ; 2. *Seigneur* à 5" ; 3. Boardman (G.-B.) à 12" ; 4. Nijdam (P.-B.) à 20" ; 5. Kasputis (Lit.) à 35" ; 6. *Durand* à 38" ; 7. *Magnien* à 38" ; 8. *Marie* à 39" ; 9. *Ledanois* à 42" ; 10. Mejia (Col.) à 42".
Classement général final : 1. Miguel INDURAIN (Esp. / Banesto) 1 h 29' 4" ; 2. *Seigneur* à 2" ; 3. *Magnien* à 7" ; 4. Boardman (G.-B.) à 12" ; 5. Nijdam (P.-B.) à 13" ; 6. *Marie* à 31" ; 7. *Durand* à 34" ; 8. Kasputis (Lit.) à 35" ; 9. Dufaux (Sui.) à 40" ; 10. *Ledanois* à 42" ; 11. Mejia (Col.) à 47" ; 12. Dekker (P.-B.) à 49" ; 13. *Moreau* à 53" ; 14. Lesniewski (Pol.) à 56" ; 15. Wauters (Bel.) à 56" ; 16. Van Bon (P.-B.) à 59" ; 17. *Roux* à 59" ; 18. Capiot (Bel.).

TOUR D'ITALIE
(22 mai-12 juin)

PREMIÈRE ÉTAPE (1er secteur)
Bologne-Bologne
1. Endrio LEONI (It. / Jolly) les 86 km en 2 h 0' 10" ; 2. Lombardi (It.) ; 3. Baffi (It.) ; 4. Baldato (It.) ; 5. Schiavina (It.) ; 6. Fidenza (It.) ; 7. Zanini (It.) ; 8. Raab (Al.) ; 9. Werner (Al.) ; 10. Konychev (Rus.) ; 11. Schur (Al.) ; 12. Coppolillo (It.) ; 13. Vanderaerden (Bel.) ; 14. Svorada (Slo.) ; 15. Sciandri (It.).

PREMIÈRE ÉTAPE (2e secteur)
Bologne c.l.m. individuel
1. *Armand DE LAS CUEVAS* (Castorama) les 7 km en 7' 52" ; 2. Berzin (Rus.) à 2" ; 3. M. Indurain (Esp.) à 5" ; 4. Casagrande (It.) à 12" ; 5. Bugno (It.) à 14" ; 6. Argentin (It.) à 17" ; 7. Sorensen (Dan.) à 21" ; 8. *Marie* à 22" ; 9. Chiurato (It.) à 23" ; 10. Lelli (It.) à 23" ; 11. Ghirotto (It.) à 24" ; 12. G. Bontempi (It.) à 24" ; 13. Baffi (It.) à 26" ; 14. Podenzana (It.) à 26" ; 15. Alcala (Mex.) à 26".
Classement général : 1. *Armand DE LAS CUEVAS* (Castorama).

DEUXIÈME ÉTAPE
Bologne-Osimo
1. Moreno ARGENTIN (It. / Gewiss-Ballan) les 232 km en 6 h 13' 31" ; 2. Ferrigato (It.) à 6" ; 3. Rebellin (It.) à 8" ; 4. Casagrande (It.) à 12" ; 5. Richard (Sui.) ; 6. G. Furlan (It.) ; 7. Della Santa (It.) ; 8. Berzin (Rus.) ; 9. Bugno (It.) ; 10. Pantani (It.) ; 11. Ugrumov (Rus.) ; 12. Belli (It.) ; 13. Tonkov (Rus.) ; 14. *De Las Cuevas* à 21" ; 15. Giovannetti (It.).
Classement général : 1. Moreno ARGENTIN (It. / Gewiss-Ballan).

TROISIÈME ÉTAPE
Osimo-Loreto Aprutino
1. Gianni BUGNO (It. / Polti) les 185 km en 4 h 25' 20" ; 2. Zanini (It.) à 2" ; 3. Rebellin (It.) ; 4. Casagrande (It.) ; 5. M. Indurain (Esp.) ; 6. Berzin (Rus.) ; 7. *De Las Cuevas* ; 8. Chiappucci (It.) ; 9. Della Santa (It.) ; 10. Belli (It.) ; 11. Konychev (Rus.) ; 12. Di Basco (It.) ; 13. Bonca (It.) ; 14. Giovannetti (It.) ; 15. Richard (Sui.).
Classement général : 1. Moreno ARGENTIN (It. / Gewiss-Ballan).

QUATRIÈME ÉTAPE
Montesilvano-Campitello Matese
1. Evgueni BERZIN (Rus. / Gewiss-Ballan) les 204 km en 5 h 33' 37" ; 2. Pellicioli (It.) ; 3. Belli (It.) à 17" ; 4. Rebellin (It.) à 47" ; 5. Pantani (It.) ; 6. Della Santa (It.) ; 7. Giovanetti (It.) ; 8. Tonkov (Rus.) ; 9. Bugno (It.) ; 10. *De Las Cuevas* ; 11. M. Indurain (Esp.) ; 12. Hampsten (É.-U.) ; 13. Coppolillo (It.) à 1' 27" ; 14. Casagrande (It.) à 1' 45" ; 15. Rodriguez (Col.) à 2' 12".
Classement général : 1. Evgueni BERZIN (Rus. / Gewiss-Ballan).

CINQUIÈME ÉTAPE
Campobasso-Melfi
1. Endrio LEONI (It. / Jolly) les 158 km en 3 h 41' 39" ; 2. Baldato (It.) ; 3. Lombardi (It.) ; 4. Di Basco (It.) ; 5. M. Indurain (Esp.) ; 6. Strazzer (It.) ; 7. Raab (Al.) ; 8. Konychev (Rus.) ; 9. Schiavina (It.) ; 10. Sciandri (It.) ; 11. Martinello (It.) ; 12. Svorada (Slo.) ; 13. Pelliconi (It.) ; 14. Abdoujaparov (Ouz.) ; 15. Fidanza (It.).
Classement général : 1. Evgueni BERZIN (Rus. / Gewiss-Ballan).

SIXIÈME ÉTAPE
Potenza-Caserta
1. Marco SALIGARI (It. / GB-MG) les 215 km en 5 h 39' 38" ; 2. Ghirotto (It.) ; 3. Imboden (Sui.) ; 4. Gotti (It.) ; 5. Faresin (It.) ; 6. Pierobon (It.) à 3' 1" ; 7. Abdoujaparov (Ouz.) ; 8. Di Basco (It.) ; 9. Bartoli (It.) ; 10. Svorada (Slo.) ; 11. Baldato (It.) ; 12. Lombardi (It.) ; 13. Fontanelli (It.) ; 14. Fidanza (It.) ; 15. Spruch (Pol.).
Classement général : 1. Evgueni BERZIN (Rus. / Gewiss-Ballan).

SEPTIÈME ÉTAPE
Fiuggi-Fiuggi
1. Laudelino CUBINO (Esp. / Kelme) les 119 km en 2 h 56' 12" ; 2. Coppolillo (It.) à 1" ; 3. Jeker (Sui.) ; 4. Bordonali (It.) ; 5. Pellicioli (It.) ; 6. Chiurato (It.) ; 7. Bartoli (It.) à 10" ; 8. Ferrigato (It.) ; 9. Di Basco (It.) ; 10. Bugno (It.) ; 11. *De Las Cuevas* ; 12. Zanini (It.) ; 13. Berzin (Rus.) ; 14. Spruch (Pol.) ; 15. Konychev (Rus.).
Classement général : 1. Evgueni BERZIN (Rus. / Gewiss-Ballan).

HUITIÈME ÉTAPE
Grosseto-Follonica c.l.m. individuel
1. Evgueni BERZIN (Rus. / Gewiss-Ballan) les 44 km en 50' 46" ; 2. *De Las Cueva* à 1' 16" ; 3. Bugno (It.) à 1' 41" ; 4. M. Indurain (Esp.) à 2' 34" ; 5. Lelli (It.) à 2' 39" ; 6. Ugrumov (Rus.) à 2' 48" ; 7. Giovannetti (It.) à 2' 49" ; 8. Casagrande (It.) à 2' 55" ; 9. Podenzana (It.) à 3' 11" ; 10. Argentin (It.) à 3' 19" ; 11. Chiurato (It.) à 3' 27" ; 12. Vanzella (It.) à 3' 28" ; 13. Poulnikov (Uk.) à 3' 49" ; 14. Forconi (It.) à 3' 50" ; 15. Belli (It.) à 3' 58".
Classement général : 1. Evgueni BERZIN (Rus. / Gewiss-Ballan).

NEUVIÈME ÉTAPE
Castiglione della Pescaia-Pontedera
1. Jan SVORADA (Slo. / Lampre) les 153 km en 3 h 25' 7" ; 2. Leoni (It.) ; 3. Fidanza (It.) ; 4. Schur (Al.) ; 5. Raab (Al.) ; 6. Zanini (It.) ; 7. Sciandri (It.) ; 8. Baldato (It.) ; 9. Molinari (It.) ; 10. M. Indurain (Esp.) ; 11. Chiesa (It.) ; 12. P. Indurain (Esp.) ; 13. Uriarte (Esp.) ; 14. *Marie* ; 15. Berzin (Rus.).
Classement général : 1. Evgueni BERZIN (Rus. / Gewiss-Ballan).

DIXIÈME ÉTAPE
Marostica-Marostica
1. Djamolidine ABDOUJAPAROV (Ouz. / Lampre) les 115 km en 2 h 33' 7" ; 2. Lombardi (It.) ; 3. Baldato (It.) ; 4. Pagnin (It.) ; 5. Ferrigato (It.) ; 6. Sorensen (Dan.) ; 7. Chiesa (It.) ; 8. Chioccioli (It.) ; 9. Bordonali (It.) ; 10. Bugno (It.) ; 11. Fidanza (It.) ; 12. Ghirotto (It.) ; 13. Berzin (Rus.) ; 14. Uriarte (Esp.) ; 15. Ugrumov (Rus.).
Classement général : 1. Evgueni BERZIN (Rus. / Gewiss-Ballan).

ONZIÈME ÉTAPE
Marostica-Bibione
1. Jan SVORADA (Slo. / Lampre) les 165 km en 4 h 8' 5" ; 2. Abdoujaparov (Ouz.) ; 3. Raab (Al.) ; 4. Sciandri (It.) ; 5. Di Basco (It.) ; 6. Fidanza (It.) ; 7. Fontanelli (It.) ; 8. Baffi (It.) ; 9. Pelliconi (It.) ; 10. Bartoli (It.) ; 11. Baldato (It.) ; 12. Roscioli (It.) ; 13. Fanelli (It.) ; 14. Vanderaerden (Bel.) ; 15. Konychev (Rus.).
Classement général : 1. Evgueni BERZIN (Rus. / Gewiss-Ballan).

DOUZIÈME ÉTAPE
Bibione-Kranj
1. Andrea FERRIGATO (It. / ZG Mobili) les 204 km en 4 h 47' 4" ; 2. Baldato (It.) ; 3. Abdoujaparov (Ouz.) à 2" ; 4. Konychev (Rus.) ; 5. Zanini (It.) ; 6. Bordonali (It.) ; 7. Heppner (Al.) ; 8. Bugno (It.) ; 9. Bartoli (It.) ; 10. Casagrande (It.) ; 11. Chiappucci (It.) ; 12. Pantani (It.) ; 13. Bonca (Slo.) ; 14. *De Las Cuevas* ; 15. M. Indurain (Esp.).
Classement général : 1. Evgueni BERZIN (Rus. / Gewiss-Ballan).

TREIZIÈME ÉTAPE
Kranj-Lienz
1. Michele BARTOLI (It. / Mercatone) les 204 km en 5 h 56' 49" ; 2. Fontanelli (It.) à 2' 39" ; 3. Vanzella (It.) à 2' 50" ; 4. *Madouas* ; 5. *Davy* à 3' 6" ; 6. Chiesa (It.) à 3' 49" ; 7. Volpi (It.) à 3' 51" ; 8. Fornaciari (It.) à 3' 55" ; 9. Mora (Col.) ; 10. Forconi (It.) à 8' 59" ; 11. Guerini (It.) ; 12. Pantani (It.) ; 13. Richard (Sui.) ; 14. Outschakov (Uk.) à 13' 5" ; 15. Konychev (Rus.).
Classement général : 1. Evgueni BERZIN (Rus. / Gewiss-Ballan).

QUATORZIÈME ÉTAPE
Lienz-Merano
1. Marco PANTANI (It. / Carrera) les 235 km en 7 h 43' 4" ; 2. Bugno (It.) à 40" ; 3. Chiappucci (It.) ; 4. Rebellin (It.) ; 5. Berzin (Rus.) ; 6. M. Indurain (Esp.) ; 7. Podenzana (It.) ; 8. Giupponi (It.) ; 9. Outschakov (Uk.) ; 10. Rodriguez (Col.) ; 11. Vona (It.) ; 12. *De Las Cuevas* ; 13. Hampsten (É.-U.) ; 14. Tonkov (Rus.) ; 15. Pellicioli (It.).
Classement général : 1. Evgueni BERZIN (Rus. / Gewiss-Ballan).

QUINZIÈME ÉTAPE
Merano-Aprica
1. Marco PANTANI (It. / Carrera) les 188 km en 6 h 55' 58" ; 2. Chiappucci (It.) à 2' 52" ; 3. Belli (It.) 3' 27" ; 4. Rodriguez (Col) ; 5. M. Indurain (Esp.) à 3' 30" ; 6. Berzin (Rus.) à 4' 6" ; 7. Bolts (Al.) ; 8. Bugno (It.) à 5' 50" ; 9. Poulnikov (Uk.) ; 10. Tonkov (Rus.) ; 11. Cubino (Esp.) ; 12. Giupponi (It.) ; 13. Conti (It.) ; 14. Hampsten (É.-U.) à 7' 2" ; 15. *De Las Cuevas*.

wig (Al.) ; 5. Baldato (It.) ; 6. De Wilde (Bel.) ; 7. Risi (Sui.) ; 8. Vetsch (Sui.) ; 9. Pierobon (It.) ; 10. Betschart (Sui.).

Classement général final : 1. Pascal RICHARD (Sui. / GB-MG) 41 h 32' 28" ; 2. Poulnikov (Uk.) à 1' 2" ; 3. Pierobon (It.) à 1' 4" ; 4. Imboden (Sui.) à 1' 26" ; 5. Massi (It.) à 2' 23" ; 6. Saligari (It.) à 4' 4" ; 7. Armstrong (É.-U.) à 4' 18" ; 8. Giupponi (It.) à 4' 33" ; 9. Gianetti (It.) à 4' 41" ; 10. Puttini (Sui.) à 10' 56" ; 11. Yates (G. B.) à 7' 51" ; 12. Bonca (Slo.) à 8' 53" ; 13. Nevens (Bel.) à 9' 28" ; 14. Fleischer (Al.) à 10' 18" ; 15. Elli (It.) à 11' 31" ; 16. Audhem (Al.) à 12' 6" ; 17. Fernandez (Esp.) à 12' 9" ; 18. Kappes (Al.) à 12' 13" ; 19. Henn (Al.) à 13' 11" ; 20. Roscioli (It.) à 13' 12" ; 21. Kalin (Sui.) à 14' 10" ; 22. *Cornillet* à 14' 33" ; 23. Holzmann (Al.) 15' 28" ; 24. Holm (Dan.) à 16' 57" ; 25. Aldag (Al.) à 16' 58".

• BICICLETA VASCA (Espagne)
(15-19 juin)

Étapes remportées par : *Leblanc*, Fagnini (It.), Berzin (Rus.), Bugno (It.), Berzin (Rus.).

Classement général final : 1. Stefano DELLA SANTA (It.) 22 h 22' 12" ; 2. Berzin (Rus.) m. t. ; 3. Rebellin (It.) à 37" ; 4. Totschnig (Aut.) à 42" ; 5. Podenzana (It.) à 1' 34" ; 6. Bugno (It.) à 2' 6" ; 7. Sciandri (It.) à 5' 10" ; 8. Triana (Col.) à 6' 44" ; 9. Vona (It.) à 7' 24" ; 10 Sörensen (Dan.) à 10' 5".

• TOUR DES VALLÉES MINIÈRES (Espagne)
(20-23 juin)

Étapes remportées par : Fontanelli (It.), Arenas (Esp.), S. Hernandez (Esp.), Uriarte (Esp.).

Classement général final : 1. Massimo GHIROTTO (It. / ZG Mobili) 15 h 6' 18" ; 2. Casagrande (It.) à 4" ; 3. Bartoli (It.) à 8" ; 4. Zülle (Sui.) à 8" ; 5. F. Garcia (Esp.) à 9" ; 6. Arenas (Esp.) à 10" ; 7. Ekimov (Rus.) à 11" ; 8. I. Garcia (Esp.) à 25" ; 9. Uria (Esp.) à 33" ; 10. Escartin (Esp.) à 47".

• ROUTE DU SUD (France)
(20-23 juin)

Étapes remportées par : Kasputis (Lit.), P. de Clercq (Bel.), *Virenque*, *Duclos-Lassalle*, Saitov (Rus.).

Classement général final : 1. Alvaro MEJIA (Col. / Motorola) 18 h 11' 25" ; 2. *Virenque* à 9" ; 3. *Mottet* à 12" ; 4. Jonker (P.-B.) à 1' 13" ; 5. *Lebreton* à 2' 8" ; 6. *Hervé* à 3' 53" ; 7. *Teyssier* à 4' 9" ; 8. *Lino* à 4' 57" ; 9. Vandenbroucke (Bel.) à 5' 6" ; 10. Kelly (Irl.) à 6' 1".

TOUR DE FRANCE
(2-24 juillet)

PROLOGUE

Lille-Euralille c.l.m. individuel

1. Chris BOARDMAN (G.-B. / Gan) les 7,2 km en 7'49" ; 2. M. Indurain (Esp.) à 7" ; 3. Rominger (Sui.) à 19" ; 4. Zülle (Sui.) à 22" ; 5. *De Las Cuevas* à 24" ; 6. *Marie* à 29" ; 7. Seigneur à 30" ; 8. Museeuw (Bel.) à 31" ; 9. Chiappucci (It.) à 33" ; 10. Peron (It.) à 34" ; 11. Davy à 35" ; 12. Ugrumov (Rus.) à 35" ; 13. Breukink (P.-B.) à 36" ; 14. Ekimov (Rus.) à 37" ; 15. G. Bontempi (It.) à 37" ; 16. Rijs (Dan.) à 38" ; 17. Bortolami (It.) à 38" ; 18. Armstrong (É.-U.) à 38" ; 19. Olano (Esp.) à 39" ; 20. Fidanza (It.) à 39" ; 21. Faresin (It.) à 40" ; 22. LeMond (É.-U.) à 41" ; 23. *Jalabert* à 41" ; 24. Sorensen (Dan.) à 42" ; 25. Kasputis (Lit.) à 42" ; 26. Alcala (Mex.) à 42" ; 27. Zaina (It.) à 42" ; 28. Jaermann (Sui.) à 43" ; 29. *Durand* à 43" ; 30. Ludwig (Al.) à 44".

PREMIÈRE ÉTAPE

Euralille-Armentières

1. Djamolidine ABDOUJAPAROV (Ouz./ Polti) les 234 km en 5 h 46' 16" ; 2. Ludwig (Al.) ; 3. Museeuw (Bel.) ; 4. Martinello (It.) ; 5. Tchmil (Rus.) ; 6. Svorada (Slo.) ; 7. Fidanza (It.) ; 8. *Magnien* ; 9. M. Indurain (Esp.) ; 10. Borlolami (It.) ; 11. Andreu (É.-U.) ; 12. Zamana (Pol.) ; 13. Sergeant (Bel.) ; 14. Raab (Al.) ; 15. *Simon* ; 16. *Pensec* ; 17. Poli (It.) ; 18. *Lino* ; 19. Olano (Esp.) ; 20. Kirsipuu (Est.) ; 21. Edo (Esp.) ; 22. Minali (It.) ; 23. Heppner (Al.) ; 24. *Chanteur* ; 25. G. Petito (It.) ; 26. Theunisse (P.-B.) ; 27. *Virenque* ; 28. Bolts (Al.) ; 29. Boardman (G.-B.) ; 30. Harmeling (P.-B.).

Classement général : 1. Chris BOARDMAN (G.-B. / Gan) 5 h 54' 5" ; 2. M. Indurain (Esp.) à 15" ; 3. Rominger (Sui.) à 19" ; 4. Zülle (Sui.) à 22" ; 5. Museeuw (Bel.) à 23" ; 6. *De Las Cuevas* à 24" ; 7. Abdoujaparov (Ouz.) à 27" ; 8. *Marie* à 29" ; 9. *Seigneur* à 30" ; 10. Ludwig (Al.) à 32".

DEUXIÈME ÉTAPE

Roubaix-Boulogne-sur-Mer

1. Jean-Paul VAN POPPEL (P.-B. / Festina) les 203,5 km en 5 h 5' 40" ; 2. Ludwig (Al.) ; 3. Martinello (It.) ; 4. *Simon* ; 5. Museeuw (Bel.) ; 6. Abdoujaparov (Ouz.) ; 7. *Desbiens* ; 8. Edo (Esp.) ; 9. Fontanelli (It.) ; 10 Tchmil (Rus.) ; 11. Harmeling (P.-B.) ; 12. *Chanteur* ; 13. Zberg (Sui.) ; 14. *Magnien* ; 15. Theunisse (P.-B.) ; 16. Petito (It.) ; 17. *De Las Cuevas* ; 18. Anderson (Aus.) ; 19. Hamburger (Dan.) ; 20. Redant (Bel.) ; 21. Perini (It.) ; 22. Zamana (Pol.) ; 23. *Colotti* ; 24. Sergeant (Bel.) ; 25. Armstrong (É.-U.) ; 26. *Marie* ; 27. *Olano* ; 28. Andreu (É.-U.) ; 29. Dekker (P.-B.) ; 30. *Capelle*.

Non-partants : *Jalabert*, Gontchenkov (Uk.), W. Nelissen (Bel.).

Classement général : 1. Chris BOARDMAN (G.-B. / Gan) 10 h 56' 45" ; 2. M. Indurain (Esp.) à 15" ; 3. Rominger (Sui.) à 19" ; 4. Ludwig (Al.) à 20" ; 5. Abdoujaparov (Ouz.) à 21" ; 6. Zülle (Sui.) à 22" ; 7. Museeuw (Bel.) à 23" ; 8. *De Las Cuevas* à 24" ; 9. *Marie* à 29" ; 10. *Seigneur* à 30".

TROISIÈME ÉTAPE

Calais-Eurotunnel c.l.m. par équipes

1. GB-MG les 66,5 km en 1 h 20' 31" ; 2. Motorola à 6" ; 3. Banesto à 18" ; 4. Castorama à 27" ; 5. Mapei-Clas à 42" ; 6. Gewiss à 1' 2" ; 7. Lampre à 1' 15" ; 8. Gan à 1' 17" ; 9. Polti à 1' 23" ; 10. WordPerfect à 1' 55" ; 11. Carrera à 1' 56" ; 12. Once à 2' 2" ; 13. Festina à 2' 25" ; 14. Telekom à 2' 26" ; 15. TVM à 2' 55' ; 16. ZG-Mobili à 3' 19" ; 17. Lotto à 3' 24" ; 18. Novemail à 3' 31" ; 19. Mercatone à 4' 41" ; 20. Kelme à 4' 44" ; 21. Chazal à 4' 54".

Abandon : *Cornillet*

Classement général : 1. Johan MUSEEUW (Bel. / GB-MB) 12 h 20' 39" ; 2. M. Indurain (Esp.) à 10" ; 3. Sorensen (Dan.) à 19" ; 4. Vanzella (It.) à 22" ; 5. Armstrong (É.-U.) à 22" ; 6. Bauer (Can.) à 27" ; 7. *De Las Cuevas* à 28" ; 8. *Marie* à 33" ; 9. Yates (G.-B.) à 34" ; 10. Rominger (Sui.) à 38".

QUATRIÈME ÉTAPE

Douvres-Brighton

1. Francisco CABELLO (Esp. / Kelme) les 204 km en 5 h 12' 53". 2. *Magnien* à 20" ; 3. Vanzella (It.) ; 4. Boardman (G.-B.) à 33" ; 5. Zaina (It.) ; 6. Martinello (It.) à 38" ; 7. Abdoujaparov (Ouz.) ; 8. Aldag (All.) ; 9. Colage (It.) ; 10. Andreu (É.-U.) ; 11. Museeuw (Bel.) ; 12. Skibby (Dan.) ; 13. Anderson (Aus.) ; 14. Olano (Esp.) ; 15. E. Dekker (P.-B.) ; 16. Tchmil (Rus.) ; 17. Audhem (Al.) ; 18. R. Petito (It.) ; 19. Perini (It.) ; 20. Chiappucci (It.) ; 21. Fontanelli (It.) ; 22. *Pensec* ; 23. Heppner (Al.) ; 24. Roosen (Bel.) ; 25. Van de Laer (Bel.) ; 26. Bortolami (It.) ; 27. Uriarte (Esp.) ; 28. *Simon* ; 29. *Lino* ; 30. Zberg (Sui.).

Classement général : 1. Flavio VANZELLA (It. / GB-MG) 17h 34' 6" ; 2. Museeuw (Bel.) à 4" ; 3. M. Indurain (Esp.) à 14" ; 4. Sorensen (Dan.) à 23" ; 5. Armstrong (É.-U.) à 26" ; 6. Bauer (Can.) à 31" ; 7. *De Las Cuevas* à 32" ; 8. *Marie* à 37" ; 9. Yates (G.-B.) à 38" ; 10. Rominger (Sui.) à 42".

CINQUIÈME ÉTAPE

Portsmouth-Portsmouth

1. Nicola MINALI (It. / Gewiss) les 187 km en 4 h 10' 49" ; 2. Ludwig (Al.) ; 3. Martinello (It.) ; 4. Svorada (Slo.) ; 5. Abdoujaparov (Ouz.) ; 6. Van Poppel (P.-B.) ; 7. Capiot (Bel.) ; 8. Kirsipuu (Est.) ; 9. Bortolami (It.) ; 10. *Capelle* ; Sergeant (Bel.) ; 12. Edo (Esp.) ; 13. Tchmil (Rus.) ; 14. M. de Clercq (Bel.) ; 15. *Gouvenou* ; 16. Museeuw (Bel.) ; 17. *Thibout* ; 18. Fontanelli (It.) ; 19. *Magnien* ; 20. Raab (All.) ; 21. Fidanza (It.) ; 22. *Virenque* ; 23. Van de Laer (Bel.) ; 24. Harmeling (P.-B.) ; 25. Armstrong (É.-U.) ; 26. *Marie* ; 27. G. Petito (It.) ; 28. Zamana (Pol.) ; 29. Theunisse (P.-B.) ; 30. Poli (It.).

Abandon : Baffi (It.).

Non-partants : Magalhaes (Br.), Bauer (Can.).

Classement général : 1. Flavio VANZELLA (It. / GMG) 21 h 44' 55" ; 2. Museeuw (Bel.) à 4" ; 3. M. Indurain (Esp.) à 14" ; 4. Armstrong (É.-U.) à 26" ; 5. *De Las Cuevas* à 32" ; 6. *Marie* à 37" ; 7. Yates (G.-B.) à 38" ; 8. Rominger (Sui.) à 42" ; 9. Andreu (É.-U.) à 43" ; 10. *Davy* à 43".

SIXIÈME ÉTAPE

Cherbourg-Rennes

1. Gianluca BORTOLAMI (It. / Mapei Clas) les 270,5 km en 6 h 58' 47" ; 2. Abdoujaparov (Ouz.) à 2" ; 3. Zberg (Sui.) ; 4. G. Bontempi (It.) ; 5. Heppner (Al.) ; 6. Yates (G.-B.) ; 7. Andreu (É.-U.) ; 8. Svorada (Slo.) à 46" ; 9. Kirsipuu (Est.) ; 10. Edo (Esp.) ; 11. Ludwig (Al.) ; 12. Colage (It ;) ; 13. *Simon* ; 14. *Capelle* ; 15. Chiappucci (It.). 16. Anderson ; 17. *Thibout* ; 18. Capiot (Bel.) ; 19. Martinello (It.) ; 20. Museeuw (Bel.) ; 21. *Magnien* ; 22. Redant (Bel.) ; 23. Van Poppel (P.-B.) ; 24. Casartelli (It.) ; 25. Bertolini (It.) ; 26 ; Zamana (Pol.) ; 27. Swart (N.-Z.) ; 28. Vanzella (It.) ; 29. Theunisse (P.-B.) ; 30. Mejia (Col.).

Abandon : LeMond (É.-U.).

Classement général : 1. Sean YATES (G.-B. / Motorola) 28 h 44' 22" ; 2. Bortolami (It.) à 1" ; 3. Museeuw (Bel.) à 4" ; 4. Andreu (É.-U.) à 5" ; 5. Vanzella (It ;) à 6" ; 6. M. Indurain (Esp.) à 20" ; 7. Abdoujaparov (Ouz.) à 31" ; 8. Armstrong (É.-U.) à 32" ; 9. *Marie* à 37" ; 10. *De Las Cuevas* à 38".

SEPTIÈME ÉTAPE

Rennes-Futuroscope

1. Jan SVORADA (Slo. / Lampre) les 259,5 km en 5 h 56' 50" ; 2. Abdoujaparov (Ouz.) ; 3. Ludwig (Al.) ; 4. Minali (It.) ; 5. *Capelle* ; 6. Martinello (It.) ; 7. M. de Clercq (Bel.) ; 8. Skibby (Dan.) ; 9. Museeuw (Bel.) ; 10. *Magnien* ; 11. Bortolami (It.) ; 12. Capiot (Bel.) ; 13. Redant (Bel.) ; 14. Zamana (Pol.) ; 15. Theunisse (P.-B.) ; 16. Sergeant (Bel.) ; 17. Tchmil (Rus.) ; 18. Chiappucci (It.) ; 19. *Thibout* ; 20. Edo (Esp.) ; 21. *Gouvenou* ; 22. Fidenza (It.) ; 23. Lauritzen (Nor.) ; 24. Cenghialta (It.) ; 25. *Chanteur* ; 26. Yates

(G.-B.) ; 27. Rijs (Dan.) ; 28. *Simon* ; 29. Alcala (Mex.) ; 30. Mejia (Col.).
Non-partant : Fontanelli (It.).
Abandons : *Rous*, Casartelli (It.), Maassen (P.-B.).
Classement général : 1. Johan MUSEEUW (Bel. / GB-MG) 24 h 41' 6" ; 2. Yates (G.-B.) à 6" ; 3. Bortolami (It.) à 7" ; 4. Vanzella (It.) à 10" ; 5. Andreu (É.-U.) à 11" ; 6. Abdoujaparov (Ouz.) à 19" ; 7. M. Indurain (Esp.) à 26" ; 8. Armstrong (É.-U.) à 38" ; 9. *Marie* à 43" ; 10. *De Las Cuevas* à 44".

HUITIÈME ÉTAPE

Poitiers-Trelissac

1. Bo HAMBURGER (Dan. / TVM) les 218,5 km en 5 h 9' 27" ; 2. Camargo (Col.) à 1" ; 3. Aldag (All.) à 5" ; 4. *Leblanc* ; 5. *Magnien* à 2' 16" ; 6. Svorada (Slo.) ; 7. Abdoujaparov (Ouz.) ; 8. Martinello (It.) ; 9. Minali (It.) ; 10. Bortolami (It.) ; 11. *Simon* ; 12. Tchmil (Rus.) ; 13. *Thibout* ; 14. *Capelle* ; 15. Redant (Bel.) ; 16. Zamana (Pol.) ; 17. Chiappucci (It.) ; 18. Bugno (It.) ; 19. Theunisse (P.-B.) ; 20. M. Indurain (Esp.) ; 21. Breukink (P.-B.) ; 22. Frison (Bel.) ; 23. *Hervé* ; 24. *Chanteur* ; 25. Mejia (Col.) ; 26. *De Las Cuevas* ; 27. Fidanza (It.) ; 28. Rominger (Sui.) ; 29. Museeuw (Bel.) ; 30. *Gouvenou*.
Éliminé : Martinelli (It.).
Classement général : 1. Johan MUSEEUW (Bel.) 39 h 52' 45" ; 2. Bortolami (It.) à 5" ; 3. Yates (G.-B.) à 10" ; 4. Andreu (É.-U.) à 13" ; 5. Vanzella (It.) à 14" ; 6. Abdoujaparov (Ouz.) à 23" ; 7. M. Indurain (Esp.) à 30" ; 8. Armstrong (É.-U.) à 42" ; 9. *De Las Cuevas* à 48" ; 10. Rominger (Sui.) à 58".

NEUVIÈME ÉTAPE

Périgueux-Bergerac c.l.m. individuel

1. Miguel INDURAIN (Esp. / Banesto) les 64 km en 1 h 15' 58" ; 2. Rominger (Sui.) à 2' ; 3. *De Las Cuevas* à 4' 22" ; 4. *Marie* à 4' 45" ; 5. Boardman (G.-B.) à 5' 27" ; 6. Rijs (Dan.) à 5' 33" ; 7. *Davy* à 5' 35" ; 8. Olano (Esp.) à 5' 45" ; 9. Kasputis (Lit.) à 6' 1" ; 10. Ugrumov (Rus.) à 6' 4" ; 11. Bortolami (It.) à 6' 12" ; 12. Emonds (Bel.) à 6' 16" ; 13. Armstrong (É.-U.) à 6' 23" ; 14. *Bernard* à 6' 44" ; 15. Yates (G.-B.) à 6' 50" ; 16. Abdoujaparov (Ouz.) à 6' 52" ; 17. Vanzella (It.) à 7' 15" ; 18. Museeuw (Bel.) à 7' 16" ; 19. Poulnikov (Uk.) ; 20. Ekimov (Rus.) à 7' 22" ; 21. *Moreau* à 7' 41" ; 22. Peron (It.) à 7' 46" ; 23. Breukink (P.-B.) à 7' 49" ; 24. Elli (It.) à 7' 52" ; 25. Chiappucci (It.) à 8' 4" ; 26. *Leblanc* à 8' 4" ; 27. *Louviot* à 8' 11" ; 28. Zhdanov (Rus.) à 8' 29" ; 29. Faresin (It.) à 8' 29" ; 30. Frison (Bel.) à 8' 30".
Éliminé : *Guazzini*.
Classement général : 1. Miguel INDURAIN (Esp. / Banesto) 41 h 9' 13" ; 2. Rominger (Sui.) à 2' 28" ; 3. *De Las Cuevas* à 4' 40" ; 4. Bortolami (It.) à 5' 47" ; 5. *Marie* à 5' 51" ; 6. *Davy* à 6' 4" ; 7. Boardman (G.-B.) à 6' 6" ; 8. Yates (G.-B.) à 6' 30" ; 9. Olano (Esp.) à 6' 31" ; 10. Armstrong (É.-U.) à 6' 35".

DIXIÈME ÉTAPE

Bergerac-Cahors

1. *Jacky DURAND* (Castorama) les 160,5 km en 3 h 38' 11" ; 2. Serpellini (It.) à 55" ; 3. Hodge (Aus.) à 59" ; 4. Bortolami (It.) ; 5. Henn (Al.) ; 6. Colotti à 1' 3" ; 7. Chiesa (It.) à 1' 18" ; 8. Abdoujaparov (Ouz.) à 1' 56" ; 9. Svorada (Slo.) ; 10. Martinello (It.) ; 11. *Magnien* ; 12. Tchmil (Rus.) ; 13. Zabel (Al.) ; 14. Frison (Bel.) ; 15. Theunisse (P.-B.) ; 16. Zamana (Pol.) ; 17. Sergent (Bel.) ; 18. Verdonck (Bel.) ; 19. M. de Clercq (Bel.) ; 20. Ludwig (Al.) ; 21. *Thibout* ; 22. *Moreau* ; 23. *Leblanc* ; 24. Olano (Esp ;) ; 25. *Gouvenou* ; 26. Mantovan (It.) ; 27. *Chanteur* ; 28. Capiot (Bel.) ; 29. Rominger (Sui.) ; 30. Harmeling (P.-B.).
Classement général : 1. Miguel INDURAIN (Esp. / Banesto) 44 h 49' 19" ; 2. Rominger (Sui.) à 2' 28" ; 3. Bortolami (It.) à 4' 37" ; 4. *De Las Cuevas* à 4' 40" ; 5. *Marie* à 5' 51" ; 6. *Davy* à 6' 4" ; 7. Boardman (G.-B.) à 6' 6" ; 8. Yates (G.-B.) à 6' 30" ; 9. Olano (Esp.) à 6' 31" ; 10. Armstrong (É.-U.) à 6' 35".

ONZIÈME ÉTAPE

Cahors-Lourdes Hautacam

1. *Luc LEBLANC* (Festina) les 263,5 km en 6 h 58' 4" ; 2. M. Indurain (Esp.) à 2" ; 3. Pantani (It.) à 18" ; 4. *Virenque* à 56" ; 5. *De Las Cuevas* à 58" ; 6. Tonkov (Rus.) à 1' 26" ; 7. Ugrumov (Rus.) ; 8. Zaina (It.) à 1' 36" ; 9. Conti (It.) à 1' 46" ; 10. Cubino (Esp.) à 1' 50" ; 11. Zülle (Sui.) à 1' 52" ; 12. Poulnikov (Uk.) à 1' 52" ; 13. Rodriguez (Col.) à 2' 5" ; 14. Pellicioli (It.) à 2' 21" ; 15. Rijs (Dan.) ; 16. Rominger (Sui.) ; 17. Bolts (Al.) ; 18. *Lino* à 2' 31" ; 19. *Bernard* à 2' 35" ; 20. Rincon (Col.) à 2' 51" ; 21. Olano (Esp.) ; 22. G. Furlan (It.) à 3' 21" ; 23. Elli (It.) à 3' 28" ; 24. Vona (It.) ; 25. Camargo (Col.) à 3' 44" ; 26. Audhem (Al.) ; 27. Dufaux (Sui.) ; 28. *Davy* ; 29. Buenahora (Col.) ; 30. Van de Laer (Bel.).
Abandons : Boardman (G.-B.), R. Petito (It.).
Classement général : 1. Miguel INDURAIN (Esp. / Banesto) 51 h 47' 25" ; 2. Rominger (Sui.) à 4' 47" ; 3. *De Las Cuevas* à 5' 36" ; 4. Ugrumov (Rus.) à 8' 32" ; 5. *Leblanc* à 8' 35" ; 6. Rijs (Dan.) à 8' 59" ; 7. Bortolami (It.) à 9' 14" ; 8. Olano (Esp.) à 9' 20" ; 9. *Davy* à 9' 46" ; 10. Zaina (It.) à 11' 15".

DOUZIÈME ÉTAPE

Lourdes-Luz Ardiden

1. *Richard VIRENQUE* (Festina) les 204,5 km en 6 h 8' 32" ; 12. Pantani (It.) à 4' 34" ; 3. Pellicioli (It.) à 5' 52" ; 4. Rodriguez (Col.) à 7' 2" ; 5. Poulnikov (Uk.) à 7' 42" ; 6. M. Indurain (Esp.) ; 7. *Leblanc* ; 8. Cubino (Esp.) à 8' 14" ; 9. Buenahora (Col.) à 9' 43" ; 10. Camargo (Col.) ; 11 ; Tonkov (Rus.) ; 12. *Hervé* à 10' 7" ; 13. *De Las Cuevas* à 10' 8" ; 14. *Davy* à 10' 22" ; 15. Rijs (Dan.) à 10' 27" ; 16. Bolts (Al.) à 10' 44" ; 17. Rominger (Sui.) à 10' 51" ; 18. Elli (It.) à 11' 7" ; 19. Zülle (Sui.) à 11' 11" ; 20. Gonzalez-Arrieta (Esp.) ; 21. *Lino* à 11' 15" ; 22. *Mottet* ; 23. Dufaux (Sui.) à 11' 17" ; 24. Escartin (Esp.) à 11' 20" ; 25. *Bernard* à 11' 23" ; 26. Van de Laer (Bel.) à 11' 58" ; 27. Hamburger (Dan.) à 12' 21" ; 28. Audhem (Al.) à 12' 27" ; 29. Ugrumov (Rus.) ; 30. Olano (Esp.).
Abandons : Bertolini (It.), Lafranchi (It.), Meinert (Dan.), G. Petito (It.), Minali (It.), Kirsipuu (Est.), Rooks (P.-B.), Theunisse (P.-B.).
Non-partants : Colage (It.), Chiappucci (It.), Faresin (It.), Van Bon (P.-B.).
Classement général : 1. Miguel INDURAIN (Esp. / Banesto) 58 h 3' 39" ; 2. Rominger (Sui.) à 7' 56" ; 3. *Virenque* à 7' 56" ; 4. *De Las Cuevas* à 8' 2" ; 5. *Leblanc* à 8' 35" ; 6. Poulnikov (Uk.) à 11' 30" ; 7. Rijs (Dan.) à 11' 44" ; 8. Pantani (It.) à 11' 55" ; 9. *Davy* à 12' 26" ; 10. Ugrumov (Rus.) à 13' 17".

TREIZIÈME ÉTAPE

Bagnères-de-Bigorre-Albi

1. Bjarne RIJS (Dan. / Gewiss) les 223 km en 5 h 14' 48" ; 2. Svorada (Slo.) à 9" ; 3. Abdoujaparov (Ouz.) ; 4. Martinello (It.) ; 5. Capelle ; 6. Van Poppel (P.-B.) ; 7. Tchmil (Rus.) ; 8. *Magnien* ; 9. *Simon* ; 10. Sergeant (Bel.) ; 11. E. Dekker (P.-B.) ; 12. Bomans (Bel.) ; 13. Zamana (Pol.) ; 14. Zabel (Al.) ; 15. Edo (Esp.) ; 16. Perini (It.) ; 17. Emonds (Bel.) ; 18. Redant (Bel.) ; 19. Bottaro (It.) ; 20. *Gouvenou* ; 21. P. de Clercq (Bel.) ; 22. *Chanteur* ; 23. Poulnikov (Uk.) ; 24. Ugrumov (Rus.) ; 25. Anderson (Aus.) ; 26. *Leblanc* ; 27. *Desbiens* ; 28. *De Las Cuevas* ; 29. *Virenque* ; 30. *Mottet*.
Abandons : Rominger (Sui.), *Dojwa*.
Classement général : 1. Miguel INDURAIN (Esp. / Banesto) 63 h 18' 36" ; 2. *Virenque* à 7' 56" ; 3. *De Las Cuevas* à 8' 2" ; 4. *Leblanc* à 8' 35" ; 5. Poulnikov (Uk.) à 11' 30" ; 6. Rijs (Dan.) à 11' 35" ; 7. Pantani (It.) à 11' 55" ; 8. *Davy* à 12' 26" ; 9. Ugrumov (Rus.) à 13' 17" ; 10. Olano (Esp.) à 14' 5".

QUATORZIÈME ÉTAPE

Castres-Montpellier

1. Rolf SORENSEN (Dan. / GB-MG) les 202 km en 5 h 11' 4" ; 2. Stephens (Aus.) ; 3. Jaermann (Sui.) à 1' 13" ; 4. Ghirotto (It.) ; 5. *Hervé* à 1' 15" ; 6. Abdoujaparov (Ouz.) à 5' 56" ; 7. Svorada (Slo.) ; 8. Martinello (It.) ; 9. Sergeant (Bel.) ; 10. *Magnien* ; 11. *Colotti* ; 12. *Moreau* ; 13. Tchmil (Rus.) ; 14. Bortolami (It.) ; 15. Verdonck (Bel.) ; 16. *Simon* ; 17. Ludwig (Al.) ; 18. Zamana (Pol.) ; 19. Zberg (Sui.) ; 20. E. Dekker (P.-B.) ; 21. Redant (Bel.) ; 22. Van de Laer (Bel.) ; 23. Torres (Esp.) ; 24. *Virenque* ; 25. Peeters (Bel.) ; 26. Hodge (Aus.) ; 27. *Chanteur* ; 28. Van Poppel (P.-B.) ; 29. M. de Clercq (Bel.) ; 30. M. Indurain (Esp.).
Abandons : Scirea (It.), *Capelle*, *Durand*, Artunghi (It.), Voskamp (P.-B.), *Bourgeot*, Vermey (P.-B.), Tonkov (Uk.) Garcia Camacho (Esp.), Emonds (Bel.), *Madouas*, Farazijn (Bel.), Lietti (It.), Jonker (P.-B.), Zabel (Al.).
Non-partants : Bugno (It.), R. Sierra (Esp.), Van Hooydonck (Bel.).
Classement général : 1. Miguel INDURAIN (Esp. / Banesto) 68 h 35' 36" ; 2. *Virenque* à 7' 56" ; 3. *De Las Cuevas* à 8' 2" ; 4. *Leblanc* à 8' 35" ; 5. Poulnikov (Uk.) à 11' 30" ; 6. Pantani (It.) à 11' 55" ; 7. Rijs (Dan.) à 11' 55" ; 8. *Davy* à 12' 26" ; 9. Ugrumov (Rus.) à 13' 37" ; 10. Olano (Esp.) à 14' 5".

QUINZIÈME ÉTAPE

Montpellier-Carpentras

1. Eros POLI (It. / Mercatone) les 231 km en 6 h 31' 59" ; 2. Elli (It.) à 3' 39" ; 3. *Lino* ; 4. Conti (It.) à 3' 41" ; 5. *Virenque* à 4' ; 6. *De Las Cuevas* ; 7. Ugrumov (Rus.) ; 8. Zülle (Sui.) ; 9. M. Indurain (Esp.) ; 10. Pantani (It.) ; 11. Poulnikov (Uk.) ; 12. *Leblanc* ; 13. Bolts (Al.) à 5' 42" ; 14. Cenghialta (It.) ; 15. Buenahora (Col.) ; 16. Bortolami (It.) à 7' 46" ; 17. *Mottet* ; 18. *Caritoux* ; 19. Hamburger (Dan.) ; 20. *Hervé* ; 21. Olano (Esp.) ; 22. Chioccioli (It.) ; 23. Pellicioli (It.) ; 24. Munoz-Fernandez (Col.) ; 25. Dufaux (Sui.) ; 26. Sorensen (Dan.) ; 27. Gonzalez Arrieta (Esp.) ; 28. *Davy* ; 29. *Bernard* ; 30. Escartin (Esp.).
Abandons : *Colotti*, Frison (Bel.).
Non-partants : Unzaga (Esp.), Armstrong (É.-U.), Capiot (Bel.).
Disqualifié : Harmeling (P.-B.).
Classement général : 1. Miguel INDURAIN (Esp. / Banesto) 75 h 11' 35" ; 2. *Virenque* à 7' 56" ; 3. *De Las Cuevas* à 8' 2" , 4. *Leblanc* à 8' 35" , 5. Poulnikov (Uk.) à 11' 30" ; 6. Pantani (It.) à 11' 55" ; 7. Ugrumov (Rus.) à 13' 37" ; 8. *Davy* à 16' 12" ; 9. Zülle (Sui.) à 16' 13" ; 10. Olano (Esp.) à 17' 51".

SEIZIÈME ÉTAPE

Valréas-L'Alpe-d'Huez

1. Roberto CONTI (It. / Lampre) les 224,5 km en 6 h 6' 45" ; 2. Buenahora (Col.) à 2' 2" ; 3. Bolts (Al.) à 3' 49" ; 4. Elli (It.) ; 5. Perini (It.) à 4' 3" ; 6. Muller (Sui.) à 4' 39" ; 7. Cenghialta (It.) à 5' 5" ; 8. Pantani (It.) à 5' 41" ; 9. Torres (Esp.) à 5' 55" ; 10. Camargo (Col.) à

7' 15'' ; 11. *Virenque* à 7' 21'' ; 12. M. Indurain (Esp.) à 7' 56'' ; 13. *Leblanc* ; 14. Poulnivok (Uk.) à 8' 3'' ; 15. *Pensec* à 8' 27'' ; 16. Ugrumov (Rus.) ; 17. Zülle (Sui.) ; 18. Pellicioli (It.) à 9' 9'' ; 19. *Lino* ; 20. *Marie* ; 21. Escartin (Esp.) ; 22. *De Las Cuevas* ; 23. Rijs (Dan.) à 9' 47'' ; 24. Audhem (Al.) ; 25. *Davy* ; 26. *Hervé* à 9' 51'' ; 27. Van de Laer (Bel.) à 10' 49'' ; 28. *Mottet* ; 29. Gonzalez Arrieta (Esp.) ; 30. *Bernard* à 10' 51''.

Abandons : *Desbiens, Magnien,* Serpillini (It.), Galetti (It.), Peeters (Bel.), Cubino (Esp.), Rincon (Col.).

Classement général : 1. Miguel INDURAIN (Esp. / Banesto) 81 h 26' 16'' ; 2. *Virenque* à 7' 21'' ; 3. *Leblanc* à 8' 35'' ; 4. *De Las Cuevas* à 9' 15'' ; 5. Pantani (It.) à 9' 40'' ; 6. Conti (It.) à 9' 57'' ; 7. Poulnikov (Uk.) à 11' 37'' ; 8. Elli (It.) à 13' 57'' ; 9. Ugrumov (Rus.) à 14' 8'' ; 10. Zülle (Sui.) à 16' 44''.

DIX-SEPTIÈME ÉTAPE
Bourg-d'Oisans-Val-Thorens

1. Nelson RODRIGUEZ (Col. / ZG Mobili) les 149 km en 5 h 13' 52'' ; 2. Ugrumov (Rus.) à 3'' ; 3. Pantani (It.) à 1' 3'' ; 4. Virenque à 2' 37'' ; 5. M. Indurain (Esp.) ; 6. Zülle (Sui.) ; 7. *Leblanc* à 2' 40'' ; 8. Conti (It.) à 2' 44'' ; 9. Buenahora (Col.) à 2' 45'' ; 10. Bolts (Al.) à 2' 52'' ; 11. Elli (It.) ; 12. Escartin (Esp.) ; 13. Sorensen (Dan.) à 3' 13'' ; 14. Pellicioli (It.) à 3' 47'' ; 15. *Lino* à 4' 1'' ; 16. Chioccioli (It.) à 4' 10'' ; 17. Munoz Fernandez (Col.) à 4' 12'' ; 18. Bortolami (It.) à 4' 38'' ; 19. *Davy* ; 20. Rijs (Dan.) à 5' 42'' ; 21. *Mottet* à 6' 21'' ; 22. *Caritoux* à 7' 22'' ; 23. Breukink (P.-B.) à 8' 4'' ; 24. Hamburger (Dan.) ; 25. Van de Laer (Bel.) à 8' 51'' ; 26. Vanzella (It.) à 9' 9'' ; 27. Poulnikov (Uk.) à 10' 15'' ; 28. Audhem (Al.) à 12' 3'' ; 29. Gonzalez Arrieta (Esp.) ; 30. *Bernard.*

Abandons : Alonso (Esp.), Van Poppel (P.-B.).

Classement général : 1. Miguel INDURAIN (Esp. / Banesto) 86 h 42' 45'' ; 2. *Virenque* à 7' 21'' ; 3. Pantani (It.) à 8' 11'' ; 4. *Leblanc* à 8' 38'' ; 5. Conti (It.) à 10' 4'' ; 6. Ugrumov (Rus.) à 11' 34'' ; 7. Elli (It.) à 14' 12'' ; 8. Zülle (Sui.) à 16' 44'' ; 9. Bolts (Al.) à 18' 55'' ; 10. Poulnikov (Uk.) à 19' 15''.

DIX-HUITIÈME ÉTAPE
Moûtiers-Cluses

1. Piotr UGRUMOV (Rus. / Gewiss) les 174,5 km en 4 h 52' 19'' ; 2. M. Indurain (Esp.) à 2' 39'' ; 3. *Virenque* à 2' 40'' ; 4. Escartin (Esp.) à 3' 25'' ; 5. Pantani (It.) ; 6. Conti (It.) à 3' 26'' ; 7. *Lino* à 3' 30'' ; 8. *Leblanc* ; 9. Kasputis (Lit.) à 4' 55'' ; 10. Pellicioli (It.) ; 11. Bortolami (It.) à 4' 57'' ; 12. Rijs (Dan.) ; 13. Van de Laer (Bel.) ; 14. Sorensen (Dan.) ; 15. *Caritoux* ; 16. Elli (It.) ; 17. Zülle (Sui.) ; 18. Bolts (Al.) ; 19. Mejia (Col.) ; 20. Munoz Fernandez (Col.) à 5' 28'' ; 21. *Bernard* à 5' 47'' ; 22. Buenahora (Col.) à 7' 39'' ; 23. Hamburger (Dan.) à 7' 42'' ; 24. Vona (It.) ; 25. Poulnikov (Uk.) ; 26. Zberg (Sui.) ; 27. *Simon* ; 28. Muller (Sui.) ; 29. Rodriguez (Col.) ; 30. Breukink (P.-B.).

Abandons : Mantovan (It.), Torres (Esp.), Van Lancker (Bel.), M. de Clercq (Bel.), Vermote (Bel.), Fina (It.).

Non-partant : *De Las Cuevas.*

Classement général : 1. Miguel INDURAIN (Esp. / Banesto) 91 h 37' 43'' ; 2. *Virenque* à 7' 22'' ; 3. Ugrumov (Rus.) à 8' 56'' ; 4. Pantani (It.) à 8' 57'' ; 5. *Leblanc* à 9' 29'' ; 6. Conti (It.) à 10' 51'' ; 7. Elli (It.) à 16' 30'' ; 8. Zülle (Sui.) à 19' 2'' ; 9. Bolts (Al.) à 21' 13'' ; 10. *Lino* à 21' 23''.

DIX-NEUVIÈME ÉTAPE
Cluses-Morzine-Avoriaz c.l.m. individuel

1. Piotr UGRUMOV (Rus. / Gewiss) les 47,5 km en 1 h 22' 59'' ; 2. Pantani (It.) à 1' 38'' ; 3. M. Indurain (Esp.) à 3' 16'' ; 4. *Leblanc* à 3' 50'' ; 5. *Mottet* à 4' 12'' ; 6. Zaina (It.) à 4' 17'' ; 7. Poulnikov (Uk.) à 4' 26'' ; 8. *Bernard* à 4' 31'' ; 9. Zülle (Sui.) à 4' 49'' ; 10. Conti (It.) à 4' 54'' ; 11. Sorensen (Dan.) à 4' 54'' ; 12. Bobrik (Rus.) à 5' 9'' ; 13. Bortolami (It.) à 5' 18'' ; 14. Ghirotto (It.) à 5' 29'' ; 15. *Perini* à 5' 56'' ; 16. Rijs (Dan.) à 6' 1'' ; 17. Chioccioli (It.) à 6' 3'' ; 18. *Virenque* à 6' 4'' ; 19. Ekimov (Rus.) à 6' 12'' ; 20. Olano (Esp.) à 6' 14'' ; 21. Kasputis (Lit.) à 6' 47'' ; 22. Skibby (Dan.) à 6' 55'' ; 23. Breukink (P.-B.) à 6' 55'' ; 24. Elli (It.) à 7' 3'' ; 25. Cenghialta (It.) à 7' 6'' ; 26. Bolts (Al.) à 7' 22'' ; 27. Lauritzen (Nor.) à 7' 27'' ; 28. Vona (It.) à 7' 27'' ; 29. Dufaux (Sui.) à 7' 29'' ; 30. *Davy* à 7' 31''.

Classement général : 1. Miguel INDURAIN (Esp. / Banesto) 93 h 3' 58'' ; 2. Ugrumov (Rus.) à 5' 39'' ; 3. Pantani (It.) à 7' 19'' ; 4. *Leblanc* à 10' 3'' ; 5. *Virenque* à 10' 10'' ; 6. Conti (It.) à 12' 29'' ; 7. Elli (It.) à 20' 17'' ; 8. Zülle (Sui.) à 20' 35'' ; 9. Bolts (Al.) à 25' 19'' ; 10. Poulnikov (Uk.) à 25' 28''.

VINGTIÈME ÉTAPE
Morzine-Lac Saint-Point

1. Djamolidine ABDOUJAPAROV (Ouz.) les 208,5 km en 5 h 50' 37'' ; 2. Svorada (Slo.) ; 3. Martinello (It.) ; 4. Anderson (Aus.) ; 5. Rijs (Dan.) ; 6. Edo (Esp.) ; 7. Bortolami (It.) ; 8. Ghirotto (It.) ; 9. Fidanza (It.) ; 10. *Simon* ; 11. Swart (N.-Z.) ; 12. Redant (Bel.) ; 13. Cenghialta (It.) ; 14. Audhem (Al.) ; 15. Museeuw (Bel.) ; 16. Zamana (Pol.) ; 17. Van de Laer (Bel.) ; 18. *Marie* ; 19. *Gouvenou* ; 20. Yates (G.-B.) ; 21. *Chanteur* ; 22. Andreu (É.-U.) ; 23. Zberg (Sui.) ; 24. Kummer (Al.) ; 25. E. Dekker (P.-B.) ; 26. Chiesa (It.) ; 27. Verdonck (Bel.) ; 28. Raab (Al.) ; 29. Vanzella (It.) ; 30. Leanizbarrutia (Esp.).

Abandon : Sergeant (Bel.).

Non-partant : Tchmil (Rus.).

Classement général : 1. Miguel INDURAIN (Esp. / Banesto) 8 h 54' 35'' ; 2. Ugrumov (Rus.) à 5' 39'' ; 3. Pantani (It.) à 7' 19'' ; 4. *Leblanc* à 10' 3'' ; 5. *Virenque* 10' 10'' ; 6. Conti (It.) à 12' 29'' ; 7. Elli (It.) à 20' 17'' ; 8. Zülle (Sui.) à 20' 35'' ; 9. Bolts (Al.) à 25' 19'' ; 10. Poulnikov (Uk.) à 25' 28''.

VINGT ET UNIÈME ÉTAPE
Disneyland-Paris

1. *Eddy SEIGNEUR* (Gan) les 175 km en 4 h 43' 34'' ; 2. Andreu (É.-U.) à 3'' ; 3. Hamburger (Dan.) à 6'' ; 4. Muller (Sui.) ; 5. Kasputis (Lit.) ; 6. Abdoujaparov (Ouz.) à 25'' ; 7. Ekimov (Rus.) à 27'' ; 8. Martinello (It.) à 29'' ; 9. Edo (Esp.) ; 10. Ludwig (Al.) ; 11. Anderson (Aus.) ; 12. Bortolami (It.) ; 13. Museeuw (Bel.) ; 14. Redant (Bel.) ; 15. Verdonck (Bel.) ; 16. Van de Laer (Bel.) ; 17. Olano (Esp.) ; 18. Swart (N.-Z.) ; 19. Svorada (Slo.) ; 20. E. Dekker (P.-B.) ; 21. Zamana (Pol.) ; 22. *Simon* ; 23. *Chanteur* ; 24. Lauritzen (Nor.) ; 25. Wauters (Bel.) ; 26. *Moreau* ; 27. *Gouvenou* ; 28. A. Gonzalez (Esp.) ; 29. Pellicioli (It.) ; 30. Rodriguez (Col.).

Classement général final : 1. Miguel INDURAIN (Esp. / Banesto) les 3 978,2 km en 103 h 38' 38'' ; 2. Ugrumov (Rus.) à 5' 39'' ; 3. Pantani (It.) à 7' 19'' ; 4. *Leblanc* à 10' 3'' ; 5. *Virenque* à 10' 10'' ; 6. Conti (It.) à 12' 29'' ; 7. Elli (It.) à 20' 17'' ; 8. Zülle (Sui.) à 20' 35'' ; 9. Bolts (Al.) à 25' 19'' ; 10. Poulnikov (Uk.) à 25' 28'' ; 11. *Lino* à 26' 1'' ; 12. Escartin (Esp.) à 30' 38'' ; 13. Bortolami (It.) à 32' 35'' ; 14. Rijs (Dan.) à 33' 32'' ; 15. Pellicioli (It.) à 34' 55'' ; 16. Rodriguez (Col.) à 35' 18'' ; 17. *Bernard* à 36' 44'' ; 18. Buenahora (Col.) à 38' ; 19. Sorensen (Dan.) à 42' 39'' ; 20. Hamburger (Dan.) à 43' 44'' ; 21. *Davy* à 46' 41'' ; 22. *Caritoux* à 47' 19'' ; 23. Munoz Fernandez (Col.) à 48' 33'' ; 24. Van De Laer (Bel.) à 48' 35'' ; 25. Cenghialta (It.) à 51' 30'' ; 26. *Mottet* à 51' 44'' ; 27. Zberg (Sui.) à 57' 6'' ; 28. Audhem (Al.) à 57' 44'' ; 29. Breukink (P.-B.) à 59' 55'' ; 30. Olano (Esp.) à 1 h 1' 29'' ; 31. Mejia (Col.) à 1 h 1' 43'' ; 32. Gonzalez Arrieta (Esp.) à 1 h 2' 40'' ; 33. *Hervé* à 1 h 7' 16'' ; 34. Echave (Esp.) à 1 h 7' 45'' ; 35. Dufaux (Sui.) à 1 h 9' 30'' ; 36. Ekimov (Rus.) à 1 h 9' 50'' ; 37. Vona (It.) à 1 h 10' 41'' ; 38. Aldag (Al.) à 1 h 10' 59'' ; 39. Zaina (It.) à 1 h 12' 16'' ; 40. A. Gonzalez (Esp.) à 1 h 12' 41'' ; 41. Vanzella (It.) à 1 h 24' 5'' ; 42. Chioccioli (It.) à 1 h 26' 52'' ; 43. *Simon* à 1 h 30' 50'' ; 44. Kasputis (Lit.) à 1 h 37' 46'' ; 45. Skibby (Dan.) à 1 h 41' 21'' ; 46. Perona (It.) à 1 h 43' 5'' ; 47. *Bagot* à 1 h 44' 6'' ; 48. Arroyo (Mex.) à 1 h 44' 11'' ; 49. Uriarte (Esp.) à 1 h 44' 51'' ; 50. Lauritzen (Nor.) à 1 h 45' 54'' ; 51. *Seigneur* à 1 h 47' 15'' ; 52. Stephens (Aus.) à 1 h 47' 59'' ; 53. *Marie* à 1 h 48' 47'' ; 54. Perini (It.) à 1 h 50' 7'' ; 55. Camargo (Col.) à 1 h 50' 08'' ; 56. *Rué* à 1 h 51' 28'' ; 57. Abdoujaparov (Ouz.) à 1 h 51' 34'' ; 58. Furlan (It.) à 1 h 52' 18'' ; 59. Muller (Sui.) à 1 h 52' 19'' ; 60. Heppner (Al.) à 1 h 53' 46'' ; 61. Peron (It.) à 1 h 53' 47'' ; 62. Bobrike (Rus.) à 1 h 55' 12'' ; 63. Outschakov (Uk.) à 1 h 57' 31'' ; 64. *Manin* à 1 h 58' 2'' ; 65. Santaromita (It.) à 1 h 58' 9'' ; 66. *Pensec* à 1 h 59' 2'' ; 67. *Aparicio* à 1 h 59' 34'' ; 68. Roosen (Bel.) à 2 h 0' 43'' ; 69. Anderson (Aus.) à 2 h 1' 13'' ; 70. Alcala (Mex.) à 2 h 4' 41'' ; 71. Yates (G.-B.) à 2 h 4' 45'' ; 72. Zhdanov (Rus.) à 2 h 8' 20'' ; 73. Jaermann (Sui.) à 2 h 10' 46'' ; 74. *Louviot* à 2 h 12' 10'' ; 75. Ghirotto (It.) à 2 h 12' 49'' ; 76. Bomans (Bel.) à 2 h 12' 55'' ; 77. De Vries (P.-B.) à 2 h 14' 53'' ; 78. *Gouvenou* à 2 h 15' 23'' ; 79. Kvalsvoll (Nor.) à 2 h 15' 23'' ; 80. Museeuw (Bel.) à 2 h 17' 26'' ; 81. *Chanteur* à 2 h 17' 36'' ; 82. P. de Clercq (Bel.) à 2 h 21' 43'' ; 83. Hodge (Aus.) à 2 h 23' 50'' ; 84. Raab (Al.) à 2 h 24' 38'' ; 85. Cadena (Col.) à 2 h 24' 52'' ; 86. Zen (It.) à 2 h 25' 13'' ; 87. Cabello (Esp.) à 2 h 25' 35'' ; 88. Nulens (Bel.) à 2 h 25' 52'' ; 89. Andreu (É.-U.) à 2 h 26' 24'' ; 90. G. Bontempi (It.) à 2 h 26' 27'' ; 91. *Thibout* à 2 h 26' 42'' ; 92. Wauters (Bel.) à 2 h 28' 38'' ; 93. Redant (Bel.) à 2 h 28' 57'' ; 94. Martinello (It.) à 2 h 29' 4'' ; 95. Mauri (Esp.) à 2 h 30' 20'' ; 96. Edo (Esp.) à 2 h 31' 1'' ; 97. Kummer (Al.) à 2 h 31' 42'' ; 98. Verdonck (Bel.) à 2 h 32' 24'' ; 99. Nijboer (P.-B.) à 2 h 34' 27'' ; 100. Zamana (Pol.) à 2 h 34' 43'' ; 101. E. Dekker (P.-B.) à 2 h 34' 52'' ; 102. Leanizbarrutia (Esp.) à 2 h 36' 5'' ; 103. Svorada (Slo.) à 2 h 36' 25'' ; 104. Dernies (Bel.) à 2 h 36' 31'' ; 105. Ludwig (Al.) à 2 h 37' 37'' ; 106. Henn (Al.) à 2 h 37' 48'' ; 107. Bottaro (It.) à 2 h 39' 17'' ; 108. Cassani (It.) à 2 h 41' 32'' ; 109. Diaz Zabala (Esp.) à 2 h 42' 6'' ; 110. Fidanza (It.) à 2 h 42' 47'' ; 111. Rossi (It.) à 2 h 43' 51'' ; 112. Swart (N.-Z.) à 2 h 44' 38'' ; 113. *Moreau* à 2 h 51' 13'' ; 114. Chiesa (It.) à 2 h 52' 2'' ; 115. Poli (It.) à 2 h 52' 41'' ; 116. Mulders (P.-B.) à 3 h 8' 32'' ; 117. Talen (P.-B.) à 3 h 39' 3''.

189 partants, 117 arrivants.

Classement par points : 1. Djamolidine Abdoujaparov (Ouz. / Polti) 322 points ; 2. Martinello (It.) 273 pts ; 3. Svorada (Slo.) 230 pts ; 4. Bortolami (It.) 188 pts ; 5. M. Indurain (Esp.) 132 pts ; 6. Ludwig (Al.) 122 pts ; 7. Museeuw (Bel.) 118 pts ; 8. *Simon* 105 pts ; 9. *Leblanc* 103 pts ; 10. Edo (Esp.) 102 pts.

Classement de la montagne : 1. *Richard Virenque (Festina)* 392 points ; 2. Pantani (It.) 243 pts ; 3. Ugrumov (Rus.) 219 pts ; 4. M. Indurain (Esp.) 215 pts ; 5. P. de Clercq (Bel.) 192 pts ; 6. *Leblanc* 176 pts ; 7. Pellicioli (It.) 151 pts ; 8. Conti (It.) 147 pts ; 9. Rodriguez (Col.) 142 pts ; 10. Bolts (Al.) 119 pts.
Classement par équipes : 1. Festina 311 h 28' 53" ; 2. Gewiss-Balan à 41' 57" ; 3. Mapei-Clas à 43' 38" ; 4. Banesto à 48' 25" ; 5. Carrera à 50' 55" ; 6. GB-MG Technogym à 1 h 7' 6" ; 7. O.N.C.E. à 1 h 30' 47" ; 8. Telekom à 1 h 51' 4" ; 9. Kelme-Avancia à 1 h 55' 47" ; 10. Castorama à 2 h 14' 58" ; 11. Team Polti à 2 h 46' 36" ; 12. Chazal-M.B.K.-Konig à 2 h 58' 15" ; 13. ZG Mobili-Selle Italia à 3 h 7' 19" ; 14. T.V.M.-Bison à 3 h 29' 51" ; 15. Lampre-Panaria à 3 h 31' 51" ; 16. Motorola à 3 h 37' 33" ; 17. Novemail-Laser Computer à 4 h 2' 22" ; 18. Lotto-Vetta-Caloi à 4 h 8' 21" ; 19. WordPerfect à 5 h 10' 51" ; 20. Gan à 5 h 31' 1" ; 21. Mercatone Uno Medeghini à 5 h 32' 44".
Classement des jeunes : 1. Marco Pantani (It. / Carrera) 103 h 45' 57" ; 2. *Virenque* à 1' 51" ; 3. Hamburger (Dan.) à 36' 25".
Classement de la combativité :
1. Eros Poli (It. / Mercatone) 34 points.

• TOUR DE BURGOS (Espagne)
(30 juillet-4 août)
Étapes remportées par : Schiavina (It.) 3, *De Las Cuevas* 2, Tchmil (Rus.).
Classement général : 1. *Armand DE LAS CUEVAS* (Castorama) en 28 h 47' 15" ; 2. Cubino (Esp.) à 57" ; 3. Van de Laer (Bel.) à 1' 35" ; 4. Poulnikov (Uk.) à 2' 14" ; 5. Breukink (P.-B.) à 2' 15".

• TOUR DU PORTUGAL (1er-13 août)
Étapes remportées par : Strazzer (It.) 3, Rodrigues-Gomes (Por.), Silva (Por.) 3, Puttini (Sui.), Castignola (It.), Guerini (It.), Gomes (Por.), Pelliconi (It.), Gamito (Por.).
Classement général : 1. Orlando RODRIGUES-GOMES (Por. Artiach) en 54 h 3' 11' ; 2. Gamito (Por.) à 37" ; 3. Gomes (Por.) à 4' 36" ; 4. Abreu (Por.) à 5' 4" ; 5. Arenas (Esp.) à 5' 26".

• TOUR DE GALICE (Espagne)
(8-12 août)
Étapes remportées par : Cubino (Esp.), Schiavina (It.) 2, Chiappucci (It.), *Leblanc*.
Classement général : 1. Laudelino CUBINO (Esp., Kelme) en 20 h 30' 45" ; 2. Chiappucci (It.) à 7" ; 3. Della Santa (It.) à 41".

• TOUR DE GRANDE-BRETAGNE
(8-12 août)
Étapes remportées par : Fondriest (It.) 2, Veenstra (P.-B.), Tchmil (Rus.), Ludwig (Al.), Svorada (Tch.).
Classement général : 1. Maurizio FONDRIEST (It., Lampre) en 20 h 54' ; 2. Ekimov (Rus.) à 21" ; 3. Ludwig (Al.) à 27" ; 4. Svorada (Tch.) à 46" ; 5. Aldag (Al.) à 53".

• TOUR DES PAYS-BAS
(15-19 août)
Étapes remportées par : Konychev (Rus.), Abdoujaparov (Ouz.) 2, Veenstra (P.-B.), Bottaro (It.) c.l.m., Skibbv (Dan.).
Classement général : 1. Jesper SKIBBY (Dan., TVM) en 21 h 23' 25" ; 2. Abdoujaparov (Ouz.) à 7" ; 3. Bottaro (It.) à 22" ; 4. Ekimov (Rus.) à 35" ; 5. Knaven (P.-B.) à 36".

• TOUR DU LIMOUSIN
(16-19 août)
Étapes remportées par : Heppner (Al.), *Durand* 2, Bouwmans (P.-B.).
Classement général : 1. Jens HEPPNER (Al., Telekom) en 17 h 12' 48" ; 2. *Cornillet* ; 3. *Roux* ; 4. *Lebreton* ; 5. *Garel*, t.m.t.

CLASSEMENT UCI (au 31 août 1994)

1. Rominger (Sui.)	2 239
2. Indurain (Esp.)	1 977
3. Chiappucci (It.)	1 496
4. Berzin (Rus.)	1 451
5. Fondriest (It.)	1 300
6. Richard (Sui.)	1 231
7. Museeuw (Bel.)	1 229
8. Furlan (It.)	1 143
9. Ekimov (Rus.)	1 070
10. *De Las Cuevas*	978
11. Abdoujaparov (Ouz.)	935
12. Zülle (Sui.)	934
13. Tchmil (Uk.)	920
14. Sörensen (Dan.)	901
15. *Jalabert*	893
16. Bugno (It.)	870
17. Della Santa (It.)	840
18. Ludwig (Al.)	807
19. Sciandri (It.)	765
20. Bortolami (It.)	741
21. Ugrumov (Let.)	725
22. *Virenque*	672
23. *Leblanc*	650

RÉSULTATS

AMATEURS

courses en ligne

1993

• GRAND PRIX DE SAINT-SYMPHORIEN-SUR-OISE (21 août)
1. Jean-Paul Garde (CC Châtillon) les 139 km en 3 h 34'.

• GRAND PRIX DE L'ÈVRE (21 août)
1. Lilian Lebreton (CC Louison-Bobet) les 143 km en 3 h 39'.

• CIRCUIT DU VIADUC (22 août)
1. Denis Leproux (AS Corbeil-Essonnes) les 80 km en 2 h 14'.

• GRAND PRIX DE VILLAPOUCON
(23 août)
1. Jean-Paul Garde (CC Châtillon).

• CIRCUIT DES DEUX PROVINCES
(23 août)
1. Frédéric Guesdon (CC Louison-Bobet) les 180 km en 4 h 12' 40".

• GRAND PRIX DE LA DUCASSE DE BEUVRY-LA-FORÊT (23 août)
1. Arturas Kasputis (Lit.) les 150 km en 3 h 40' ; 2. Lupeikis (Lit.) à 10" ; 3. Debrabant (EC Raismes) m.t.

• GRAND PRIX DES MARBRIERS
(25 août)
1. Michel Lallouet (ASPTT Paris) les 160 km en 3 h 40' ; 2. Huger (US Créteil) à 20" ; 3. Laffillé (AC Roubaix) à 50".

• CIRCUIT DU PORT DE DUNKERQUE
(29 août)
1. Jean-François Laffillé (AC Roubaix) les 120 km en 2 h 29' 55" ; 2. Feys (Bel.) à 52" ; 3. Venasbrouk (Bel.) à 56".

• ROUEN-GISORS (29 août)
1. Pascal Peyramaure (CA Mantes) les 161 km en 3 h 40' 24".

• GRAND PRIX DE MEYRUEIS
(29 août)
1. Denis Jusseau (CC Châtillon) les 120 km en 2 h 55' 45".

• PÉDALE D'OR DE LIGUGÉ
(1er septembre)
1. Éric Bourout (CC Louison-Bobet) les 145 km en 3 h 44' 40".

• GRAND PRIX DE REMIREMONT
(2 septembre)
1. Olivier Ackermann (ASPTT Paris) les 134 km en 3 h 32' 50".

• GRAND PRIX DE SAINT-NABORD
(3 septembre)
1. D. Nazon (VC Spinalien) les 133 km en 3 h 12' 39".

• TOUR DU PAYS DES OLONNES
(4 septembre)
1. Stéphane Boury (Vendée U).

• GRAND PRIX DE CONTREXÉVILLE
(4 septembre)
1. Olivier Ackermann (ASPTT Paris) les 150 km en 3 h 44' 56".

• GRAND PRIX DES GOLBÉENS (5 septembre)
1. Olivier Ackermann (ASPTT Paris) les 134 km en 3 h 14' 35".

• GRAND PRIX RUSTINES (5 septembre)
1. Nicolas Jalabert (Vendée U) les 120 km en 3 h 8' 47".

• GRAND PRIX DE LA DUCASSE (5 septembre)
1. Philippe Delaurier (AC Roubaix) les 135 km en 3 h 12'.

• PARIS-FÉCAMP (5 septembre)
1. Michel Lallouet (PTT Paris) les 201 km en 4 h 47' ; 2. Auger (PTT Paris) à 5". 3. Senn (Sui.) m.t.

• GRAND PRIX DE LA BRADERIE DE SAINT-QUENTIN (6 septembre)
1. Florent Magniez (Team Saleine-Aisne).

• GRAND PRIX BERTRAND-COMME (6 septembre)
1. Jean-Luc Poder (EC Landerneau) les 143 km en 3 h 38'.

• JARD-LES-HERBIERS (8 septembre)
1. Nicolas Jalabert (Vendée U) les 170 km en 4 h 5'.

• RONDE DU CHASSELAS (11 septembre)
1. Thierry Ferrer (CA Mantes) les 126 km en 3 h 4' 19".

• PARIS-VIERZON (11 septembre)
1. Jean-François Bresset (US Créteil) les 194 km en 4 h 35' 32".

• GRAND PRIX DE LA TOMATE (12 septembre)
1. Laurent Roux (Tarbes C) les 182 km en 4 h 16' 26" ; 2. Painaud (Aquitaine) à 21" ; 3. Saugrain (CM Aubervilliers) m.t.

• TOUR DU CAUDRÉSIS (12 septembre)
1. Marco Vermey (P.-B., VC Saint-Quentin) les 158 km en 3 h 49'.

• RONDE DE LA VILLE DE BON-ENCONTRE (19 septembre)
1. Sylvain Bolay (Varennes-Vauzelle) les 102 km en 2 h 36' 35".

• RONDE MAYENNAISE (19 septembre)
1. Lilian Lebreton (CC Louison-Bobet) les 173,5 km en 4 h 14'.

• TOUR DU DAUPHINÉ-SAVOIE (19 septembre)
1. Éric Dubray (CM Aubervilliers) les 144 km en 3 h 34' 30".

• POLYMILTIPLIÉE LYONNAISE (19 septembre)
1. Marc Thévenin (CC Châtillon) les 124 km en 3 h 25' 22".

GRAND PRIX DES NATIONS C.L.M. À SAINT-GEORGES-DE-RINTEMBAULT

(25 septembre)

1. Martial Locatelli (CC Étupes) les 57 km en 1 h 15' 17" ; 2. Lesnieswki (Pol., CM Aubervilliers) à 43" ; 3. Lance (PTT Nancy) à 54" ; 4. Karlsson (Suè. à 1' 16" ; 5. Briand (VC Côtes-d'Armor) à 1' 7" ; 6. Landry (Can.) à 1' 14" ; 7. Quinton (ASCM Toulon) à 1' 27" ; 8. Bresset (US Créteil) et Mancebo (Esp.) à 1' 29" ; 10. Knutsson (Suè.) à 1' 31".

• FLÈCHE LANDAISE (26 septembre)
1. Guillaume Destang (CA Mantes) les 30,2 km en 41' 5".

• GRAND PRIX D'ESPERAZA (26 septembre)
1. Philippe Jamin (CC Louison-Bobet) les 161 km en 3 h 48' 8".

• DUO NORMAND OPEN C.L.M. À DEUX (26 septembre)
1. Chris Boardman (pro. G.-B./Gan) et Laurent Bezault (pro. Gan) les 57 km en 1 h 4' 26" ; 2. Lance (pro.) et Seigneur (pro.) à 1" ; 3. Karlsson (Suè.) et Knutsson (Suè.) à 2'.

• 17 KM ROCHECORBONNAIS (26 septembre)
1. Jean-François Bresset (US Créteil) les 17 km en 21' 1".

• GRAND PRIX DE L'ÉQUIPE (3 octobre)
1. Cyril Saugrain (CM Aubervilliers) les 188 km en 4 h 23' ; 2. Bourout (CC Louison-Bobet) ; 3. Boussard (CM Aubervilliers) ; 4. Lamour (US Créteil) ; 5. Roux (Tarbes C) ; 6. Pozak (Pol., CC Nogent-sur-Oise) t.m.t. ; 7. Bouvard (VC Lyon-Vaulx-en-Velin) à 3" ; 8. Bresset (US Créteil) m.t. ; 9. Hoffmann (Team Saleine-Aisnes) à 15" ; 10. Jarno (AS Corbeil-Essonnes) t.m.t.

• TRIO NORMAND C.L.M. À TROIS (3 octobre)
1. Équipe de France (Coualan, Harel, Faivre-Pierret) les 50 km en 1 h 3' 43" ; 2. US Créteil (Paulve, Debode, Anti) à 27" ; 3. Castorama (pro. Durand, Rezze, Brochard) à 1' 10".

• TROPHÉE MAVIC (9 octobre)
1. Mickael Boulet (CC Louison-Bobet) les 162 km en 3 h 45' 30" ; 2. Locatelli (CC Étupes) m.t. ; 3. Piatek (Loup-Sport, Suisse) m.t.

• CHRONO DES HERBIERS C.L.M. (OPEN) (10 octobre)
1. Chris Boardman (pro. G.-B./Gan) les 48 km en 1 h 0' 52" ; 2. P. Lance (pro.) à 59" ; 3. Seigneur (pro.) à 1' 42" ; 4. Obree (pro. G.-B.) à 2' 10" ; 5. Karlsson (Suè.) à 2' 51".

• PARIS-CONNÉRÉ (10 octobre)
1. Jean-François Bresset (US Créteil) les 199 km en 4 h 46' ; 2. Petilleau (Orléanais) à 47" ; 3. Le Potier (Côtes-d'Armor) à 1' 3".

• GRAND PRIX DE FRANCE C.L.M. (17 octobre)
1. Jean-François Bresset les 70,800 km en 1 h 30' 22" ; 2. Boussard (CM Aubervilliers) à 34" ; 3. Locatelli (CC Étupes) à 49" ; 4. J.-M. Lance (PTT Nancy) à 1' 9" ; 5. Leroy (VC Évreux) à 1' 45".

• GRAND PRIX DES FOIRES D'ORVAL (Belgique) (20 octobre)
1. Hervé Boussard (CM Aubervilliers) les 109 km en 2 h 22'.

1994

• LA PYRÉNÉENNE (6 février)
1. Olivier LAFAY, les 117 km en 3 h 0' 30" ; 2. Sabatier à 26" ; 3. Orcel à 1' 2", tous du VC Lyon-Vaulx-en-Velin.

• GRAND PRIX DE CANNES (12 février)
1. Frédéric DELALANDE (VC Côte de Lumière) les 115 km en 2 h 47' 53" ; 2. Marty (AVC Aix-en-Provence) à 40" ; 3. Castellotti (AVC Aix).

• BOUCLES CATALANES (12 février)
1. Jean-François LAFFILLÉ (VC Roubaix) les 124 km en 2 h 52' 50" ; 2. Orcel (VC Lyon-Vaulx-en-Velin) ; 3. Maignan (US Créteil).

• GRAND PRIX DE BANNES (13 février)
1. Lied OVERAAS (Nor.) les 137 km en 3 h 20' ; 2. Bogdanski (CA Mantes) ; 3. Dupuy (ASPTT Paris).

• GRAND PRIX SAINT-MICHEL-EN-L'HERM (13 février)
1. Frédéric GUESDON (CC Louison-Bobet) les 130 km en 3 h 8' ; 2. Ouvrard (Sélect. Poitou-Ch.) ; 3. Bouyer (Vendée-U).

• GRAND PRIX DE PEYMENADE (13 février)
1. Olivier ASMAKER (Bataillon de Joinville) les 125 km en 3 h 12' 46" ; 2. Blochwitz (Al., RSC Cottbus) à 25" ; 3. Mainguenaud (Bataillon de Joinville).

• CIRCUIT MÉDITERRANÉEN (13 février)
1. Jean-François LAFFILLÉ (VC Roubaix) les 114 km en 2 h 50' 8" ; 2. Magimel (CRC Limousin) ; 3. Rivet (SO Charvieu-Chavagneux).

• GRAND PRIX DE MANDELIEU (14 février)
1. Jean-Jacques HENRY (ASCM Toulon) les 115 km en 3 h 3' ; 2. Delalande (Côte de Lumière) à 38" ; 3. Céard (ASCM Toulon).

• GRAND PRIX DU SI DE BAYONNE (15 février)
1. Didier FAIVRE-PIERRET (ASPTT Paris) les 132 km en 3 h 9' 18" ; 2. Liévin (UC Châteauroux) à 21" ; 3. Duracka (UC Châteauroux) à 39".

• LA TRANCHE-SUR-MER-LES SABLES-D'OLONNE
1. Christian GUIBERTEAU (Vendée-U) les 131 km en 3 h 1' 44" ; 2. Mauduit (Cycle Poitevin) ; 3. Boulet (CC Louison-Bobet) à 45".

● **CIRCUIT DE LA NIVE** (17 février)
1. Emmanuel HUBERT (ASPTT Paris) les 117 km en 2 h 46' 43'' ; 2. Petilleau (Bernard Sports) ; 3. Fraser (Can., ASPTT Paris).

● **RONDE DU PAYS BASQUE** (19 février)
1. Stéphane PETILLEAU (Bernard Sports Locminé) les 120 km en 2 h 56' 54'' ; 2. Galtier (ASPTT Paris) à 3'' ; 3. Diotel (Bernard Sports) à 6''.

● **GRAND PRIX DU CANTON DE NICE** (19 février)
1. Franck LAURANCE (VC Évreux) les 125 km en 2 h 35' ; 2. Saugrain (CM Aubervilliers) ; 3. Henry (ASCM Toulon).

● **CHALLANS-SAINT-HILAIRE-DE-RIEZ** (19 février)
1. Éric POTIRON (UC Nantes) les 135 km en 3 h 5' 9'' ; 2. Guerry (Cycle Poitevin) ; 3. Beneteau (Vendée-U).

● **LA TRAMONTANE** (20 février)
1. Anthony ROKIA (CPEF Wasquehal) les 156 km en 3 h 47' 54'' ; 2. Bozzi (US Créteil) ; 3. Harel (ASPTT Metz).

● **TOUR DU PAYS BASQUE** (20 février)
1. Gordon FRASER (Can., ASPTT Paris) les 147 km en 3 h 58' 26'' ; 2. Rinero (Tarbes Cycliste), à 9'' ; 3. Johnsen (Dan.), à 16''.

● **RONDE DU CANIGOU** (20 février)
1. Philippe SANLAVILLE (VC Lyon-Vaulx-en-Velin) les 158 km en 3 h 33' 56'' ; 2. Sabatier (VC Lyon-Vaulx-en-Velin) à 3'' ; 3. Vela (ASPTT Paris).

● **NOTRE-DAME-DE-MONTS-SAINT-JEAN-DE-MONTS** (20 février)
1. Walter BENETEAU, les 136 km en 3 h 17' 6'' ; 2. Faudot ; 3. Chauvière à 10'' ; tous de Vendée-U.

● **GP DE NICE** (20 février)
1. Olivier TRASTOUR (MS Mandelieu) les 105 km en 2 h 35' ; 2. Gabriel (CM Aubervilliers) à 24'' ; 3. Macret (VC Rouen).

● **SAINT-GILLES-CROIX-DE-VIE** (22 février)
1. Jean-Michel MONIN (AS Corbeil-Essonnes) les 138 km en 3 h 19' 36'' ; 2. Rouxel (Côtes-d'Armor) ; 3. Morin (CM Aubervilliers).

● **GP LA LONDE-LES-MAURES** (23 février)
1. Mickael JANDT (Al.) les 126 km en 3 h 18' 22'' ; 2. Trastour (MS Mandelieu) ; 3. Castellotti (AVC Aix).

● **ALEZNAY-CHALLANS** (24 février)
1. Olivier OUVRARD (C. Poitevin) les 141 km en 3 h 13' 13'' ; 2. Beneteau (Vendée-U) ; 3. Guesdon (CC Louison-Bobet).

● **VANNES-RENNES** (26 février)
1. Claude CÉARD (CREPS Talence) les 137 km en 2 h 55' ; 2. Derique (CPEF Wasquehal) à 1'' ; 3. Rokia (CPEF Wasquehal).

● **CHALLENGE ANIMGOLF** (26 février)
1. Mat ANAND (Can-UC Aulant-Sayat), 2 h 45' ; 2. Orcel (VC Lyon-Vaulx-en-Velin) ; 3. Le Peurien (AVC Aix-en-Provence) à 25''.

● **CIRCUIT DE LA VALLÉE DE LA LOIRE** (27 février)
1. Christian GUIBERTEAU (Vendée-U) les 158 km en 3 h 59' 50'' ; 2. Jér. Delbove (CM Aubervilliers) à 7'' ; 3. Rover (Can., CC Châteaubriant).

● **ROUTE BRETONNE RENNES-SAINT-AVÉ** (27 février)
1. Dominique LE BON (Bernard Sports) les 150 km en 3 h 38' ; 2. Pelcat (CPEF Wasquehal) à 7'' ; 3. Potiron (UC Nantes) à 12''.

● **GP D'OUVERTURE À AMNÉVILLE** (27 février)
1. Cédric VASSEUR, les 132 km en 3 h 11' 48'' ; 2. Laffillé ; 3. Auguste ; tous du VC Roubaix.

● **GP PIERRE-PINEL À MONTASTRUC** (27 février)
1. Francis BAREILLE (GSC Blagnac) les 132 km en 3 h 30' ; 2. Delrieu (UC Aulnat-Sayat) ; 3. Dupouey (Tarbes Cycliste).

● **GP MICHEL-BERTELLE À BLÉNOD** (5 mars)
1. Gervais GOFFIM (Team Saleine-Aisne) les 114 km en 2 h 39' 57'' ; 2. Harel (ASPTT Metz) ; 3. Szostak (Pol., CC Étupes).

● **TROPHÉE ROBERT-GAUTHIER SAINT-BRIAC-QUESSOY** (5 mars)
1. Gordon FRASER (Can., ASPTT Paris) les 159 km en 3 h 55' 17'' ; 2. Saugrain (Bataillon de Joinville) ; 3. Drouet (Bernard Sports).

● **CIRCUIT DU PRINTEMPS NIVERNAIS À FOURCHAMBAULT** (5 mars)
1. Christophe ALLIN (Cycle Poitevin) les 168 km en 4 h 6'' ; 2. Gannat (CC Étupes) ; 3. Liévin (UC Châteauroux).

● **MANCHE ATLANTIQUE PLOUFRAGRAN-BIEUZY-LANVAUX** (6 mars)
1. Emmanuel HUBERT (ASPTT Paris) les 170 km en 4 h 2' 48'' ; 2. R. Henry (CC Concarneau) à 7'' ; 3. Ph. Bresset (St. Lamballe).

● **GP MATHIAS-NOMBLOT** (6 mars)
1. David ORCEL, les 149 km en 3 h 44' 15'' ; 2. Arsac, à 9'' ; 3. Laubier ; tous du VC Lyon-Vaulx-en-Velin.

● **TOUR DE LA COMMUNAUTÉ URBAINE DE BREST** (26 mars)
1. Jean-Jacques HENRY (ASCM Toulon) ; 2. Deramé (Vendée-U) ; 3. Rault (VC Pontivy).

● **GP DE SAINT-ÉTIENNE** (26 mars)
Hervé ARSAC (VC Lyon-Vaulx-en-Velin) ; 2. Bessy (VC Lyon-VV) à 54'' ; 3. Molard (ASPTT Paris) à 1' 5''.

● **RONDE DU COGNAC** (26 mars)
1. Christophe FAUDOT (Vendée-U) les 190 km en 4 h 29' 29'' ; 2. Painaud (Sélection Poitou) à 11'' ; 3. Mauduit (Poitou).

● **TOUR DU CANTON DE SAINT-CIERS** (27 mars)
1. Christophe FAUDOT (Vendée-U) les 149 km en 3 h 25' 40'' ; 2. Huger (VC Lucé) à 8'' ; 3. Nazon (Vendée-U) à 28''.

● **BOUCLES GUÉGONNAISES** (27 mars)
1. Philippe BRESSET (Stade Lamballe) les 151 km en 3 h 33' 49'' ; 2. Drouin (Vendée-U) ; 3. Rivière (VC Pontivy).

● **ANNEMASSE-BELLEGARDE et retour** (27 mars)
1. Markus ZBERG (Sui.) les 176 km en 4 h 21' 39'' ; 2. Paluan (It.) ; 3. Napolitano (It.).

● **PARIS-DREUX** (27 mars)
1. Jean-Michel THILLOY (CC Nogent-sur-Oise) les 172 km en 4 h 6' 24'' ; 2. Derique (CPEF Wasquehal) ; 3. A. Pedersen (Dan., VC Fontainebleau-Avon).

● **BELFORT-BESANÇON** (27 mars)
1. Richard BINTZ (CC Étupes) les 140 km en 3 h 8' 22'' ; 2. Prétot (CC Étupes) ; 3. Gannat (CC Étupes) à 20''.

● **GP GILBERT-BOUSQUET** (2 avril)
1. Frédéric GUESDON (CC Louison-Bobet) les 160 km en 4 h 57' ; 2. Deramé (Vendée-U) ; 3. Galbois (VC Pontivy).

● **PARIS-SAINT-QUENTIN** (3 avril)
1. Claude LAMOUR (US Créteil) les 178 km en 4 h 16' ; 2. Eudeline (VC Évreux) ; 3. Polovnikov (Rus., UC Liancourt) à 59''.

● **CIRCUIT DES VINS DU BLAYAIS** (3 avril)
1. Francis BAREILLE (GSC Blagnac) les 175 km en 4 h 16' ; 2. Barbier (Vendée-U) à 1' ; 3. Péré (CAM Bordeaux) à 1' 10''.

● **GP DE SAINT-LYÉ** (3 avril)
1. Sébastien CHOLLIER (Cyclo 51) les 141 km en 3 h 23' ; 2. Balland (VS Anould) ; 3. Szostak (Pol., CC Étupes).

● **GP DES FLANDRES FRANÇAISES À LIÉVIN** (3 avril)
1. Cédric VAN LOMMEL (Bel.) les 150 km en 3 h 56' ; 2. Rokia (CPEF Wasquehal) ; 3. Delattre (Flandres-Artois) à 5''.

● **SAINT-QUENTIN-AMIENS** (3 avril)
1. Laurent WIODARSKI (VC Saint-Quentin) les 160 km en 4 h 1' 15'' ; 2. Harel (ASPTT Metz) à 7'' ; 3. Morin (CM Aubervilliers) à 11''.

● **SOUVENIR HUGUES-FROSINI** (3 avril)
1. Jacques BOGDANSKI (CA Mantes) les 165 km en 4 h 19' 52'' ; 2. Gautier (Martigues Sport) à 39'' ; 3. Ziegler (ASCM Toulon) à 4' 21''.

● **CIRCUIT DU BOCAGE** (4 avril)
1. Christian BLANCHARD (Vendée-U) les 166 km en 4 h 19' 45" ; 2. Mainguenaud (Saint-Florent) à 36" ; 3. David (US Saint-Herblain).

● **GP DE SAINT-FLORENTIN** (4 avril)
1. Antony MORIN (CM Aubervilliers) les 128 km en 2 h 32' 43" ; 2. Pozak (CC Nogent-sur-Oise) ; 3. Huger (UC Liancourt) à 9".

● **GP ANDRÉ-GRAVELLE** (4 avril)
1. CABANTOUS (UV Aube) les 100 km en 2 h 27' 20" ; 2. Szostak (Pol., CC Étupes) à 6" ; 3. Léonard (USC Louvion) 48".

● **GP DE VOUGY** (4 avril)
1. Marc THÉVENIN (CC Châtillon) les 150 km en 3 h 43' 41" ; 2. Henry (ASCM Toulon) ; 3. Delrique (UC Aulnat-Sayat) à 1' 27".

● **GP SAINT-NICOLAS-D'ALIERMONT** (4 avril)
1. Joona LAUKKA (Fin., VC Roubaix) les 161,8 km en 4 h 10' 30" ; 2. Maignan (US Créteil) ; 3. Ouvrard (Cycle Poitevin) à 8".

● **CIRCUIT DES TROIS JOURS DE VENDÉE** (6 avril)
1. Mickael BOULET (CC Louison-Bobet) les 168 km en 4 h 7' 51" ; 2. Jamin (Vendée-U) ; 3. Martin (VC Pontivy).

● **TOUR DU CHAROLAIS** (9 avril)
1. David DELRIEU (UC Aulnat-Sayat) les 110 km en 3 h 57' 56" ; 2. Ramel (CR4C Roanne) à 24" ; 3. Anand (Can-UC Aulnat-Sayat) ; 4. Halgand (VC Annemasse) ; 5. Kukk (Fin., AC Besançon).

● **CIRCUIT DE L'AISNE À BEAUTOR** (9 avril)
1. Fabrice NAESSENS (Bel., Team Saleine-Aisne) les 160 km en 4 h 36' 3" ; 2. A. Pedersen (Dan., VC Fontainebleau-Avon) ; 3. Gabriel (CM Aubervilliers-93) ; 4. Dumont (VC Saint-Quentin) ; 5. Goffin (Team Saleine-Aisne) à 1' 39".

● **CIRCUIT DES MONTS DU LIVRADOIS** (10 avril)
1. Christophe PAGÈS (UC Aulnat-Sayat) les 150 km en 4 h 15' ; 2. Humbert (VC Lyon-Vaulx-en-Velin) ; 3. Thévenin (CC Châtillon) à 27" ; 4. Salmon (Sarras Sports) à 1' 45" ; 5. Ramel (CR4C Roanne).

● **REDON-REDON** (10 avril)
1. Serge OGER (Bernard Sports) les 165 km en 4 h 12' 30" ; 2. Martin (VC Pontivy) à 30" ; 3. Trotel (VC Pontivy) ; 4. Le Bon (Bernard Sports) à 33" ; 5. C. Coualan (Bernard Sports) à 1' 12".

● **PARIS-BARENTIN** (10 avril)
1. Gordon FRASER (Can.-ASPTT Paris) les 178 km en 4 h 30' ; 2. Lamour (US Créteil) ; 3. Genty (CM Aubervilliers-93) à 4" ; 4. Laubier (VC Lyon-Vaulx-en-Velin) à 24" ; 5. Vasseur (VC Roubaix).

● **GP LECLERC VERDUN-BAR-LE-DUC** (10 avril)
1. Jeremy HUNT (G.-B., ASPTT Metz) les 165 km en 4 h 22' 41" ; 2. Kukk (Fin., AC Besançon) ; 3. Gonçalvès (ASPTT Nancy) à 19" ; 4. Goffin (Team Saleine-Aisne) à 31" ; 5. Gabriel (CM Aubervilliers-93).

● **BOUCLES DE LA CÈRE** (10 avril)
1. Thierry FERRER (CA Mantes) les 150 km en 4 h 15' ; 2. Lanxade (US Montauban) à 50" ; 3. Bordenave (GSC Blagnac) ; 4. Chauvin (GSC Blagnac) ; 5. White (G.-B., UV Limoges) à 1' 20".

● **TROPHÉE SALEINE À SAINT-GOBAIN** (13 avril)
1. Christophe MENGIN (VS Anould) les 140 km en 3 h 50' 13" ; 2. Naessens (Bel., Team Saleine-Aisne) ; 3. Hunt (G.-B., ASPTT Metz) à 44".

● **TROPHÉE DES ESPOIRS À RIBEMONT** (17 avril)
1. Antony MORIN (CM Aubervilliers) les 130 km en 3 h 45' 46" ; 2. Auguste (VC Roubaix) ; 3. Potiron (Loire-Atlantique) à 2' 28".

● **OYONNAX-BOURG-OYONNAX** (17 avril)
1. Marc THÉVENIN (CC Châtillon) les 126 km en 3 h 36' 36" ; 2. Prétot (CC Étupes) ; 3. Moreau (VC Lyon-Vaulx-en-Velin) ; 4. Trastour (MS Mandelieu) ; 5. Gabriel (CM Aubervilliers-93).

● **PRIMEVÈRE MONTOISE** (17 avril)
1. Pascal DERAMÉ (Vendée-U) les 168 km en 4 h 2' ; 2. Guiberteau (Vendée-U) ; 3. Darigny (VS Cahors) à 2" ; 4. Peré (CAM Bordeaux) ; 5. Barbier (Vendée-U).

● **GP LOREST** (17 avril)
1. Jeremy HUNT (G.-B., ASPTT Metz) les 134 km en 3 h 32' 20" ; 2. Goffin (Team Saleine-Aisne) ; 3. Kowalski (Pol., UV Aube) ; 4. Duval (VC Épernay) ; 5. Vogel (Team Saleine-Aisne).

● **RONDE DE L'ARMAGNAC À AUCH** (23 avril)
1. Pierre-Yves CHATELON (VC Lyon-Vaulx-en-Velin) les 172 km en 4 h 9' 59" ; 2. Eckert (CC Étupes) ; 3. Fraser (Can., ASPTT Paris) ; 4. Prétot (CC Étupes) ; 5. Laffillé (VC Roubaix) ; 6. Cousinie (Cahors VS) ; 7. Dupouey (Tarbes-Lourdes-Pyrénées) ; 8. Bareille (GSC Blagnac) ; 9. Ferrer (CA Mantes) ; 10. Deramé (Vendée-U).

● **BOUCLES DE L'ARTOIS** (23 avril)
1. Danny IN'T VEN (Bel.) les 162 km en 4 h 13' 35" ; 2. Morelle (VC Rouen) ; 3. Naessens (Bel., Team Saleine-Aisne) à 3".

● **BOUCLES DE LA LOIRE** (24 avril)
1. SÉCHER (US-Saint-Herblain) les 154 km en 3 h 42' 40" ; 2. David (US Saint-Herblain) à 14" ; 3. Fouchard (US Nantes).

● **CRITÉRIUM DE TERREBOURG** (24 avril)
1. Laurent DROUIN (Vendée-U) les 153 km en 3 h 45' ; 2. Churin (ASCM Toulon) ; 3. Rajch (Pol., AVC Châteauroux) à 1' 7".

● **BOUCLES DE SAINT-MONT** (24 avril)
1. Igor PAVLOV (Bul., Tarbes) les 158 km en 3 h 49' 40" ; 2. Medan (VC Lyon-Vaulx-en-Velin) à 8" ; 3. Zaykov (Bul., Martigues) à 49".

● **CIRCUIT BOUSSAQUIN** (25 avril)
1. Denis LEPROUX (CA Mantes) les 130 km en 3 h 11' 45" ; 2. Churin (ASCM Toulon) à 1' 3" ; 3. Laskowski (VC Aubusson) à 1' 6".

● **GP DE NARBONNE** (1er mai)
1. Jean-Jacques HENRY (ASCM Toulon) les 128 km en 3 h 1' ; 2. Zaykov (Bul., Martigues) ; 3. Marty (AVC Aix).

● **ROUTE DU BUGEY** (1er mai)
1. Patrice HALGAND (VC Annemasse) les 171 km en 5 h 14' 12" ; 2. Reinov (Est., AC Besançon) à 4' 20" ; 3. Chatelon (VC Lyon-Vaulx-en-Velin) à 6' 5".

● **TARBES-SAUVETERRE** (8 mai)
1. Emmanuel HUBERT (ASPTT Paris) les 189 km en 4 h 37' 20" ; 2. Faudot (Vendée-U) ; 3. Medan (VC Lyon-Vaulx-en-Velin) ; 4. Rault (VC Pontivy). 5. Maignan (US Créteil) ; 6. Basset (Côtes-d'Amor) ; 7. Cueff (US Créteil) ; 8. Terrier (CM Aubervilliers) à 15" ; 9. Genty (CM Aubervilliers) ; 10. Lallouet (Bernard Sports).

● **STRASBOURG-STUTTGART** (8 mai)
1. Olivier HARTMANN (Al.) les 160 km en 4 h 1' 6" ; 2. Lebsanft (Al.) à 13" ; 3. Baldinger (Al.) ; 4. Matt (Al.) à 4' 50" ; 5. Adam (Al.).

● **DURTOL-SOMMET DU PUY DE DÔME** (9 mai)
1. Denis LEPROUX (CA Mantes) les 130 km en 3 h 50" ; 2. Besseyre (Antony-Berny C) à 1' 12" ; 3. Rault (VC Pontivy) à 1' 26" ; 4. X. Jan (VC Pontivy) à 1' 45" ; 5. Oger (Bernard Sports) à 1' 55".

● **PARIS-MANTES** (15 mai)
1. C. MOREAU (VCLVV) les 181 km en 4 h 16' ; 2. Ferrer ; 3. Maignan.

● **TOUR DU FINISTÈRE** (15 mai)
1. P. DERAMÉ (Vendée-U) les 187 km en 4 h 43' 17" ; 2. Lallouet à 37" ; 3. Delrieu.

● **GP DE L'EUROPE À JOUÉ-LÈS-TOURS** (18 mai)
1. J.-J. HENRY (ASCM Toulon) les 178 km en 4 h 4' 27" ; 2. Bricaud à 2" ; 3. Fraser (Can.) à 4".

● **PARIS-CHAUNY** (21 mai)
1. G. FRASER (Can., ASPTT Paris) les 181 km en 4 h 11' 27" ; 2. Terrier ; 3. Gabriel.

● **CHÂTEAUROUX-TOURS** (22 mai)
1. J.-L. HAREL (ASPTT Metz) les 163 km en 3 h 41' 39" ; 2. Boissonnade à 23" ; 3. Galtier.

• CLASSIQUE DES ALPES (23 mai)
1. Christophe MOREAU, les 144 km en 4 h 26' 19'' ; 2. Bessy à 3' 18'', tous les deux du VC Lyon-Vaulx-en-Velin ; 3. Maignan (US Créteil) ; 4. Halgand (VC Annemasse) à 4' 58'' ; 5. Farama (AS Corbeil-Essonnes).

• BOUCLES DE LA CSVG (28 mai)
1. E. DRUBAY (CC Étupes) les 176 km en 4 h 17' 30'' ; 2. Fogel ; 3. Boos.

• PARIS-ROUBAIX (29 mai)
1. K. DHONT (Bel.) les 214 km en 5 h 30' ; 2. Guesdon à 13'' ; 3. Lallouet ; 4. Cornette (Bel.) ; 5. Vasseur à 17'' ; 6. Bricaud à 34'' ; 7. Rokia à 46'' ; 8. Laukka à 49'' ; 9. Landry (Can.) ; 10. Desmet (Bel.).

• RONDE DU SIDOBRE (29 mai)
1. P. CHURIN (ASCM Toulon) ; 2. Lamour à 4'' ; 3. Fougeroux.

• PRIX DU CONSEIL GÉNÉRAL DU VAL-D'OISE (29 mai)
1. F. GABRIEL (CM Aubervilliers) les 160 km en 3 h 58' ; 2. Jeronimo, à 10'' ; 3. Ménage à 20''.

CHAMPIONNATS RÉGIONAUX
(5 juin)

ALSACE : Y. Boos (Pédale d'Alsace)
AQUITAINE : G. Pérez (CC Marmande)
ARDENNES : A. Ludot (UV Aube)
AUVERGNE : J.-Ph. Duracka (UC Aulnat-Sayat)
BOURGOGNE : Tachet (PS Creusot)
BRETAGNE : C. Coualan (Bernard Sports)
CÔTE D'AZUR : Ziegler (ASCM Toulon)
DAUPHINÉ-SAVOIE : Halgand (VC Annemasse)
FLANDRES-ARTOIS : Rokia (CV Liévin)
FRANCHE-COMTÉ : Prétot (CC Étupes)
ÎLE-DE-FRANCE : Gabriel (CM Aubervilliers)
LANGUEDOC : Llati (ASPTT Montpellier)
LIMOUSIN : Aumenier (CRC Limousin)
LORRAINE : Balland (VS Anould)
LYONNAIS : Médan (VCLVV)
NORMANDIE : Laurance (VC Évreux)
ORLÉANAIS : Liévin (UC Châteauroux)
PAYS DE LA LOIRE : Beneteau (Vendée-U)

• FLÈCHE FINISTÉRIENNE (11 juin)
1. C. COUALAN (Bernard Sports) les 143,5 km en 3 h 35' 10'' ; 2. Mallégol à 12'' ; 3. Lamour à 30''.

• CRÉTEIL-REIMS (12 juin)
1. F. NAESSENS (Bel., Team Saleine) les 181 km en 4 h 40' 32'' ; 2. Kowalski (Pol.) ; 3. Galtier ; 4. Guénée à 14'' ; 5. Dupuy.

• RONDE DE LA CHAMPAGNE (19 juin)
1. Didier FAIVRE-PIERRET (ASPTT Paris) les 144 km en 3 h 30' ; 2. Gauthier (Martigues Sp.) ; 3. Drubay (CC Étupes).

• MANCHE-OCÉAN (19 juin)
1. Jean-Louis CONAN (VS Scaër) les 142 km en 3 h 33' ; 2. Lamour (EC Landerneau) à 56'' ; 3. Stephan (Bernard Sports).

• TOUR DE LA CREUSE (22 juin)
1. Olivier OUVRARD (Cycle Poitevin) les 169 km en 4 h 7' 22'' ; 2. Jenner (NZ, CC Louison-Bobet) ; 3. Boos (Pédale d'Alsace) à 5''.

• PARIS-VAILLY (26 juin)
1. Laurent PLANCHAUD (AVC Châteauroux) les 175 km en 4 h 3' ; 2. Terrier (VC Saint-Quentin) ; 3. Farama (AS Corbeil-Essonnes).

• LA SAVOYARDE (26 juin)
1. Hristo ZAIKOV (Bul., Martigues Sp.) les 140 km en 3 h 37' 54'' ; 2. Lamy (CC Étupes), à 21'' ; 3. Leca (CR4C Roanne) à 34''.

• PRIX DUBOIS À FERRIÈRE-LA-GRANDE (26 juin)
1. Didier FAIVRE-PIERRET (ASPTT Paris) les 150 km en 3 h 34' 25'' ; 2. M. Pilon (Amiens SC) ; 3. Marie (VC Roubaix).

• LA VALLÉE DE L'ERDRE À MONTREVAULT (26 juin)
1. Jean-Luc WOOG (PA Strasbourg) les 170 km en 3 h 46' 27'' ; 2. Hatton (CG Orléans) ; 3. Arnaud (Vendée-Côte de Lumière).

• FINALE DU TRIOMPHE BRETON À PLUMELEC (30 juin)
1. Stéphane PETILLEAU (Bernard Sports) les 134 km en 3 h 32' ; 2. C. Coualan (Bernard Sports) à 31'' ; 3. J.-J. Lamour (EC Landerneau) à 38''. **Classement général :** 1. Camille COUALAN (Bernard Sports), 186 pts ; 2. Oger (Bernard Sports), 146 pts ; 3. Lamour (EC Landerneau), 134 pts.

• TOUR DU CANTON DE SAINT-AMANT-TALLENDE (3 juillet)
1. Jean-Philippe DURACKA (UC Aulnat-Sayat) les 135 km en 3 h 35' ; 2. Langl (Aut., CG Orléans) ; 3. Liévin (UC Châteauroux) ; 4. Luminet (CR4C Roanne) ; 5. Kaikinger (UC Aulnat-Sayat).

• PARIS-LISIEUX (4 juillet)
1. Laurent WLODARSKI (Saint-Quentin) les 179 km en 4 h 25' 32'' ; 2. Lallouet (Bernard Sports) ; 3. Beaune (VC Rouen).

• GRAND PRIX DE MAYENNE (14 juillet)
1. Éric BOUROUT (CC Louison-Bobet) les 120 km en 3 h 8' 17'' ; 2. Hatton (VS Chartres) ; 3. Jenner (NZ-CC Louison-Bobet) ; 4. C. Carlin (VC Saint-Lô-Pont-Hébert) à 27'' ; 5. Teillet (CC Louison-Bobet).

• PARIS-ÉPERNAY (14 juillet)
1. David DELRIEU (Bataillon de Joinville) les 155 km en 3 h 33' ; 2. Lebret (BJ) ; 3. Hietanen (Fin., VC Saint-Quentin) à 10'' ; 4. E. Guillaume (VC Levallois) à 25'' ; 5. Casadéi (ASPTT Paris).

• PARIS-AUXERRE 16 juillet
1. Benoît SALMON (CC Louison-Bobet) les 201 km en 4 h 53' 37'' ; 2. Besseyre (Vendée-U) à 15'' ; 3. Jalabert (BJ) à 1' 17'' ; 4. Faudot (Vendée-U) ; 5. Beneteau (Vendée-U).

• COURS-LA-VILLE (26 juillet)
1. Emmanuel HUBERT (ASPTT Paris) les 170 km en 4 h 6' 45'' ; 2. J.-J. Henry (Toulon) ; 3. Faudot (Vendée-U) ; 4. Arsac (Vaulx-en-Velin) ; 5. Medan (Vaulx-en-Velin) ; 6. Dupouey (Tarbes) ; 7. Leproux (Mantes) ; 8. Duzelier (Alsace) ; 9. Pauchard (CMA) ; 10. Lallouet (Bernard Sports).

• LIGNAC (1er août)
1. Frédéric BERLAND (Tarbes) les 130 km en 3 h 8' ; 2. Yon (Rouen) ; 3. Huger (Lucé).

• LE PERTRE (22 août)
1. Sébastien RONDEAU (Vendée-U) les 180 km en 4 h 21' 18'' ; 2. Vojciechowsky (Bernard Sports) ; 3. Genty (CMA) ; 4. Rouxel (Côtes-d'Armor) ; 5. Pétilleau (Bernard Sports) ; 6. Rio (Côtes-d'Armor) ; 7. Chauvière (Vendée-U) ; 8. Faudot (Vendée-U) ; 9. Chatelon (Vaulx-en-Velin) ; 10. Arsac (Vaulx-en-Velin).

• RONDE DU CHASSELAS-LUSIGNAN-PETIT (8 septembre)
1. Pascal PEYRAMAURE (CA Mantes-la-Ville) ; 2. Rinero (Budget-Tarbes-Lourdes) ; 3. Elissalde (Esp.) ; 4. Previtali (It.) ; 5. Michele (It.) ; 6. Milan (It.) ; 7. Dedoncker (VC Roubaix) ; 8. Lacomme (Pyrénées-Atlantique) ; 9. Slanick (CA Mantes) ; 10. Leproux (CA Mantes).

• PARIS-FÉCAMP (12 septembre)
1. Frédéric GABRIEL (CM Aubervilliers-93, groupe sportif Longométal-Peugeot) les 199 km en 4 h 53' 18'' ; 2. Pétilleau (Bernard Sports Locminé) ; 3. Sievers (Al.) ; 4. Lamour (US Créteil) ; 5. Vermaecke (Bel.) ; 6. Polovnikov (Rus., UC Liancourt) ; 7. Barbara (AS Corbeil-Essonnes) ; 8. St. Conan (Bernard Sports Locminé) ; 9. Van Landeghem (Bel.) à 3' 21'' ; 10. Boxus (Bel.) à 7' 18''.

• GP DE LA TOMATE (12 septembre)
1. Sergio PREVITALI (It., Caneva) les 183 km en 4 h 6' 22'' ; 2. Barthe (Montauban) ; 3. Laffillé (VC Roubaix) ; 4. Humbert (VC Lyon VV) ; 5. Martinez (CM Aubervilliers) ; 6. Boulet (CC Louison-Bobet) ; 7. Meneret (CM Aubervilliers) ; 8. Arsac (VC Lyon VV) ; 9. Slanick (Tch., Mantes) ; 10. Jean (CM Aubervilliers) ; 11. Rio (Côtes-d'Armor) ; 12. Doury-Chardonneau (Montauban) ; 13. Dupouey (Tarbes) ; 14. Drubay (CC Étupes) ; 15. Bareille (GSC Blagnac).

COUPE DE FRANCE MAVIC (au 12 septembre 1994)

1. VC Lyon-Vaulx-en-Velin (409 pts) ; 2. Vendée-U (326 pts) ; 3. US Créteil (301 pts) ; 4. ASPTT Paris (281 pts) ; 5. CM Aubervilliers (235 pts) ; 6. VC Roubaix (221 pts) ; 7. CC Étupes (200 pts) ; 8. Bernard Sports (160 pts) ; 9. Côtes-d'Armor (157 pts) ; 10. Tarbes (137 pts).

● **TOUR DES RÉGIONS ITALIENNES (Italie)** (26 avril-1er mai)
Étapes remportées par : Mazzoleni (It.), Stangeli (Slovénie), Baldinger (Al.), Pistore (It.), Plaza (Esp.), Kern (Aut.).
Classement général final : 1. Dirk BALDINGER (Al.) 23 h 34' 26" ; 2. Mazzoleni (It.) à 1' 50" ; 3. Diaz (Esp.) à 2' 15" ; 4. Blaudzun (Dan.) à 3' 23" ; 5. Landry (Can.) à 3' 26" ; 6. Pistore (It.) à 3' 29" ; 7. Gallorini (It.) à 3' 31" ; 8. Kern (Aut.) à 3' 43" ; 9. Vasseur à 3' 44" ; 10. Balzi (It.) à 3' 50".

● **TOUR D'AUVERGNE** (28 avril-1er mai)
Étapes remportées par : Bodyk (Pol., UC Aulnat-Sayat) ; Slanick (CA Mantes) ; Leproux (CA Mantes) ; Frutoso (US Montauban).
Classement général : 1. Denis LEPROUX (CA Mantes), 11 h 38' 56" ; 2. Bordenave (GSC Blagnac) à 1' 44" ; 3. Leroy (CM Aubervilliers) à 2' 23".

● **ESSOR BRETON** (5-8 mai)
Étapes remportées par : J.-P. Mentheour (Côtes-d'Armor), Henry (ASCM Toulon), Rouxel (Côtes-d'Armor), Davion (CPEF Wasquehal).
Classement général final : 1. Bertrand ZIEGLER (ASCM Toulon).

● **TOUR DE LA MANCHE** (5-8 mai)
Étapes remportées par : Jean (VC Roubaix), Boterel (VC Évreux), Beaune (Seine-Maritime), D. Marie (VC Roubaix), Vivien (VC Saint-Lô).
Classement général final : 1. Denis DEGOUCHET (VC Saint-Lô).

● **TROIS JOURS DES MAUGES** (6-8 mai)
Étapes remportées par : Guerry (Cycle Poitevin), Morelle (VC Rouen), Jamin (Vendée U), Planchaud (CG Orléans).
Classement général final : 1. Philippe JAMIN (Vendée U).

● **TOUR DE LA HAUTE-MARNE** (6-8 mai)
Étapes remportées par : Harel (ASPTT Metz), Gannat (CC Étupes), Balland (VS Anould).
Classement général final : 1. Grégoire BALLAND (VS Anould).

● **TOUR DE LA CORRÈZE** (6-8 mai)
Étapes remportées par : Mauduit (Poitou-Charentes), Bonneton (SC Nice), Trastour (MS Mandelieu), Besseyre (Antony-Berny Cycliste).
Classement général final : 1. Philippe MAUDUIT (Poitou-Charentes).

● **COURSE DE LA PAIX (République tchèque)** (6-15 mai)
Étapes remportées par : Rumsas (Lit.), Trkal (Tch.), Rich (Al.), Mc Ewen (Aus.), Jensen (P.-B.), Meyer (Al.), Padrnos (Tch.), Mc Ewen (Aus.), Grabsch (Al.), Tchoubar (Uk.), Mc Ewen (Aus.).
Classement général final : 1. Jens VOIGT (Al.) 36 h 21' 5" ; 2. Grabsch (Al.) à 42" ; 3. Trkal (Tch.) à 1' 35" ; 4. Martin (Aus.) à 3' 3" ; 5. Bilek (Tch.) à 3' 13".

● **TOUR DU LOIRET** (13-15 mai)
Étapes remportées par : Dubreuil (Corbeil-Essonnes), Szostak (CC Étupes), Duracka (UC Aulnat-Sayat), Dupuis (ASPTT Paris).
Classement général final : 1. DUBREUIL (Corbeil-Essonnes).

● **TOUR DE FRANCHE-COMTÉ** (19-23 mai)
Étapes remportées par : Vasseur (VC Roubaix), Hinault (Bernard Sports Locminé), Laukka (Fin. / VC Roubaix), Aeberfeld (Sui.), Drouet (Bernard Sports Locminé), Duzelier (ASPTT Mulhouse).
Classement général final : 1. Richard SZOSTAK (CC Étupes).

● **RONDE DE L'ISARD** (19-23 mai)
Étapes remportées par : Xavier Jan (Bat. Joinville), Romanovas (Lit.), Delrieu (Bat. Joinville), Lupeikis (Lit.), Ouvrard (Poitou-Charentes).
Classement général final : 1. Xavier JAN (Bat. Joinville) ; 2. Ouvrard (Poitou-Charentes) à 7" ; 3. Bordenave (Midi-Pyrénées) à 12".

● **TOUR D'ÉMERAUDE** (20-22 mai)
Étapes remportées par : Guesdon (CC Louison Bobet), Aus (Est. / US Créteil), Boulet (CC Louison Bobet), Stéphan (Bernard Sports Locminé).
Classement général final : 1. Jean-Jacques HENRY (Toulon Var Crédit Municipal).

● **TOUR DE VALENCE** (24-29 mai)
Étapes remportées par : *Maignan* ; Salmeron (Esp.) ; Hokkanen (Suède) ; Axelsson (Suè.) ; Romero (Esp.) ; Etxebarria (Esp.).
Classement général : 1. N. AXELSSON (Suè.) en 23 h 11' 3" ; 2. Mollar (Esp.) à 14" ; 3. *Maignan* à 30" ; 4. Hokkanen (Suè.) à 32" ; 5. Andresson (Suè.) à 1' 4" ; 6. *Moreau*.

● **TOUR DE GIRONDE** (25-29 mai)
Étapes remportées par : Péré (CAM Bordeaux), Le Bourhis (Côtes-d'Armor), Duracka (UC Aulnat-Sayat), Leproux (CA Mantes), Basset (Côtes-d'Armor).
Classement final : 1. Denis LEPROUX (CA Mantes).

● **FLÈCHE CHARENTE-LIMOUSINE** (27-29 mai)
Étapes remportées par : David (Saint-Herblain) ; Hurtford (Saint-Herblain), Guiberteau (Vendée-U).
Classement général : 1. PÉRAUDEAU (Vendée-Côte de Lumière) en 10 h 6' 4" ; 2. Garde ; 3. Guiberteau à 15".

● **TOUR D'AUTRICHE** (2-11 juin)
Étapes remportées par : *Mengin* ; Moerenhout (P.-B.) ; Morscher (Aut.) ; Kjergaard (Nor.) ; Livingston (É.-U.) ; Kennel (Sui.) ; Hempel (Aut.) ; De Pol (P.-B.) ; Jeker (Sui.).
Classement général : 1. Harald MORSCHER (Aut.) en 37 h 56' 39" ; 2. Moerenhout (P.-B.) à 1' ; 3. Johnsen (Nor.) à 2' 17" ; 4. *Mengin* à 3' 2" ; 5. Kjergaard (Nor.) à 3' 23".

● **QUATRE JOURS DE L'AISNE open** (8-12 juin)
Étapes remportées par : Duyn (P.-B.), Catavana-Corbeil-Cedico c.l.m. par équipes, Kirsipuu (pro. / Est.), Michaelsen (pro. / Dan.), Vermey (pro. / P.-B.), Boucanville (pro.), Kirsipuu (pro. / Est.).
Classement général final : 1. Sébastien MEDAN (VC Lyon-Vaulx-en-Velin) ; 2. Duyn (P.-B.) à 1" ; 3. Bourout (CC Louison Bobet) à 6" ; 4. Vermey (pro. / P.-B.) à 6" ; 5. Smetanine (pro. / Rus.) à 7" ; 6. Aus (Est. / US Créteil) à 11" ; 7. Blanchard (Vendée U) à 12" ; 8. Bardot (Team Saleine Aisne) à 14" ; 9. Monin à 19" ; 10. Bouvard à 19".

● **TOUR DE LA LOIRE-ATLANTIQUE** (10-12 juin)
Étapes remportées par : Deramé (Vendée U), Bolgiani (Vendée U), Henry (CC Concarneau).
Classement général final : 1. Pascal DERAMÉ (Vendée U).

● **TOUR DU NORD-ISÈRE** (10-12 juin)
Étapes remportées par : Moreau (VC Lyon-Vaux-en-Velin), Pretot (CC Étupes), Le Bon (Bernard Sports Locminé), Szostak (CC Étupes).
Classement général final : 1. Frédéric GABRIEL (CM Aubervilliers).

● **TOUR DU TARN-ET-GARONNE** (10-12 juin)
Étapes remportées par : Aumenier (CRC Limousin), Chauvin (GSC Blagnac), Escudé (Montauban).
Classement général final : 1. Christophe LANXADE (US Montauban).

● **TOUR D'ITALIE** (14-26 juin)
Étapes remportées par : Mosole ; Borghi ; F. Casagrande ; Sgnaolin ; Destro ; F. Casagrande ; Simeoni ; Borghi ; Mosole ; Borghi ; Mosoel ; Mosoel ; Cerioli (tous italiens).
Classement général : 1. Leonardo PIEPOLI (It.) ; 2. Borghi (It.) à 7" ; 3. Secchiari (It.) à 33".

● **TOUR DU NIVERNAIS-MORVAN** (16-19 juin)
Étapes remportées par : Aus (Est., US Créteil) ; Paulvé (US Créteil) ; Beneteau (Vendée-U) ; Lallouet (Bernard Sports) ; Aus.
Classement général : 1. Denis LEPROUX (CA Mantes) ; 2. Lallouet (Bernard Sports) à 1' 36" ; 3. Leroy (CM Aubervilliers-93) à 1' 44".

● **BOUCLES DE LA MAYENNE** (17-19 juin)
Étapes remportées par : Nazon (Vendée U), Jamin (Vendée U), Jalabert (Vendée U), Churin (ASCM Toulon).
Classement général final : 1. Gérard BIGOT (ASCM Toulon).

● **RONDE DE L'OISE** (17-19 juin)
Étapes remportées par : Thilloy (CC Nogent/Oise), Balland (Lorraine), Naessens (Bel. / Team Saleine Aisne).
Classement général final : 1. Fabrice NAESSENS (Bel. / Team Saleine Aisne).

● **TOUR DE BIGORRE** (30 juin - 3 juillet)
Étapes remportées par : Guénée, Virvaleix, Zaikov.
Classement général final : 1. Christophe DUPOUEY (Tarbes).

• TOUR DE L'EURE (1er-2 juillet)
Étapes remportées par : Rajch (AVC Copernic), Guilbert (VC Évreux), Ducouchet (VC Saint-Lô).
Classement général final : 1. Fabrice NAESSENS (Bel. / Team Saleine Aisne).

• TOUR DE RHÉNANIE (5-15 juillet)
Étapes remportées par : Van Heeswijk (P.-B.) ; Van Heeswijk ; Gottschling (Al.) ; Oers (Let.) ; McEven (Aut.) ; Van Sevenant (Bel.) ; Rasmussen (Dan.) ; Baranoxski (Pol.) ; McEven (Aut.).
Classement général : 1. *Cédric VASSEUR* en 40 h 14' 1'' ; 2. Latocha (Al.) à 41'' ; 3. Johnsen (Nor.) à 2' 30'' ; 4. Andersen (Dan.) à 2' 50'' ; 5. Reuss (Al.) à 3' 8''.

• TOUR DU BÉARN (7-10 juillet)
Étapes remportées par : Thueux (UC Liancourt) ; C. Coualan (Bernard Sports) ; Bordenave (Blagnac) ; Guéné (Antony-Berny).
Classement général : 1. Francis BAREILLE (GSC Blagnac) en 13 h 13' 13'' ; 2. Petilleau (Bernard Sports) à 9'' ; 3. Bordenave (GSC Blagnac).

• TOUR DU LOT (8-10 juillet)
Étapes remportées par : Drouin (Vendée-U) ; Faudot (Vendée-U) ; Leproux (CA Mantes), Bodyk (Pol., UC Aulnat-Sayat).
Classement général : 1. Christophe RINERO (Tarbes C) en 9 h 59' 50'' ; 2. Blévin (Côtes-d'Armor) à 23'' ; 3. Jamin (Vendée-U) à 46''.

• TOUR DU GRAND-BORNAND ESPOIRS (9-10 juillet)
Étapes remportées par : Halgand, 2 dont le c.l.m., et Auguste.
Classement général : 1. Patrice HALGAND (VC Annemasse) 5 h 43' 32'' ; 2. Vifian à 3' 25'' ; 3. Auguste à 4' 38'' ; 4. Dérangère à 5' 1'' ; 5. Humbert à 5' 14''.

• TOUR DE DORDOGNE (14-17 juillet)
Étapes remportées par : Leproux (CA Mantes), Stanik (CA Mantes), Debordes (Saint-Laurent), Bordenave (Blagnac), Leproux (CA Mantes).
Classement général final : 1. Denis LEPROUX (CA Mantes).

• TOUR DU PAYS ROANNAIS (14-17 juillet)
Étapes remportées par : Boulch (CC Châtillon), Bintz (CC Étupes), Bodyk (Pol./UC Aulnat-Sayat), Thévenin (CC Châtillon), Sabatier (VC Lyon-Vaulx-en-Velin).
Classement général final : 1. Marc THÉVENIN (CC Châtillon).

• TOUR DE LA GUADELOUPE (5-14 août)
Étapes remportées par : Lituanie (prol.) ; Béneteau (Vendée-U) ; Castillo (Col.), c.l.m. ; Maurice (Guad.) ; Maya (Col.) ; Volker (Al.), 2 ; Alexis (Guad.) ; Longfort (Guad.) ; Morgner (Al.), c.l.m. ; Noyon (Guad.).
Classement général : 1. José CASTEL-BLANCO (Col.) en 30 h 42' 13'' ; 2. Béneteau (Vendée-U) à 39'' ; 3. Longfort (Guad.) à 3' 51'' ; 4. Maya (Ven.) à 4' 33'' ; 5. Volke (Al.) à 5' 5''.

• TOUR DU BÉARN ARAGON (22-28 août)
Classement général final : 1. Xavier JAN (VC Pontivy) 21 h 19' 8'' ; 2. Dupoey (Tarbes) à 14'' ; 3. Elkoribe-Ceni (Esp. / Saragosse) à 46''.

• TOUR DU POITOU-CHARENTES open (24-28 août)
Étapes remportées par : Koerts (pro. / P.-B.), Gillereau (pro.), Teyssier (pro.), Kirsipuu (Pro. / Est.), Gaumont (pro.), Teyssier (pro.).
Classement général final : 1. Philippe GAUMONT (pro. / Castorama) 21 h 2' 28'' ; 2. Boussard (pro.) à 1' 41'' ; 3. Laubier (VC Lyon-Vaux-en-Velin) à 1' 46'' ; 4. Deramé (Vendée U) à 2' 3'' ; 5. De Jongh (P.-B.) à 2' 8'' ; 6. Gillereau (pro.) à 3' 45'' ; 7. Teyssier (pro.) à 4' 25'' ; 8. Mallet (pro.) à 4' 47'' ; 9. Aubier (pro.) à 4' 49'' ; 10. Lesniewski (pro. / Pol.) à 5' 3''.

• CIRCUIT DES MONTS VAUCLUSIENS (8 septembre)
Étapes remportées par : Éric Larue (CR4 Roanne) ; Pascal Churin (ASCM Toulon) ; Éric Magnin (VC Vaulx-en-Velin-Lyon) (c.l.m. ind.) ; Jean-Jacques Henry (ASCM Toulon).
Classement général : 1. Pascal HENRY (ASCM Toulon-Var-Crédit Municipal) en 10 h 45' 28'' ; 2. Magnien (VCVL) à 4'' ; 3. Robert (AVC Aix) à 51'' ; 4. Zaikov (Martigues) à 1' 14'' ; 5. Céard (ASCM Toulon) à 1' 20'' ; 6. Gougot (CR4 Roanne) à 1' 43'' ; 7. Le Peurien (AVC Aix) ; 8. Goldyn (Mandelieu) à 1' 52'' ; 9. Nave (ASPTT Mulhouse) à 2' 18'' ; 10. Molard (ASPTT Saint-Étienne) à 2' 25''.

• LES DEUX JOURS DE MACHECOUL (8 septembre)
Étapes remportées par : Sébastien Guéné (Anthony Berny) ; Freddy Arnaud (Côte de Lumière) (c.l.m.) ; Bertrand Guerry (Cycle Poitevin).
Classement général : 1. Sébastien GUÉNÉ (Anthony Berny) en 6 h 22' 7'' ; 2. Trotel (VC Pontivy) à 18'' ; 3. Guerry (Cycle Poitevin) à 35'' ; 4. Perraudeau (Côte de Lumière) à 44'' ; 5. Kerhamon (UC Nantes) à 1' 19'' ; 6. Piveteau (La Roche-sur-Yon) à 1' 24'' ; 7. Marzin (VC Pont) à 1' 39'' ; 8. Marchais (Châteaubriant) à 1' 46'' ; 9. Savary (Saint-Herblain) à 2' ; 10. Triquet (Ant. B.) à 2' 9''.

• GRAND PRIX LIBERTÉ-DIMANCHE (à Rouen) (8 septembre)
Étapes remportées par : Barbier (CPEF Wasquehal) ; Eudeline (VC Évreux) ; Renaux (US Sainte-Austreberthe) (c.l.m.).
Classement général : 1. Charles GUILBERT (VC Évreux) ; 2. Eudeline (VC Évreux) à 32'' ; 3. Templier (Anthony Berny) à 37'' ; 4. Picard (VC Rouen) à 46'' ; 5. Rokkia (CPEF Wasquehal) à 48'' ; 6. Peuple (CC Nogent-sur-Oise) à 53'' ; 7. Frébert (VC Évreux) à 1' 3'' ; 8. Polonikov (UC Liancourt) à 1' 20'' ; 9. Yon (VC Rouen) à 1' 22'' ; 10. Langle (CG Orléans) à 1' 23''.

féminines

• TOUR FÉMININ (24 juillet-6 août)
Étapes remportées par : Hughes (Can.) prol., Fanini (It.) 3 ; Brunen (P.-B.) ; Samplonius (Can.) ; *Odin* ; I. Polikiavichiute (Lit.) 2 ; Guo (Chine) ; Polkhavona (Rus.) c.l.m. ; Samohvalova (Rus.), R. Polikiavichiute (Rus.)
Classement général : 1. Valentina POLKHANOVA (Rus.) en 34 h 52' 37'' ; 2. I. Polikiavichiute (Lit.) à 2' 52'' ; 3. *Odin* à 4' 17'' ; 4. *Marsal* à 7' 2'' ; 5. Jackson (Can.) à 7' 32'' ; 6. *Chevanne-Brunel* à 8' 54'' ; 7. Van de Vijver (Bel.) à 10' 20'' ; 8. Bubnenkova (Rus.) à 10' 47'' ; 9. Heim (Sui.) à 11' 42'' ; 10. Poliakova (Uk.) à 12' 44''.

• MASTERS (12 septembre)
Étapes remportées par : Rasa Polikiavichiute (Lit.), Luzia Zberg (Sui.), Clara Hugues (Can.)
Classement général : 1. Luzia ZBERG (Sui.) en 5 h 17' 53'' ; 2. Polikiavichiute (Lit.) à 50'' ; 3. Hugues (Can.) à 1' 33' ; 4. Van de Vijver (Bel.) à 1' 56'' ; 5. Samohvalova (Rus.) à 2' 3'' ; 6. Polhanova (Rus.) à 2' 4'' ; 7. *Lecourtois* à 2' 5'' ; 8. Vikstedt-Nyman à 2' 6'' ; 9. *Chevanne-Brunel* à 2' 7'' ; 10. Bubnenkova (Rus.) à 2' 8''.

CRÉDITS PHOTOGRAPHIQUES

PRESSE SPORTS
Agence d'images groupe l'Équipe

Presse-Sports :
Fablet / Clément / Biville / Boutroux / Landrain / Luttian / Piteux / FEL / Deschamps / Mao.

Presse-Sports / Olympia / Bettini :
1 couverture, 2/3, 14/15, 19, 126, 131, 134, 222/223.

Presse-Sports / ASL :
103.

Presse-Sports / Bongarts / M. Brandt :
12/13.

Cor Vos : 21.

Pierre Chany : 60, 75, 76.

Maquette : Éric Lemaire.
Photocomposition/Photogravure : Nord Compo.
Impression/Reliure : Groupe Partenaires.
ISBN 2.7021.2332.5

N° d'éditeur : 12049/01
Dépôt légal : octobre 1994
Imprimé en France